Kohlhammer

Die Autoren

Dr. med. Susanne Kunz Mehlstaub, FMH Psychiatrie und Psychotherapie, Ausbildung zur Psychotherapeutin in Psychodrama und psychoanalytischer Therapie in Wien und Zürich. Langjährige Tätigkeit als ärztliche Leitung im Bereich Psychotherapie an der Klinik Clienia Littenheid in der Schweiz. Fachlicher Schwerpunkt für Persönlichkeits- und Essstörungen. Seit 2008 therapeutische Tätigkeit für Einzel- und Gruppentherapie und Coaching in eigener Praxis in St. Gallen. Supervisorin in verschiedenen Institutionen, Lehrauftrag an der Uni Innsbruck für Aus- und Weiterbildung in Psychodrama-Therapie, am PSZ in Zürich für Psychoanalyse und am KIF in Luzern für analytische Selbsterfahrung.

Christian Stadler, Dipl. Psych., Psychologischer Psychotherapeut (TP) in eigener Praxis in Dachau, Akkreditierter Supervisor, Fortbildungs- und Selbsterfahrungsleiter bei der PTK Bayern, Geschäftsführer, Fort- und Weiterbildungsleiter der Moreno Institut Edenkoben/Überlingen gGmbH, Lehrtätigkeit bei den Lindauer Psychotherapiewochen sowie dem Bildungswerk des Bayerischen Bezirketages. Unterrichtsschwerpunkte sind Psychodrama, Arbeit mit Träumen sowie allgemeine Psychopathologie. Mitherausgeber der Zeitschrift Psychodrama und Soziometrie (ZPS) und Autor zahlreicher Fachbücher und Fachartikel. Mitglied im Europäischen Forschungskomitee für Psychodrama (FEPTO Research Council).

Susanne Kunz Mehlstaub
Christian Stadler

Psychodrama-Therapie

Mit einem Beitrag von Alfons Aichinger

Verlag W. Kohlhammer

Dieses Werk einschließlich aller seiner Teile ist urheberrechtlich geschützt. Jede Verwendung außerhalb der engen Grenzen des Urheberrechts ist ohne Zustimmung des Verlags unzulässig und strafbar. Das gilt insbesondere für Vervielfältigungen, Übersetzungen, Mikroverfilmungen und für die Einspeicherung und Verarbeitung in elektronischen Systemen.

Pharmakologische Daten, d. h. u. a. Angaben von Medikamenten, ihren Dosierungen und Applikationen, verändern sich fortlaufend durch klinische Erfahrung, pharmakologische Forschung und Änderung von Produktionsverfahren. Verlag und Autoren haben große Sorgfalt darauf gelegt, dass alle in diesem Buch gemachten Angaben dem derzeitigen Wissensstand entsprechen. Da jedoch die Medizin als Wissenschaft ständig im Fluss ist, da menschliche Irrtümer und Druckfehler nie völlig auszuschließen sind, können Verlag und Autoren hierfür jedoch keine Gewähr und Haftung übernehmen. Jeder Benutzer ist daher dringend angehalten, die gemachten Angaben, insbesondere in Hinsicht auf Arzneimittelnamen, enthaltene Wirkstoffe, spezifische Anwendungsbereiche und Dosierungen anhand des Medikamentenbeipackzettels und der entsprechenden Fachinformationen zu überprüfen und in eigener Verantwortung im Bereich der Patientenversorgung zu handeln. Aufgrund der Auswahl häufig angewendeter Arzneimittel besteht kein Anspruch auf Vollständigkeit.

Die Wiedergabe von Warenbezeichnungen, Handelsnamen und sonstigen Kennzeichen in diesem Buch berechtigt nicht zu der Annahme, dass diese von jedermann frei benutzt werden dürfen. Vielmehr kann es sich auch dann um eingetragene Warenzeichen oder sonstige geschützte Kennzeichen handeln, wenn sie nicht eigens als solche gekennzeichnet sind.

Für den Inhalt abgedruckter oder verlinkter Websites ist ausschließlich der jeweilige Betreiber verantwortlich. Die W. Kohlhammer GmbH hat keinen Einfluss auf die verknüpften Seiten und übernimmt hierfür keinerlei Haftung.

1. Auflage 2018

Alle Rechte vorbehalten
© W. Kohlhammer GmbH, Stuttgart
Gesamtherstellung: W. Kohlhammer GmbH, Stuttgart

Print:
ISBN 978-3-17-028723-5

E-Book-Formate:
pdf: ISBN 978-3-17-028724-2
epub: ISBN 978-3-17-028725-9
mobi: ISBN 978-3-17-028726-6

Geleitwort zur Reihe

Die Psychotherapie hat sich in den letzten Jahrzehnten deutlich gewandelt: In den anerkannten Psychotherapieverfahren wurde das Spektrum an Behandlungsansätzen und -methoden extrem erweitert. Diese Methoden sind weitgehend auch empirisch abgesichert und evidenzbasiert. Dazu gibt es erkennbare Tendenzen der Integration von psychotherapeutischen Ansätzen, die sich manchmal ohnehin nicht immer eindeutig einem spezifischen Verfahren zuordnen lassen.

Konsequenz dieser Veränderungen ist, dass es kaum noch möglich ist, die Theorie eines psychotherapeutischen Verfahrens und deren Umsetzung in einem exklusiven Lehrbuch darzustellen. Vielmehr wird es auch den Bedürfnissen von Praktikern und Personen in Aus- und Weiterbildung entsprechen, sich spezifisch und komprimiert Informationen über bestimmte Ansätze und Fragestellungen in der Psychotherapie zu beschaffen. Diesen Bedürfnissen soll die Buchreihe »Psychotherapie kompakt« entgegenkommen.

Die von uns herausgegebene neue Buchreihe verfolgt den Anspruch, einen systematisch angelegten und gleichermaßen klinisch wie empirisch ausgerichteten Überblick über die manchmal kaum noch überschaubare Vielzahl aktueller psychotherapeutischer Techniken und Methoden zu geben. Die Reihe orientiert sich an den wissenschaftlich fundierten Verfahren, also der Psychodynamischen Psychotherapie, der Verhaltenstherapie, der Humanistischen und der Systemischen Therapie, wobei auch Methoden dargestellt werden, die weniger durch ihre empirische, sondern durch ihre klinische Evidenz Verbreitung gefunden haben. Die einzelnen Bände werden, soweit möglich, einer vorgegeben inneren Struktur folgen, die als zentrale Merkmale die Geschichte und Entwicklung des Ansatzes, die Verbindung zu anderen

Geleitwort zur Reihe

Methoden, die empirische und klinische Evidenz, die Kernelemente von Diagnostik und Therapie sowie Fallbeispiele umfasst. Darüber hinaus möchten wir uns mit verfahrensübergreifenden Querschnittsthemen befassen, die u. a. Fragestellungen der Diagnostik, der verschiedenen Rahmenbedingungen, Settings, der Psychotherapieforschung und der Supervision enthalten.

Harald J. Freyberger (Stralsund/Greifswald)
Rita Rosner (Eichstätt-Ingolstadt)
Günter H. Seidler (Dossenheim/Heidelberg)
Rolf-Dieter Stieglitz (Basel)
Bernhard Strauß (Jena)

Inhalt

Geleitwort zur Reihe 5

Geleitwort zum Buch 13
von Helena Brem

Einleitung 15

1 Herkunft, Geschichte und Entwicklung des Verfahrens 19
   1.1 Biografie, historischer und religiöser Hintergrund
        des Begründers 19
   1.2 Entwicklung und Durchbruch der Methode
        in den USA 29

2 Verwandtschaft mit anderen Verfahren 35
   2.1 Psychodramatische Grundorientierungen 36
       2.1.1 Psychodrama-Therapie als humanistische
             Psychotherapie 39
   2.2 Psychodrama und andere Therapieverfahren 40
       2.2.1 Psychodrama und psychodynamische
             Therapien 40
       2.2.2 Psychodrama und Verhaltenstherapie 45
       2.2.3 Psychodrama und systemische Therapie 47
       2.2.4 Psychodrama und weitere Therapieformen .. 52
   2.3 Psychodrama und die allgemeine Psychotherapie
        nach Grawe 53

3		Wissenschaftliche und therapietheoretische Grundlagen ...	55
	3.1	Philosophische Grundlagen	55
		3.1.1 Phasen der Theorieentwicklung	55
		3.1.2 Soziodynamik, Empirie und Praxis	56
		3.1.3 Handlungstheorie und ihre religiös-philosophischen Grundlagen	56
		3.1.4 Begegnung, Tele und Soziometrie	58
	3.2	Psychologische Grundlagen	62
		3.2.1 Persönlichkeitsentwicklung und Rollenentwicklung	62
		3.2.2 Der kreative Zirkel	63
	3.3	Neurobiologie und Psychodrama	66
4		Kernelemente psychodramatischer Diagnostik	69
	4.1	Diagnostik in Bezug auf die Rolle(n)	70
		4.1.1 Soziale und soziokulturelle Atome	70
		4.1.2 OPD-Beziehungsachse (II) als Diagnostikum im Psychodrama	73
		4.1.3 Weitere diagnostische Instrumente	74
	4.2	Diagnostik in Bezug auf den inneren Prozess der Veränderung	79
		4.2.1 Spontaneitätstest	80
		4.2.2 Stufenmodell der Psychodrama-Techniken als Diagnostik des Strukturniveaus	80
	4.3	Psychodramaspezifische Wirksamkeits- und Ergebnisdiagnostik	82
5		Kernelemente der Psychodrama-Therapie	84
	5.1	Instrumente des Psychodramas	85
		5.1.1 Bühne	85
		5.1.2 Spielbühne	87
		5.1.3 Protagonist	88
		5.1.4 Therapeutischer Leiter	88
		5.1.5 Hilfs-Ich (Auxiliary Ego) und Gruppenteilnehmer	89
		5.1.6 Gruppe als Matrix und Publikum	92

5.2	Arrangements	94
	5.2.1 Erwärmungs-Arrangements für die Einzel- wie für die Gruppentherapie	95
	5.2.2 Soziales Atom	97
	5.2.3 Märchenspiel	98
	5.2.4 Zauberladen oder Magic Shop	100
5.3	Psychodrama-Techniken	101
	5.3.1 Szenenaufbau und Doppeln	102
	5.3.2 Rollenwechsel im kulturellen Atom	103
	5.3.3 Spielen in der eigenen Rolle	104
	5.3.4 Spiegeln	104
	5.3.5 Rollenwechsel im sozialen Atom und Identifikationsfeedback	105
	5.3.6 Rollentausch	106
	5.3.7 Rollenfeedback und Rolleninterview	107
	5.3.8 Sharing	107
	5.3.9 Szenenwechsel und Amplifikation (Erweiterung)	108
5.4	Abläufe eines Protagonisten- und eines Gruppenspiels	109
	5.4.1 Protagonistenspiel	109
	5.4.2 Soziodrama oder Gruppenspiel	110
6	**Fallbeispiel**	**113**
6.1	Die Szene als Abbild des Alltags	113
6.2	Gretas Protagonistenspiel	114
6.3	Reflexionen zum Fall	122
6.4	Gretas Familienaufstellung im Einzelsetting	124
7	**Hauptanwendungsgebiete: Integrationsniveaus, Störungsbilder und Techniken**	**127**
7.1	Der kreative Zirkel	127
7.2	Das psychodramatische Störungsmodell	128
7.3	Psychodrama und die OPD-Strukturachse IV	131
7.4	Anwendungsbereiche – Fallbeispiele	133
	7.4.1 Stabilisierte Psychose	133

7.4.2 Trauma und Beziehungstrauma in der
Kindheit 134
7.4.3 Depressive Krise in Trennungssituation 136
7.4.4 Depressive Entwicklung vor dem
Hintergrund einer erschwerten Ablösung
von den Eltern 139
7.4.5 Essstörung 140

8 Settings **143**
8.1 Psychodrama mit Kindern und Jugendlichen 143
von Alfons Aichinger
8.1.1 Indikation 145
8.1.2 Gruppentherapie mit Kindern 145
8.1.3 Setting 146
8.1.4 Ablauf einer Gruppentherapiesitzung 147
8.1.5 Einzeltherapie mit Kindern (Monodrama) ... 153
8.1.6 Begleitende Familien- oder Elternberatung .. 154
8.1.7 Einzel- und Gruppentherapie mit
Jugendlichen 156
8.2 Psychodrama mit Erwachsenen 158
8.2.1 Monodrama – Einzelsetting 158
8.2.2 Indikation für das Monodrama 159
8.2.3 Tischbühne und Zimmerbühne 159
8.2.4 Psychodrama in der Gruppe 165
8.3 Psychodrama mit Paaren und Familien 166

9 Wissenschaftliche und klinische Evidenz **169**
9.1 Überblick 169
9.2 Psychosen 171
9.3 Depressive Störungen 174
9.4 Depressive Störungen und Angststörungen 176
9.5 Angst 177
9.5.1 Soziale Phobie 177
9.5.2 Mathematikangst 178
9.6 Essstörungen 178
9.7 Traumafolgestörungen 179

9.8	Strukturelle Störungen	181
9.9	Sucht und Abhängigkeit	182
9.10	Konfliktlösungsstrategien bei aggressivem Verhalten Adoleszenter	184
9.11	Prävention, Unterstützung und Schutz bei Gewalt gegen Kinder, Jugendliche und Frauen (DAPHNE)	185
9.12	Kasuistiken aus dem klinischen Bereich	186

10   Institutionelle Verankerung 187

11   Informationen zu Aus-, Fort- und Weiterbildung 189

Literatur 195

Zeittafel 211

Stichwortverzeichnis 215

Geleitwort zum Buch

von Helena Brem

Susanne Kunz Mehlstaub und Christian Stadler vermitteln in diesem Buch auf leicht lesbare Art psychodramatisch-psychotherapeutische Grundlagen, erläutern schwierige Zusammenhänge und untermauern sie mit den Erkenntnissen aus der modernen Hirnforschung. Eine Stärke des Buches ist die gute Durchstrukturierung: Kapitelweise das nötige Vorwissen aufbauend, gelingt es den beiden Autoren, Aha-Erlebnisse zu generieren. Dank den Bezügen, welche die Autoren setzen, eignet sich das Buch sowohl für psychodramatische Laien, da es einen guten Überblick bietet, als auch für versierte Psychodramatikerinnen und Psychodramatiker, da neurobiologische Erkenntnisse mit Morenos »altem« Wissen verbunden werden. Dieses Buch macht Psychodrama greifbar und eignet sich für Personen aus dem gesamten psychosozialen Arbeitsspektrum, inklusive Fachkräften aus dem Kinder- und Jugendbereich.

Im ersten und dritten Kapitel geben die Autoren einen umfassenden Überblick über Morenos Werdegang mit seinem spirituell-philosophischen Anspruch und der damit verquickten Entwicklung seiner psychodramatisch-salutogenetischen Theorie und Therapieform. Das zweite Kapitel befasst sich mit der Nähe des Psychodramas zu anderen Therapieformen. Die Autoren zeigen auf, bei welchen Therapieformen Psychodrama Pate stand: Ob verhaltenstherapeutisches Rollenspiel, das Reflecting Team der Systemtherapie oder moderne traumaspezifische Ego-State-Therapie-Techniken des Psychodramas wurden in verschiedene Therapieformen eingebaut. Die Wirkung des Psychodramas beruht darauf, sich in einem umfassenden Sinn zu erkennen und mittels verstehender und konfrontierender Haltungen (durch den Therapeuten) neu zu (er)finden. Moreno betrachtete den Raum der Realität als zu einschränkend und ermöglichte durch den Bühnenraum eine Erweiterung des Lebens. Die psychodramatische Inszenierung führt Klient, Therapeut und Gruppe in ein regressives Erleben hinein, wo Ursprungs- und Aktual-Konflikte bearbeitet werden, und mit neuen Erfahrungen wieder heraus.

Die Erkenntnisse aus der Hirnforschung stützen die psychodramatische gruppen- und handlungsbezogene Vorgehensweise. Durch die szenische Darstellung werden im limbischen System wie auch im präfrontalen Cortex durch innere Bilder Gefühle erzeugt. Das bessere Selbst- und Rollenverständnis im sozialen Kontext schafft ein vertieftes Verständnis für eigene Symptome und Störungen im Spiegel der Einzel und/oder Gruppentherapie mit dem Ergebnis von mehr Lebensqualität und friedvolleren Beziehungen zueinander.

Das vierte Kapitel befasst sich mit Diagnostik und gruppendynamischen Störungen und deren Lösungen. Der soziometrische Test wird beispielsweise als wirkungsvolle Möglichkeit beschrieben, um bei Mobbing Abhilfe zu schaffen, um festgefahrene Situationen wieder zu lösen, und eignet sich sowohl für Kinder-, Jugend- als auch Erwachsenengruppen. Anhand von diversen Fallbeispielen wird in den Folgekapiteln störungsspezifisches Psychodrama mit all seinen Settings im Erwachsenen- und Kinder-/Jugendbereich umfassend abgedeckt. Die wissenschaftliche Einbettung und institutionelle Verankerung inklusive Aus-, Fort- und Weiterbildungsrahmen in den deutschsprachigen Ländern runden das Bild ab.

Dieses Buch ist ein »wahres zweites Mal«, ein Buch wie eine Nachspeise – leicht bekömmlich und fein!

Luzern, im Herbst 2016

Helena Brem
Eidgenössisch anerkannte Psychotherapeutin (FSP), Psychodrama-Therapeutin und -Ausbilderin

Einleitung

In den zwanziger Jahren des letzten Jahrhunderts entwickelte der österreichisch-amerikanische Arzt und Psychiater Jacob Levy Moreno das Psychodrama, ein kreative Therapie-und Aktionsmethode. Zu dieser Zeit lebten zahlreiche Künstler unterschiedlichster Genre und Philosophen in Wien. Es war die Zeit nach dem Ersten Weltkrieg, der große Armut und Flüchtlingsströme nach sich zog und Moreno in seiner kreativen und sozialen Haltung als Mensch beeinflusste. Aus der Vorliebe fürs Theater entwickelte er Psychodrama als therapeutisches Verfahren. Mittlerweile sind bald 100 Jahre vergangen und das Psychodrama zählt heute zu den humanistischen handlungs- und erlebnisorientierten Verfahren. Psychodrama befindet sich in Abgrenzung zur Psychodynamischen Therapie, der Verhaltenstherapie, der Systemischen Therapie, der Kunsttherapie etc., was im zweiten Kapitel genauer ausgeführt wird. Jedem Individuum steht ein erlerntes Rollenrepertoire für die Bewältigung seines Lebens zur Verfügung. Die wesentlichen Faktoren der Rollenentwicklung eines Menschen werden durch Spontaneität und Kreativität realisiert. Diese können durch fehllaufende Entwicklungen blockiert sein und erfahren durch Therapie eine neue Entfaltung. Moreno stellte fest, dass sich der Mensch von Geburt an in einer Gemeinschaft befindet, die ihm Schutz bieten und Entwicklungsanregungen geben kann. Begegnung ist ein zentraler Begriff im Verfahren Psychodrama. In der Gemeinschaft und der Familie erwirbt das Kind Fähigkeiten, die sich zu Rollen verdichten und ein konstruktives Miteinander bewirken.

Psychodrama ist in zahlreichen Orten auf der ganzen Welt vertreten und seine besondere Bedeutung liegt in der Ganzheitlichkeit der Methode. Neue hirnbiologische Forschungen haben die Bedeutung des

Psychodramas unter Beweis gestellt, und so freuen wir uns, Ihnen mit unserem Werk Psychodrama näher zu bringen. Das Verfahren Psychodrama wird in verschiedensten beruflichen Feldern eingesetzt. Dazu gehören Coaching, Supervision, Unterrichtsgestaltung und Theaterarbeit. Der Schwerpunkt in diesem Buch ist der therapeutischen Arbeit in der Psychotherapie gewidmet.

Das Buch gibt einen Einblick in die persönliche und gesellschaftliche Geschichte des Gründers J.L. Moreno und seinen drei wesentlichen Lebensstationen in Rumänien, Österreich und den USA. Philosophische und neurobiologische Grundlagen des Verfahrens werden vermittelt, ebenso wie die psychodramatische Diagnostik in Kombination mit im therapeutischen Feld gängigen Diagnosestandards. Anschaulich wird anhand von Fallbeispielen gezeigt, wie die Autoren mit dem psychodramatischen »Handwerkskoffer« arbeiten und wie auf bestimmte Störungen und Erkrankungen bezogen gezielt Interventionen durchgeführt werden können. ICD-10-Diagnosen und das Gerüst der Operationalisierten Psychodynamischen Diagnostik (OPD) bilden dafür den Referenzrahmen. Die Arbeit mit Kindern, Jugendlichen und Erwachsenen und die verschiedenen Settings wie Einzeltherapie, Paar- und Familientherapie sowie das wirksame Vorgehen in der Psychodrama-Therapiegruppe werden vorgestellt. Aktuelle Forschungsergebnisse quantitativer sowie qualitativer Studien und der Hinweis auf Lehr- und Ausbildungseinrichtungen für Psychodrama im deutschsprachigen Raum runden das Buch ab. Das Werk soll dem Leser einen Gesamtüberblick über dieses kreativitätsfördernde Verfahren liefern.

Der Text wurde aus Gründen der besseren Lesbarkeit in der männlichen Schriftform gehalten, was die weibliche Form selbstverständlich miteinschließt.

Wir möchten an dieser Stelle ganz besonders Alfons Aichinger danken, der den Teil des Kinderpsychodramas verfasst hat. Jörg Bergmann gab uns wertvolle Hinweise zu Forschungsergebnissen. Des Weiteren geht der Dank der Autoren an die Patienten und Klienten der Fallbeispiele, die dieses Buch möglich machten. Im Weiteren möchten wir Bernhard Strauß als unserem Ansprechpartner unter den Herausgebern der Reihe »Psychotherapie kompakt« und Anita Brutler vom Kohlhammer Verlag danken. Zu guter Letzt gilt unser Dank Andreas und Claudia, die uns mit Geduld und Ermutigung unterstützt haben.

Wil und München, im Herbst 2017

Susanne Kunz Mehlstaub und Christian Stadler

1 Herkunft, Geschichte und Entwicklung des Verfahrens

1.1 Biografie, historischer und religiöser Hintergrund des Begründers

Jacob Levy Moreno wurde am 18. Mai 1889 in Bukarest geboren, was anhand seiner Geburtsurkunde aus den Archiven in Bukarest von Dr. Georges Bratescu belegt ist (Scherr 2013). Ein weiteres Geburtsdatum, der 30. Mai 1892, wurde von Moreno selbst gewählt. Genau 400 Jahre zuvor wurden die sephardischen Juden, sofern sie nicht zum katholischen Glauben konvertieren wollten, aus Spanien vertrieben. Viele Juden starben auf dem Weg über Afrika in die Türkei. Die Vorfahren Morenos siedelten sich im damaligen Konstantinopel unter dem Namen Levy an. Moreno schildert seine Geburt auf einem namenlosen Schiff auf dem Schwarzen Meer (vgl. Marineau 1989). Es fuhr von Bosporus nach Constanza, wo er zur Welt kam. Moreno sah sich in der Tradition der aus Spanien 1492 vertriebenen Juden, weshalb er vermutlich sein selbst angegebenes Geburtsdatum, den 30. Mai, diesem Ereignis gewidmet hat.

Morenos Eltern

Der Vater Morenos Nissim Levy stammte von den sephardischen Juden ab. Von Beruf Kaufmann, beschäftigte er sich vorwiegend mit Getreide- und dem neu aufblühenden Petroleum-Handel (Marineau 1989). Die Mutter Paulina Iancu, 1873 geboren, ebenfalls mit sephardischen Wurzeln, stammte aus Rumänien. Die älteren Brüder Marcus und Iancu kümmerten sich um die Familie, da der Vater früh gestorben war. Beide Eltern gehörten der Gemeinde sephardischer Juden in Bukarest an (Wieser 2013). Paulina musste als 14-Jährige das katholische Convent verlassen und wurde mit dem 17 Jahre älteren Mann Nissim Levy Moreno verheiratet. Das Leben des 1888 jung vermählten Elternpaares gestaltete sich (vgl. Marineau 1989) aufgrund finanzieller Nöte und sonstiger Konflikte schwierig miteinander.

Der Antisemitismus flammte zu diesem Zeitpunkt in Europa bereits wieder auf. Das Fürstentum Rumänien war durch den Berliner Frieden 1878 autonom geworden, aber das Schicksal der Juden in Rumänien blieb weiterhin unsicher, da ihnen die rumänische Staatsbürgerschaft verwehrt wurde. Diese politische Situation verschlimmerte die ohnehin finanziellen und privaten Schwierigkeiten des Paares.

Jacob Levy Moreno war Paulinas erstes Kind. Aus diesem Grund und wegen der häufigen Geschäftsreisen des Ehemannes entwickelte sich zwischen Mutter und Sohn eine besondere Beziehung (vgl. a. a. O.).

Die Mutter war sehr besorgt, als ihr einjähriger Sohn schwer an Rachitis erkrankte. Sie begegnete einer Zigeunerin, die ihr riet, das Kind regelmäßig in den warmen Sand in die Sonne zu legen, was zu einer baldigen Besserung führte. Die Zigeunerin weissagte der Mutter, dass ihr Kind eines Tages sehr berühmt werden würde (vgl. Moreno 2011). Moreno wuchs in dem damals einerseits französisch geprägten »Little Paris« und in dem multireligiösen, u. a. jüdischen, christlichen und griechisch-orthodoxen Bukarest auf. Er besuchte die sephardische Bibelschule in Bukarest.

Schon früh entwickelte Moreno phantasievolle Spiele. Eine seiner frühesten Erinnerungen war das Gottesspiel als vierjähriges Kind. Er spielte mit anderen Kindern im Keller des Hauses »Gott mit Engeln«. Sie bauten einen Turm aus Tisch und Stühlen. Moreno übernahm die Rolle als Gott, kletterte auf den Turm und ein Kind fragte, warum er als Gott nicht fliege, woraufhin er die Arme ausbreitete, hinunterstürzte und sich den Arm brach. Später bezeichnet er dieses Spiel als sein erstes geleitetes Psychodrama. »Ich war gleichzeitig Leiter und Protagonist« (Moreno 2011, S. 27). Das Kinderspiel mit seiner szenischen Umsetzung über mehrere Stufen inspirierte ihn zu seinen späteren Ideen der Bühnengestaltung (▶ Abb. 12).

Moreno war ca. 5 Jahre alt, als die Familie aus wirtschaftlichen Gründen nach Wien umzog. Der Vater reiste geschäftlich mehr denn je in Länder wie Rumänien und die Türkei. In Wien ließ sich ebenfalls kein Einkommen erwirtschaften und zusätzlich entfremdete sich die Familie durch seine vielen Reisen.

1905, als Moreno 14 Jahre alt war, übersiedelte die Familie nach Berlin. Nach wenigen Wochen entschloss er sich, allein nach Wien zurück zu kehren. Dort lebte er bei einer Familie und finanzierte sich durch Nachhilfeunterricht. Moreno besuchte die Familie noch einmal in Chemnitz im Sommer 1905 (Scherr 2013) und sah nach der Scheidung seiner Eltern seinen Vater nicht mehr wieder. Dieser kehrte in die Türkei zurück, die Mutter 1906 nach Wien.

Moreno hatte mittlerweile vier weitere Geschwister. Die wichtigste und auch komplexeste Beziehung bestand zu seinem zweiten Bruder William, den er sowohl favorisierte als auch mit ihm rivalisierte (vgl. Marineau 1989).

Leben als Student und die Religion der Begegnung

1909 schrieb Moreno sich an der Universität Wien für Philosophie ein und 1911 für Medizin. Das Medizinstudium beendete er Februar 1917. An der Universität hatte Moreno um 1908 einen Freundeskreis um sich gesammelt (vgl. Marineau 1989). Sie gründeten die Gruppe »Religion der Begegnung« mit hohem religiösem und sozialpolitischem Anspruch und das aus einem Fond finanzierte »Haus der Begegnung« für Flüchtlinge und Immigranten. Mit Ausbruch des Ersten Weltkriegs 1914 wurde das Haus geschlossen und die Mitglieder der Gruppe verloren sich in den Wirren des Kriegs. Sein Interesse an sozialen Aktionen und der Begegnung mit Menschen führte Moreno zu verschiedensten Schauplätzen, wie zu spielenden Kindern im Wiener Augarten, zu den Prostituierten in dem Viertel Wien Spittelberg und zu den Flüchtlingen in Mitterndorf. Durch seine sozialen Aktivitäten gewann er wichtige Erkenntnisse für seine späteren Projekte und Theorien.

Die Kinder im Augarten

Vor Ausbruch des Kriegs ging Moreno im Wiener Augarten spazieren (Moreno 2011). Er begegnete einer Gruppe von Kindern mit deren Kindermädchen und Eltern. Sie spielten und er begann ihnen Geschichten zu erzählen und weckte ihre Aufmerksamkeit. Die Kinder hörten interessiert zu. Er war fasziniert von dem unmittelbaren Interesse und der magischen Atmosphäre, mit der sich die Kinder auf die Geschichten einließen und diese später auch nachspielten. Die Reaktionen der Kinder beeindruckten Moreno. Sie waren für ihn offene und spontane Wesen, dabei kreativ und aktiv, und ließen sich leicht mit Improvisationen begeistern. Durch sie entwickelte er zentrale Gedanken zu seiner Spontaneitäts- und Kreativitätstheorie (▶ Kap. 3).

Die Prostituierten

Eine weitere sozial benachteiligte Gruppe, die Morenos Interesse weckte, waren die Prostituierten, die 1913 in dem Viertel Wien Spittelberg lebten. Sie waren gesellschaftlich geächtet und hatten keinerlei Rechte. Moreno begann sich für ihren gesellschaftlichen Status zu interessieren. In Begleitung des Arztes Dr. Gruen und eines Journalisten luden sie die Prostituierten zu einer Versammlung ein. Er verstand ihre mit anderen Randgruppen nicht vergleichbaren schwierigen Lebensumstände und gewann ihr Vertrauen. Sie begannen, sich regelmäßig in Gruppen zu treffen, um über ihre Situation zu beraten. Neben praktischen und rechtlichen Fragestellungen erkannten die Prostituierten, dass sie als Gruppe einen stärkeren Einfluss gegenüber den Behörden hatten und sich überdies wertvolle gegenseitige Unterstützung geben konnten. Sie traten selbstbewusster für ihre Rechte ein. Diese Zusammenkünfte gaben erste wichtige Erfahrungen für Moreno hinsichtlich der später vom ihm entwickelten Gruppentherapie (Moreno 2011).

Die Flüchtlinge im Lager Mitterndorf bei Wien

Der anfängliche Enthusiasmus der Bevölkerung über den Ersten Weltkrieg mit seinen fraglichen »Errungenschaften« wich schnell einer großen Enttäuschung. Moreno wurde als fortgeschrittener Medizinstudent in den zivilen Dienst aufgenommen (Moreno 2011). Er arbeitete als Arzt (ca. 1915 bis 1918) in einem Lager für Flüchtlinge aus Südtirol in Mitterndorf und später in Zsolna. Er erhielt erstmalig einen guten Lohn. Sein soziales Engagement und sein Interesse für sozial Schwächere verfolgte er weiter. Er untersuchte die Lebensbedingungen der Flüchtlingsfamilien in Mitterndorf. Bewegt durch die Erlebnisse suchte er nach stetigen Verbesserungen für das Zusammenleben dieser Familien. Unter anderem versuchte er auch über den damaligen Innenminister politisch Einfluss zu nehmen und auf die Probleme im Lager aufmerksam zu machen. Er erlebte die täglich ankommenden Flüchtlinge, viele aus Südtirol, in einem Lager, das für 2.000 Menschen konzipiert war, aber im weiteren Verlauf vorübergehend bis zu sechsmal so vielen Geflüchteten Platz bieten musste (Scherr 2013). Die unhaltbare Realität in dem Lager führte zur Solidarisierung Morenos mit den Südtirolern. Diese Erlebnisse beeinflussten ihn, die Grundlagen der Soziometrie zu konzipieren, die er später in den USA mit zahlreichen Forschungsprojekten zu systematisieren begann. »Soziometrie ist die Wissenschaft der Messung zwischenmenschlicher Beziehungen« (Moreno 1996, S.19) oder der Untersuchung mikrodynamischer Vorgänge in Gruppen.

Leben in Wien

Morenos Wiener Leben war geprägt durch gesellschaftspolitische, literarische und philosophische Einflüsse. Er besuchte Wien häufig, um dem Lagerleben in Mitterndorf zu entkommen. Er verkehrte in berühmten Cafés in Wien, dem älteren *Café Museum* und dem neueren *Café Herrenhof*. In beiden begegneten sich Künstler wie Literaten, Musiker, Maler und Philosophen. Wichtige Namen sind u. a. Henri Bergson, Martin Buber, Jacob Wassermann, Franz Werfel, Arthur Schnitzler, Robert Musil, aber auch Franz Lehar und Paul Claudel. Moreno veröffentlichte 1915 eigene Texte in den Heften *Einladung zu einer Begegnung*. Diese Texte wirkten wie Vorläufer zu Bubers 1923 erschienenem Buch *Ich und Du*. Viele seiner bereits dargelegten Ideen fand er bei Buber wieder (Moreno 1911). Dieses Problem, dass andere sich seiner Ideen ohne Quellenverweise bemächtigten, z. B. Lewin in den USA (Treadwell 2014), sollte wiederholt auftreten. Mit Martin Buber, seinem Freund, wollte er einen direkten Konflikt vermeiden, um die freundschaftliche Beziehung nicht zu gefährden. Beide interessierten sich für Sokrates, Dante, Kierkegaard und Nietzsche. Die beiden letzteren betrachteten die Begegnung von Menschen als vorrangig. Moreno sah die Aktion und die Gruppe als primär, Buber hingegen die Beziehung (Marineau 1989, S. 49). Im Februar 1918 gab Moreno die erste Nummer der Zeitschrift *Der Daimon* heraus, weitere Hefte folgten bis ca. 1919. Er war dort auch Autor.

Die Aktion und das Theater

Morenos Lebensweg begann sich zu wandeln, die Aktion, das Theater interessierte ihn zunehmend. Er schildert eine der ersten psychodramatischen Sitzungen, die in dem berühmten Theater Komödienhaus in Wien stattfand (Moreno 1911). Er saß allein auf einem roten Königstuhl auf der Bühne, jegliche Form üblicher Unterhaltung vermeidend. Es waren ca. tausend Zuschauer, und Moreno lud das Publikum ein, auf die Bühne zu kommen und wechselnd die Rolle des Königs einzunehmen. Sie sollten ihr eigenes, persönliches Drama nach dem Ersten Weltkrieg mittels Stegreifspiels in Szene setzen. Das Publikum reagierte verärgert angesichts der ungewöhnlichen Vorstellung, die schließlich ausgebuht wurde. Dieser Misserfolg kostete Moreno zunächst Ansehen und Freundschaften, beflügelte ihn anderseits noch mehr, denn eine Idee war geboren: Die Uraufführung des Stegreiftheaters.

Das Stegreiftheater

Aus den Ereignissen im Komödienhaus entwickelte Moreno (1923–1924) das Stegreiftheater. Er mietete Räumlichkeiten in einem Gebäude in der Maysedergasse im 1. Bezirk Wiens, das noch heute steht. Die Realisierung führte Moreno ebenfalls über Enttäuschungen zu neuen Erkenntnissen (Moreno 2011). Das Publikum misstraute der eigenen Spontaneität und Kreativität im Stegreifspiel und wünschte sich »herkömmliches« Theater. Erst die szenische Umsetzung aktueller Zeitungsmeldungen *Living Newspaper* sollte das Publikum von der gespielten Aktualität und Unmittelbarkeit, sprich einer Vorstellung ohne Proben, ohne Skript und ohne Regisseur, überzeugen. Seine Erfahrung, dass Stegreiftheater nicht unbedingt eine ästhetische Wirkung hat, dafür eine sehr therapeutische, führte zu der strategisch wichtigen Entscheidung, Stegreiftheater in therapeutisches Theater umzuwandeln. Dies wurde zum Wendepunkt seiner beruflichen Laufbahn, und er begann sich zunehmend mit seiner professionellen Rolle als Psychiater zu identifizieren. Die Auswahl der Themen fand ohne Vorbereitung statt. Die Spieler und Mitspieler sollten spontan agieren und reagieren und keine vorbereiteten Rollen darstellen. Der Kerngedanke seiner Veröffentlichung *Das Stegreiftheater*, welches 1924 herauskam, besteht in spontanen Aktionen und Reaktionen.

> »Ich aber wünsche nicht das Theater des guten Gedächtnisses, der kreisförmigen Behaglichkeit, des Selbstvergessens. (…) An Stelle der alten Dreiteilung tritt unsere Einheit: Es gibt keine Dichter, Schauspieler, Zuschauer mehr. Jeder ist Dichter, Schauspieler und Zuschauer in einer Person. Fort mit den Augen der Gaffer und den Ohren der Horcher. (…) Unser Theater ist die Vereinigung aller Widersprüche, des Rausches, der Unwiederholbarkeit.« (Moreno 1923, S. 150–152).

Das war die Stegreifidee. Moreno wollte die absolute Einmaligkeit in der Zeit, der Rolle und des Raumes des Individuums, quasi aus dem »Unbewussten« geboren. Die Schauspielerin Anna Höllriegel verhalf ihm, u. a. die Bedeutung dieser Theaterform und des Humors zu erkennen. »Sie gehörte auch zum Teilnehmerkreis in der Maysedergasse. Gemeinsam mit ihrem Mann stellte sie ihre Eheprobleme auf der Bühne dar. Als Protagonistin konnte sie im Spiel die Ursache ihrer Konflikte erkennen und mit einem Lachen eine befreiende Wirkung erzielen.« (vgl. VBKÖ 2015). Dieser beobachtbare intensive Effekt von Höllriegel mit kathartischer Befreiung ließ die Idee eines Heilverfahrens reifen. Unter den ersten Gefährten Morenos waren neben Anna Höllriegel berühmte Schauspieler wie Elisabeth Bergner und Peter Lorre.

Moreno als Mediziner und Therapeut

Das Medizinstudium an der Universität Wien beendete Moreno im Februar 1917. Er organisierte sein Studium von Anfang an mit begleitenden klinischen Praktika, um besser auf die Praxis vorbereitet zu sein. Zur damaligen Zeit war dies unüblich und bewies eine vorausschauende Haltung. Moreno absolvierte u. a. ein Praktikum bei dem Primararzt Julius Wagner-Jauregg in der Psychiatrie. Wagner-Jauregg wurde für Moreno aufgrund seiner feindseligen und wenig einfühlsamen Haltung im Patientenkontakt zum Inbegriff eines Anti-Therapeuten. Dafür entwickelte Moreno zu Otto Pötzl, dem Assistenten und Stellvertreter Wagner-Jaureggs, Psychiater und Spezialist für Neuropathologie wie auch Anhänger der aufkommenden Psychoanalyse, eine außergewöhnlich freundschaftliche Beziehung für einen Studenten zu damaliger Zeit. Mit Pötzl konnte Moreno im zweiten Studienjahr erste medizinische Forschungen realisieren. Pötzl interessierte, inwieweit sich verschiedene neurologische Zustände bei Alkoholikern anhand der Struktur ihrer Träume diagnostizieren ließen.

Moreno und Freud

Immer wieder waren es persönliche Begegnungen, die Moreno, schon während des Studiums, sehr beeinflussten. Eine der wichtigsten war wohl die Begegnung mit Sigmund Freud. Es bleibt jedoch unklar, ob ein persönliches Aufeinandertreffen jemals stattgefunden hat. Die von Moreno in seiner Biografie erwähnte Begegnung mit Freud (Moreno 2011) zeigt die komplexe Dynamik seiner Auseinandersetzung mit diesem. Nach einer Vorlesung fragte Freud Moreno, was er mache, worauf Moreno antwortete, dass er dort starte, wo Freud aufhöre. Er, Freud, behandle die Menschen in einem künstlichen Setting in seinem Büro, während Moreno die Menschen auf der Straße und in ihren natürlichen Umgebungen treffe. Freud analysiere ihre Träume und Moreno gebe ihnen den Mut, weiter zu träumen. Freud analysiere die Menschen und überlasse sie anschließend sich selbst. Moreno lasse die Patienten ihre Konflikte ausagieren und helfe ihnen, diese wieder zusammenzufügen. Morenos Überlegungen standen in einem handlungsorientierten philosophischen Kontext.

Moreno beschreibt die Beziehung zwischen ihnen folgendermaßen: »Es ist, als begegne der Häuptling eines afrikanischen Stammes dem König von England. Das Königreich Freuds war grösser als meines, aber wir sind auf dem gleichen Planeten.« (Moreno 2011, S. 69). Stellungnahmen von Freud zu Moreno sind nicht bekannt.

Moreno entwickelte später 1944 selbst die Idee eines psychoanalytischen Psychodramas (Moreno 1988), um die psychoanalytische Theorie mit der psychodramatischen zu verbinden.

Moreno in Bad Vöslau und der Beginn der Psychotherapie

Nach dem Krieg im Oktober 1919 trat Moreno eine Anstellung als Gemeindearzt in Kottingbrunn an und wechselte wenig später in dieser Funktion nach Bad Vöslau. Er wurde Fabrikarzt der Vöslauer Kammgarnfabrik, mietete ein Haus in Maital und eröffnete eine Praxis.

In Bad Vöslau lernte er Marianne Lörnitzo, seine erste »Muse«, kennen. Sie stand ihm anfangs als Sprechstundenhilfe, später als Ko-Therapeutin bei der Entwicklung seines neuen Psychotherapieverfahrens zur Seite. Es war die Idee des »Du und Du«. Moreno hatte diese Begegnungsphilosophie schon in den Heften »Einladung zu einer Begegnung« 1914 veröffentlicht. Moreno betrachtete den Patienten als selbstverantwortlichen, kreativen Menschen, der die Idee der Heilung in sich trägt, die er mit Hilfe eines Therapeuten entwickelt. Er wurde als Arzt bald bekannt und hatte großen Zulauf. Seine Philosophie der Begegnung ebenso wie seine Erfahrungen mit Menschen ermöglichten ihm einen guten Zugang zu Patienten. Morenos therapeutische Erfahrungen führten zur definitiven Hinwendung zum heilenden Theater. Das Schicksal eines Patienten in Bad Vöslau 1921 bewegte ihn besonders. Der Mann begab sich in Behandlung, da er depressiv und suizidal war (Marineau 1989). Er wünschte sich von Moreno Sterbehilfe. Moreno arbeitete gemeinsam mit Lörnitzo mehrere Wochen mit ihm. Der Patient wohnte in einem nahen gelegenen Hotel. Die Behandlung bestand darin, ihn in allen Varianten seiner Todeswünsche zu begleiten und diese zu spielen, der Patient war Protagonist, Moreno Direktor und Lörnitzo stand als Hilfs-Ich zur Verfügung. Moreno entdeckte mit Hilfe des Durchspielens oder auch *Acting Out* die günstige Wirkung auf den depressiven Patienten. Diese frühen Erfahrungen mit Psychodrama sollten erst in den USA zur vollen Blüte kommen. Seine Erfahrungen mit dem Stegreiftheater in Wien, der zunehmende Druck in Bad Vöslau als guter, wenn auch »eigenwilliger« Arzt, seine ungeklärte Beziehung zu Marianne Lörnitzo wie auch der antisemitische Druck auf ihn führten zur Entscheidung, in die USA zu emigrieren, wo sein jüngerer Bruder William bereits weilte. Dieser unterstützte ihn fortan bei seinen Projekten.

Im Februar 1925 verließ Moreno von Hamburg aus Europa in Richtung Amerika. Über Umwege erreichte er New York ein halbes Jahr später. Er verließ Österreich ohne Marianne Lörnitzo, ursprünglich in der Absicht, sie später in die USA zu holen. Doch sollte er, als er sich in den USA eingelebt hatte, die Beziehung zu ihr völlig abbrechen.

Abb. 1: Moreno kurz vor seiner Emigration 1925 (Figusch 2014, Abdruck mit freundlicher Genehmigung)

1.2 Entwicklung und Durchbruch der Methode in den USA

Meilensteine der Erkenntnisse

Das Theater ist der Vorläufer des Psychodramas, was viele Autoren mittlerweile belegt haben (u. a. Fangauf 1999). Am Anfang war die *Szene*, alle Stränge Morenos therapeutischer Philosophie führen hier zusammen. Die Geschichte, die Spontanität, die Kreativität, das Handeln, die Bedeutsamkeit und Interaktion mit den Mitspielern, der unmittelbare authentische Augenblick des Geschehens, die Erkenntnisse im Spiel, spontane Handlungen, die nicht geplant waren, aber überraschende Einsichten erlauben, dies alles spielt zusammen. Durch das Handeln werden Einsichten generiert und Katharsis ermöglicht. Moreno war, wie bereits beschrieben, sein eigener Lehrer und »Patient«, als er als vierjähriges Kind die Bühne im Gottesspiel mit anderen Kindern in Szene setzte. Das Fliegen wäre wohl gegangen, wenn die Mitspieler ihn getragen hätten. Der misslungene Versuch zu fliegen brachte ihm die Erkenntnis, von anderen abhängig zu sein, und wurde einer der Grundgedanken für die Gruppentherapie. Der Protagonist wird gestützt, konfrontiert und gespiegelt. Er entfaltet sich im geschützten Rahmen. Diese frühen Erfahrungen durch das Spiel prägten Moreno und hinterließen eine tiefe Faszination dafür, »die innere Wahrheit handelnd zu ergründen«. Was scheinbar nur Kindern vorbehalten sein sollte, entdeckte Moreno für die Erwachsenen als nicht weniger effizientes Mittel. In der Geschichte gab es durchaus Vorgänger, die das Spiel der Erwachsenen mit verschiedenen Formen von Theater entwickelten. Seit der griechischen Antike, z. B. bei Aischylos (525 v. C.), wurden Schauspieler mit Mehrfachbesetzungen eingeführt. Es folgten viele weitere u. a. von Shakespeare (1564) bis George Tabori (1914) und Barbara Frey (1963). Die Kinder im Augarten halfen Moreno, Gedanken, Kreativität und Spontaneität zu vertiefen, sich im Hier und Jetzt auf das Gehörte, Gesehene und Gefühlte einzulassen und Geschichten in Handlung umzusetzen. Diese Aspekte wurden zu Grundelementen des Psychodramas.

USA – »Im gelobten Land«

Im Oktober 1925 erreichte Moreno New York. Der Anfang auf dem neuen Kontinent war zwar beschwerlich, anderseits auch mit klaren Visionen besetzt. Moreno konzentrierte sich auf seine neuen Aufgaben. Er gestaltete seine weitere Karriere als Psychiater und Psychodramatiker wie auch die Entwicklung der Gruppentherapie. Anderseits förderte er die Entwicklung der Soziometrie und der Soziatrie, der Diagnose, Prophylaxe und Behandlung von Gruppen.

Er wurde unterstützt von einem Freund, dem Kinderarzt Dr. Bela Schick im Mount Sinai Hospital in New York; dieser zeigte großes Interesse an Morenos Stegreiftechniken mit Kindern. Dort begegnete Moreno Beatrix Beecher, einer Kinder-Psychologin, die sich, um ihm die amerikanische Staatsbürgerschaft zu sichern, 1928 zu einer formalen Eheschließung bereiterklärte und sich 1934 einvernehmlich wieder von ihm scheiden ließ. Sie unterrichtete am Plymouth Institut in Brooklyn und ließ sich für das Psychodrama mit Kindern begeistern. Er war ihr sehr dankbar für ihre freundschaftliche Unterstützung.

Abb. 2: Moreno in USA (Figusch 2014, Abdruck mit freundlicher Genehmigung)

1927 erhielt Moreno die notwendige Anerkennung seines Diploms und die erforderliche Bewilligung für die Berufsausübung als Arzt. Von Marianne Lörnitzo, die in Bad Vöslau vergebens darauf wartete, ihm in die USA zu folgen, entfremdete er sich und beendete zu ihrer großen Enttäuschung die Beziehung. Ihr großes Verdienst bestand in der Patenschaft bei der Umsetzung erster psychodramatischer Behandlungsversuche.

Erfolgreiche Projekte und die Soziometrie als Gruppenforschungsverfahren

Von 1929 bis 1931 leitete Moreno gemeinsam mit der aufgeschlossenen Studentin für Sozialwissenschaften Helen Jennings das Impromptu-Theater in der Carnegie Hall in New York und die »Living Newspaper« im Guild Theatre auf dem Broadway. Mit Helen Jennings realisierte er auch das Buch *Who shall survive*, sein umfassendes soziometrisches Werk, welches 1934 veröffentlicht wurde. Weitere Aktivitäten folgten gemeinsam mit Helen Jennings in New York im Sing-Sing-Gefängnis und in der Mädchenschule von Hudson. Im Sing-Sing-Gefängnis entwickelte und beforschte Moreno mit einem Team Faktoren zur Verbesserung der Rehabilitationsbedingungen von Insassen. Aufgrund dieser Forschungsarbeit »prägte Moreno 1931 den Begriff Gruppenpsychotherapie in Zusammenarbeit mit dem *National Committee on Prisons and Prison Labor*« (NCPPL; vgl. Hutter und Schwehm 2012). Als Moreno seine Resultate aus dem Sing-Sing-Gefängnis 1932 auf einem Symposium der American Psychiatric Association (APA) präsentierte, wurde weltweit erstmalig der Begriff Gruppentherapie eingeführt. Nach seinen Erfolgen im Sing-Sing-Gefängnis lud man ihn zwecks soziometrischer Forschungen an die Hudson-Schule ein, einer Institution für »schwer erziehbare« Mädchen. Man suchte nach neuen Formen der Rehabilitation, angeregt durch die Arbeiten Morenos in anderen Instituten. Hier setzte Moreno bereits Rollenspiel und Psychodrama ein (Marineau 1989).

Beacon Sanatorium

1936 erwarb Moreno ein Haus, das zukünftige Sanatorium in Beacon am Hudson River, außerhalb der Stadt New York. Der Aufbau und die Finanzierung gelangen mit der finanziellen Hilfe der ca. 60-jährigen vermögenden Gertrude Tone. Sie begeisterte sich für das 1934 erschienene Buch *Who shall survive* und kontaktierte Moreno. Damit war der Aufbau des Sanatoriums gesichert (vgl. Moreno 2011). Tone war alkoholkrank und ihre war Ehe zerrüttet, weshalb sie nach einer neuen Lebensaufgabe suchte. Die Pläne Morenos beeindruckten sie. Sie übersiedelte in das Sanatorium in Beacon. Das Sanatorium diente zur Patientenbehandlung und wurde auch Ausbildungsinstitut in Psychodrama für Psychiater, Psychologen, Krankenschwestern, Sozialarbeiterinnen und Erzieherinnen. Bekannte Namen in der europäischen Psychodramaszene, die ihre Ausbildung in Beacon absolvierten, sind u. a. Grete Leutz und Heika Straub aus Deutschland, Ildiko Mävers aus Ungarn, Elisabeth Pfäfflin aus der Schweiz, Marcia Karp aus England und Anne Schützenberger aus Frankreich. Hier wurden die therapeutischen Prinzipien für die psychodramatische Einzelbehandlung, Gruppentherapie und Soziometrie für Gruppen weiterentwickelt.

Eine wichtige Gönnerschaft fand Moreno in seinem Bruder William, der ihm lebenslange Unterstützung bot, nicht nur materiell, sondern auch ideell. Er half ihm bei der Instituts- und Verlagsgründung.

1938 lernte Moreno Florence Bridge kennen, die er auch heiratete. 1939 wurde ihre gemeinsame Tochter Regina geboren. Das Paar trennte sich wieder 1948.

1949 heiratete Moreno Celine Zerka Toeman (1917–2016). Damals trat auch Grete Leutz in Morenos Leben, Medizinstudentin aus Deutschland. Moreno suchte für seine Tochter Regina ein Au-pair-Mädchen und engagierte dafür Leutz. Er wollte seiner Tochter die familiären Wirren, die sich aus Scheidung, Heirat und Geburt seines Sohnes Jonathan ergaben, erleichtern. Leutz wurde seine »spirituelle Tochter«. Sie übersetzte das Werk Morenos *Who shall survive* ins Deutsche.

1.2 Entwicklung und Durchbruch der Methode in den USA

Abb. 3: Familienfoto 1954 – Zerkas Bruder Charles mit Anne, Jonathan, Zerka und J.L. Moreno (Figusch 2014, Abdruck mit freundlicher Genehmigung)

Zerka wurde fortan die wichtigste Person in Morenos Leben. 1942 veröffentlichten sie gemeinsam die Broschüre »The Group Approach in Psychodrama«. In den folgenden Jahren bis zu Morenos Tod 1974 wurde Zerka seine rechte Hand in allen wesentlichen Belangen (Marineau 1989). Neben ihrer Rolle als Ehefrau gehörten Veröffentlichen, die gemeinsame Gruppenarbeit als Trainer und Co-Trainerin, Organisatorin, Lehrerin, Psychotherapeutin und Psychodramatikerin, Forscherin zu ihren gemeinsam gestalteten Aufgaben. Jonathan Fox bewertet ihre Rolle für die Entwicklung des Psychodramas wie folgt: »Moreno favorisierte bei seiner anhaltenden soziometrischen Perspektive insbesondere einen horizontalen sozialen Systemeinsatz [...], Zerka Moreno hingegen einen vertikalen Ansatz, der sich direkt auf frühe und auch Kindheitserfahrungen konzentriert.« (Moreno 1989; S. 24). Neben ihren fachlichen Rollen war sie die Mutter von Jonathan, ihres 1952 geborenen Sohnes und zweiten Kindes Morenos. Zerka Moreno verstarb 2016.

Internationaler Erfolg

1941 gründete Moreno mit seinem Bruder William das Soziometrische Institut in New York City. Es sollte ein »Mekka« für Sozialwissenschaftler aus aller Welt werden (Moreno 2011). Es folgten zahlreiche internationale Reisen mit Zerka, wo sie Psychodrama und Soziometrie demonstrierten und unterrichteten.

Im Jahr 1942 eröffnete Moreno ein zweites Institut für Soziometrie und das *New York Theatre of Psychodrama* in New York City; er war nun national wie auch international ein begehrter Referent und Lehrer für Psychodrama und Soziometrie. Es folgten Gründungen von verschiedenen Zeitschriften (siehe Zeittafel im Anhang). Moreno organisierte internationale Kongresse wie den für Gruppenpsychotherapie 1954 in Toronto und weitere in Zürich 1957 und Mailand 1963. 1961 gründete Moreno die Weltakademie für Psychodrama und Gruppentherapie und war deren erster Präsident. 1964 fand der erste große Psychodrama-Kongress unter der Leitung von Anne Schützenberger in Paris statt. Seither wurden regelmäßige Psychodrama-Kongresse in Europa organisiert. Moreno hatte das Glück, zu Lebzeiten Zeuge seines Erfolges und der Erfüllung vieler seiner Visionen in aller Welt zu werden.

Ende eines bewegten Lebens

Als Moreno nach Jahren anstrengenden Reisens und Arbeitens kürzertreten musste und sich mehr auf die Ausbildung und Veröffentlichungen konzertierte, übernahm Zerka Moreno seine Rolle als Organisatorin und Leiterin des Institutes. Moreno starb am 14. Mai 1974 mit 85 Jahren im Bewusstsein eines erfüllten und sehr bewegten Lebens.

Das Sanatorium in Beacon wurde 1976, nach ca. 40 Jahren, geschlossen, das Institut als Trainingszentrum in New York existierte jedoch weiter. Psychodrama ist heute in vielen Teilen der Welt vertreten und erfreut sich großer Beliebtheit durch seine vielfältigen Gestaltungsmöglichkeiten und nicht zuletzt eines stetigen kreativen Wandels.

2 Verwandtschaft mit anderen Verfahren

Der bekannte Transaktionsanalytiker Eric Berne (1970) hat einmal von dem »Moreno-Problem« im Kontext von Psychotherapiemethoden gesprochen. Es gäbe keine aktive therapeutische Technik, die nicht schon zuerst von Moreno ausprobiert worden wäre – eine Sicht, die auch Abraham Maslow (1968), einer der Gründer der humanistischen Psychotherapie, teilte. Ob es aus heutiger Sicht noch so ist, sei dahingestellt. Aber das von Moreno entwickelte Psychodrama ist sehr vielseitig, sei es, was deren Philosophie und das Gesundheits-, Krankheits- und Menschenbild angeht, sei es, weil es ein umfassendes Repertoire an Arbeitsformen, Techniken und Interventionen aufweist, und so ist es nicht verwunderlich, dass manche modernen Therapieformen Elemente des Psychodramas aufgreifen. Jüngste prominente Beispiele sind die Ego-State-Therapie nach Watkins und Watkins (2012) und die Schematherapie nach Young et al. (2008).

Das Psychodrama steht im Kanon humanistischer Therapieformen, der dritten Säule der Psychotherapie neben den psychodynamischen Therapien und der Verhaltenstherapie. Inhaltlich ist die Aufteilung in verschiedene Verfahren nicht ganz einfach, denn alle Psychotherapieformen müssen die inneren (unbewussten) Haltungen oder die Beziehungen verändern, wie es die psychodynamischen Verfahren für sich in Anspruch nehmen, wollen sie erfolgreich sein, d. h., den Menschen nachhaltig helfen. Und alle Therapieformen müssen sich auf das konkrete Verhalten und die Denkmuster auswirken, wie es die kognitive Verhaltenstherapie reklamiert, wollen sie erfolgreich sein. Und letztlich müssen auch alle Therapieformen die Selbstheilung der Patienten fördern, wie es die humanistischen Therapien beanspruchen. Ist Therapie also immer dasselbe? Was ist dann Psychodrama?

2.1 Psychodramatische Grundorientierungen

Psychodrama-Therapie ist nicht einfach zu fassen, denn sie ist aus verschiedenen Wurzeln entstanden, und Moreno war kein systematischer Theoretiker, sondern ein prozessorientierter Empiriker. Was sind die »Essentials«, die eine Psychodrama-Therapie ausmachen und die sie von anderen Verfahren und Methoden abgrenzen bzw. Schnittmengen erzeugen?

Grundlagen der Psychodrama-Therapie sind:

- Handlungs- und Erlebnisorientierung mithilfe einer szenischen Darstellung:
  Über innere wie äußere Erlebnisse wird nicht nur gesprochen, sondern sie werden in Szene gesetzt; das innere Erleben wird durch die Szene und das Spiel aktiviert.
- Kombination von Als-ob-Modus und Mentalisierung:
  Wenn eine Szene im Als-ob-Modus vom Patienten (nach)gespielt wird, hat dies unmittelbare Auswirkungen auf sein inneres Mentalisieren. Und umgekehrt prägt die Mentalisierung das äußere Spiel in der von Moreno so genannten Surplus-Realität (vgl. Krüger 2015, S. 35).
- System- und Beziehungsorientierung:
  Durch die soziometrische Grundorientierung ist nicht nur das Individuum als solches im Blick, sondern der Mensch in seinen relevanten Beziehungen, sei es im realen Leben, sei es in der therapeutischen Gruppe. Rollen, die Menschen einnehmen, sind nur im Kontext ihrer korrespondierenden früheren bzw. heutigen Anderen, also in der Begegnung verstehbar.
- Der kreative Zirkel als Orientierungsmodell für Selbstheilung und Veränderung:
  Durch eine konsequente therapeutische Begleitung des Patienten durch den inneren Prozess der Erwärmung, Entscheidung, kreativen Handlung und positiver Bewertung kann sich ein neues, verändertes, innerlich angemesseneres Erleben und Verhalten einstellen.

2.1 Psychodramatische Grundorientierungen

Ausgehend von diesen Grundlagen handeln Psychodramatherapeuten. Dabei wird in Abhängigkeit von der Therapeutenpersönlichkeit und dessen therapeutischen Zielvorstellungen sowie von dem Auftrag des Patienten der Schwerpunkt mal mehr zur einen Seite, mal mehr zur anderen Seite hinbewegt. Die Grundrichtungen, die sich aus den Essentials ableiten lassen, sind in Abbildung 4 zu erkennen.

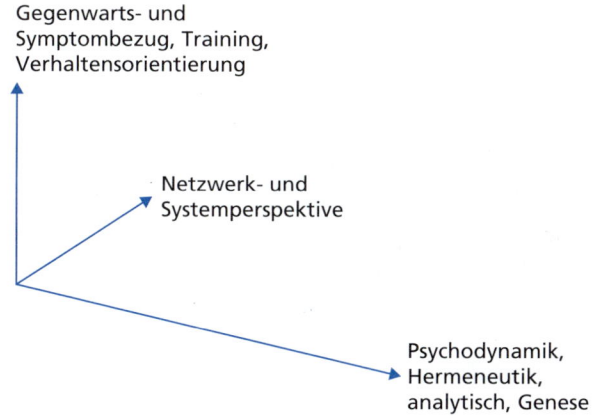

Abb. 4: Verortung psychodramatischen Handelns (modifiziert nach Stadler und Kern 2010, S. 198)

Wird das Psychodrama systemorientiert eingesetzt, wird der Therapeut besonders die soziometrischen Aspekte betonen, er wird etwa nach dem sozialen Netzwerk und den Valenzen der einzelnen Beziehungen fragen. Oder er wird dem Patienten vorschlagen, dass er einmal seine Familiensituationen mit Playmobilfiguren aufstellt, um verschiedene Perspektiven zu seinem gegenwärtig einflussreichsten System einzunehmen. Bewegt sich der Therapeut mehr in Richtung der psychodynamischen Achse, wird er den Patienten fragen, ob er einmal eine typische Szene aus seiner Kindheit in der Gruppe zeigen möchte und ob er dann mit seinem damals jungen Vater die Rolle tauschen möchte, oder ob er in der Rolle des Vaters Gemeinsamkeiten mit der Rolle seines Chefs erkennt. Verhaltens- und Lösungsorientierung kann z. B. im Fokus stehen, wenn es um eine Angstexposition geht, indem der Patient handelt, erprobt oder trainiert, wie er am besten eine bevorstehende Stresssituation bewältigen kann. In der Regel ist Psychodrama aber nicht das eine oder das andere, sondern je nach Fragestellung des Patienten eine Mischform der Orientierungen.

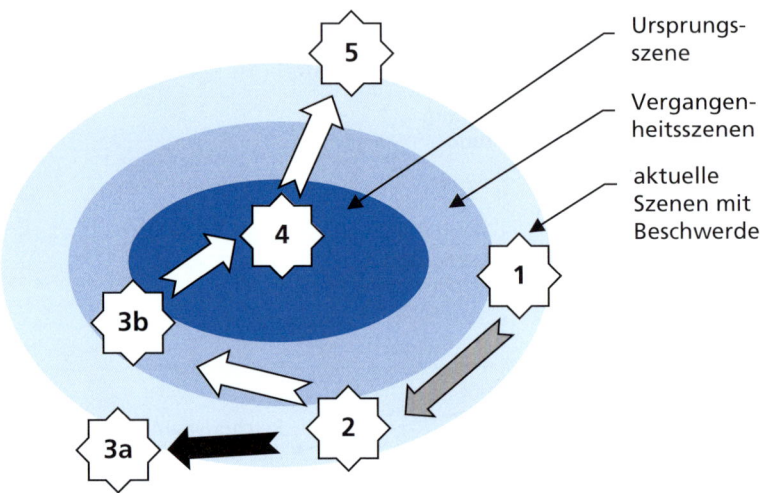

Abb. 5: Die therapeutische Spirale (modifiziert nach Bender und Stadler 2012, S. 36)

Die therapeutische Spirale (▶ Abb. 5) hilft dabei, diesen Prozess anschaulich zu verstehen. Eine Patientin kommt mit einer Beschwerde oder einem Symptom, die in eine Szene eingebettet sind, bspw. hat sie Angst, mit ihrem Auto auf der Autobahn zu fahren (1). Die Therapeutin lässt sich diese Szene zeigen und exploriert in der Szene das soziale und situative Umfeld (Systemorientierung). Sie fragt dann entweder nach einer vergleichbaren Szene in der Gegenwart (»Können Sie mir zeigen, vor was Sie noch Angst haben?«; 2) und versucht ein gegenwartsbezogenes Lösungsverhalten zu entwickeln (Verhaltensorientierung; »Was könnten Sie nun in dieser Situation machen?« 3a). Oder aber die Therapeutin sucht gemeinsam mit der Patientin als nächsten Schritt nach einer früheren Szene (»Kennen Sie Angst auch aus früheren Situationen?« Vergangenheitsszenen; psychodynamische Orientierung; 3b). Über die Vergangenheitsszene kann der Weg zur ursprünglich auslösenden Szene führen (»Welche früheste Szene fällt Ihnen zu dem Thema Angst, irgendwo nicht rauszukommen, ein?«, 4), welche szenisch dargestellt und in einem kathartischen Prozess bearbeitet wird. Danach begleitet die Therapeutin die Patientin zu einer veränderten Szene in der Gegenwart (»Wie sieht die aktuelle Szene nun nach dem Weg durch die früheren Bilder aus?« 5).

2.1.1 Psychodrama-Therapie als humanistische Psychotherapie

»[Die humanistische Psychotherapie hat] die Förderung von Selbstregulations- und Organisationsprozessen auf körperlichen, psychischen und sozialen Prozessebenen [zum Ziel], die auf diese Weise wieder an die jeweiligen Entwicklungsaufgaben der biopsychosozialen Umwelt re-adaptierbar werden; wobei aber der zentrale Fokus die Sinnorientierung, Selbstdefinition und Intentionalität des Subjekts ist.« (Kriz 2011, S. 335).

Neben dem humanistischen Menschen-, Welt-, Krankheits- und Gesundheitsbild zeichnet sich das Psychodrama durch die Förderung dieser Selbstregulations- und Organisationsprozesse durch die vier oben genannten Essentials aus. Besonders das Konzept der Kreativität macht die humanistische Zugehörigkeit deutlich. Psychodrama-Therapie ist eine humanistische Psychotherapie, weil sie …

»[…] die handelnde und szenische, subjektiv organisierte Darstellung des inneren Erlebens einer oder mehrerer Personen unter Einbeziehung deren sozialer und ökologischer Bedingungen [ist], mit dem Ziel, in der hic-et-nunc-Situation mithilfe der therapeutischen Beziehung die Selbststeuerungs- und Selbstheilungskräfte des Patienten zu aktivieren« (Stadler 2014, S. 9).

2.2 Psychodrama und andere Therapieverfahren

Aus der Verortung psychodramatischen Handelns im oben abgebildeten Koordinatensystem und der ebenfalls oben abgebildeten therapeutischen Spirale sind Berührungspunkte mit den psychodynamischen Therapien, den Verhaltenstherapien und den systemischen Therapien erkennbar geworden.

2.2.1 Psychodrama und psychodynamische Therapien

Moreno soll 1912 zu Sigmund Freud gesagt haben:

»Nun, Dr. Freud, ich beginne dort, wo Sie aufhören. Sie treffen Menschen in der künstlichen Umgebung Ihres Büros. Ich begegne ihnen auf der Straße und in ihren Heimen, in ihrer natürlichen Umgebung. Sie analysieren ihre Träume. Ich gebe ihnen den Mut, wieder zu träumen. Sie analysieren sie und reißen sie in Stücke. Ich lasse sie ihre konflikthaften Rollen ausagieren und helfe ihnen, die Teile zusammenzufügen.« (Moreno 1995, S. 65).

Die psychodynamischen Verfahren Psychoanalyse, analytische Therapie und tiefenpsychologisch fundierte Psychotherapie haben als gemeinsame Grundlage, dass sie von unbewussten Prozessen ausgehen, die prinzipiell verstehbar sind, wenn sie dem Bewusstsein zugänglich gemacht werden können (topografisches Modell von bewusst – vorbewusst – unbewusst), z. B. durch Analyse, Selbsterkenntnis, Psychotherapie, Träume oder Fehlleistungen. Sie beschreiben den Menschen zunächst als von seinen Trieben (Libido: Sexualität und Aggression; Triebtheorie) und seiner persönlichen Geschichte, seinen (frühen) Kindheitserfahrungen geprägt. Im Inneren entstehen durch traumatische oder andere belastende Erfahrungen, auch bei nicht ausreichender Spiegelung (Empathie; Selbstpsychologie) Konflikte oder strukturelle Problemlagen, die mit einem Strukturmodell erklärt wurden (Ich – Es – Über-Ich). Diese Konflikte und/oder Strukturdefizite werden durch Abwehrmechanismen unter Kontrolle gehalten. Die Abwehrmechanismen helfen, grob gesagt, Unlust und Angst zu vermeiden (Ich-

2.2 Psychodrama und andere Therapieverfahren

Psychologie). Kommt die Abwehr zu einem späteren Zeitpunkt im Leben zum Erliegen, zeigt sich bei dem betreffenden Menschen eine manifeste Symptomatik. Die inneren Konflikte und die dazugehörigen frühen, internalisierten Beziehungserfahrungen (Objektbeziehungen) müssen also erkannt werden, sollen sie nicht das weitere Leben ungünstig beeinflussen, wie es z. B. durch Prozesse von Übertragung geschehen kann. Die psychodynamischen Verfahren haben sich im Laufe ihrer Entwicklung stark verändert: Während zu Beginn besonders die Triebtheorie im Zentrum stand, haben sich in der Ich-Psychologie (Heinz Hartmann und Anna Freud), der Objektbeziehungstheorie (Melanie Klein und Otto Kernberg) und der Selbstpsychologie (Heinz Kohut) neue und andere Schwerpunkte gebildet (Wöller und Kruse 2005). Heute sind auch die Säuglings- und Kleinkindforschung (Renée Spitz, Margret Mahler, Daniel Stern und Martin Dornes) und die Bindungsforschung (John Bowlby, Peter Fonagy und Karl Heinz Brisch) integriert; die aktuellen Beziehungen (Michael Balints Mehrpersonenpsychologie) wurden einbezogen, ebenso wie (wieder) die Bedeutung von späteren Traumata (Matthias Hirsch und Marianne Leuzinger-Bohleber) anerkannt, wobei von einer lebenslangen Entwicklung (Erik Erikson) ausgegangen wird. Die neuesten Vertreter beschäftigen sich mit Konzepten von strukturbezogener Psychotherapie (Gerd Rudolf und der Arbeitskreis OPD), relationaler und intersubjektiver Sichtweise (Stephen Mitchell, Robert Storolow und Michael Ermann) und der Mentalisierung (Peter Fonagy und Mary Target).

Psychodynamische Behandlung sieht heute in Abhängigkeit der zugrundeliegenden theoretischen Orientierungen und Störungsbilder unterschiedlich aus; es ist unmöglich, dies alles hier darzustellen. Nur wenige Punkte sollen herausgegriffen werden.

Das Setting wurde gelockert; sowohl die Therapiefrequenz wurde deutlich verringert, als auch das regressionsfördernde Liegen auf der Couch ohne Blickkontakt mit dem Therapeuten sowie das freie Assoziieren werden heute störungsspezifisch gesehen: Für Menschen mit strukturellen Störungen ist die Therapie im Sitzen mit viel Struktur im Gespräch hilfreich (Stavros Mentzos, Otto Kernberg, Gerd Rudolf). Die Arbeit mit dem Unbewussten sowie die Deutung des vom Patienten Geäußerten stehen immer noch im Zentrum. Auch der Fokus auf die frühen Beziehungen besteht weiterhin. Die therapeutische Beziehung ist stärker in den Blick geraten, sie wird in der Übertragung deutlicher fokussiert (Transference focussed therapy: John Clarkin, Frank Yeomans, Otto Kernberg) oder zur Mentalisierung der erlebten Beziehungen eingesetzt (Mentalisierungsbasierte Therapie: Anthony Bateman und Peter Fonagy). Die »korrigierende emotionale Erfahrung« des Patienten durch die therapeutische Beziehung (Franz Alexander) ist heute Standard. Die Handlung wird dabei nicht länger als bloßes »Ausagieren« bezeichnet (Horst Kächele).

Der Unterschied zwischen einer psychodynamischen und einer psychodramatischen Behandlung liegt, wenn man sich mit dem Patienten in der therapeutischen Spirale (▶ Abb. 5) nach innen begibt, weniger in den Grundzügen der Krankheitslehre, sondern eher in den Formen der Behandlung. Doch selbst hier sind die Gemeinsamkeiten von moderner psychodynamischer und moderner Psychodrama-Therapie zahlreicher als die Unterschiede.

Der Begriff der Freud'schen Libido und die Kreativität Morenos weisen große Schnittmengen auf, das Stegreifspiel des Psychodramas entspricht dem freien Assoziieren der Psychoanalyse ohne das Handeln. Auch die (frühen) internalisierten Objektbeziehungen Kernbergs und die Beziehungskonzepte des Psychodramas haben viele Gemeinsamkeiten (Holmes 1992); das Konzept der Übertragung findet sich hier wie dort, die Balint'sche Mehrpersonenperspektive (1993) hat ihr Pendant im sozialen Atom als kleinster sozialer Einheit. Die Störungsorientierung in der Psychosentherapie bei Mentzos (1992) und der Psychose-Ansatz Krügers (2015), das strukturbezogene Arbeiten bei Rudolf (2012) und das Stufenmodell bei Schacht (2009), die Mentalisierung bei Fonagy et al. (2004) und das Spielen der inneren Mentalisierungsprozesse auf der Psychodramabühne bei Krüger (2015) zeigen sehr viele Berührungspunkte. Mit einer der neueren analytischen Entwicklungen, dem Intersubjektivismus (Ermann 2011) ist auch die Tele-Beziehung, ein Kernstück psychodramatischer Theorie, in der Theoriebildung der psychodynamischen Therapie angekommen. Stellt man Moreno und Ermann nebeneinander, klingt das so:

> »[Tele] ist mehr eine interpersonelle Erfahrung und nicht der Affekt einer einzelnen Person. Es ist die emotionale Grundlage von Intuition und Ein-

2.2 Psychodrama und andere Therapieverfahren

sicht. Es erwächst von Geburt an aus den Person-zu-Person [...] Beziehungen, und aus ihm entwickelt sich das Gefühl für interpersonale Beziehungen.« (Moreno 1937, S. 16).

Während die Einfühlung, die Empathie ein einseitiger Prozess ist, ist Tele das, was real *zwischen* den Menschen besteht (Moreno 1974). Ermann fasst die Intersubjektivität so zusammen:

> »Intersubjektivität bezieht sich auf die Grundtatsache der mitmenschlichen Bezogenheit. Sie geht davon aus, dass der Mensch von Geburt an in Beziehungen lebt und dass diese Bezogenheit einen Niederschlag in der psychischen Organisation findet.« (Ermann 2011, S. 2).

Riegels (2014) stellt deshalb auch den Intersubjektivismus als ein zentrales Bindeglied zwischen den psychodynamischen und den psychodramatischen Therapien dar.

In einigen psychodramatischen Schulen finden sich explizite Bezüge zu psychodynamischen Theorien, z. B. beim jungianischen Psychodrama (Barz 1988; Scategni 1994), beim tiefenpsychologischen Psychodrama (Ploeger 1983), beim analytischen Psychodrama (Petzold 1981, 1984), bei der objektbeziehungsorientierten Sicht (Holmes 1992), bei der französischen Kinderpsychodrama-Schule (Anzieu 1986) und nicht zuletzt bei Krügers mentalisierungsbezogener Psychodrama-Therapie (Krüger und Stadler 2015).

Möchte man bei allen Gemeinsamkeiten doch auch die Unterschiede zwischen psychodynamischer und psychodramatischer Sichtweise herausstellen, können die drei nachfolgend behandelten Aspekte erwähnt werden.

Erinnern versus Erleben

Während der Patient im psychodynamischen Setting die Menschen und Dinge erinnert, die ihn beschäftigen oder belasten, erlebt der Patient im Psychodrama diese in situ, im Hier und Jetzt. Diesen Bezug hat bereits Moreno beschrieben:

> »Psychodramatische Methoden versuchten das psychoanalytische Setting zu verbessern. Die konstruierte psychoanalytische Arzt-Patient-Beziehung wurde aufgegeben, und das Individuum kehrte an den Ort zurück, an dem es tat-

sächlich lebt und handelt, zurück in die natürliche Atmosphäre des Daseins, in die Situation im eigentlichen Sinn des Wortes, in situ, den Ort, wo es natürlich, spontan und bis zu einem gewissen Grad kreativ denkt, fühlt und handelt. [...] Ich gestalte die experimentelle Situation in der Weise, dass sie für das Individuum ein Abbild des Lebens, eine Miniaturausgabe seiner Lebenssituation sein konnte. Der Klient wurde nicht nur aufgefordert, über sich selbst zu sprechen, sich frei zu äußern, sondern er wurde auch aufgefordert, dort zu handeln, sich auszuleben, ein Handelnder zu sein.« (Moreno 1981, S. 57).

Die Problemaktualisierung ist deutlicher (Grawe 2005). Auch die relevanten Bezugspersonen werden so erlebt, indem sich der Patient durch einen Rollenwechsel in deren Rollen begibt und so eine weitere Innenperspektive dazugewinnt. Christa Rohde-Dachser, Psychoanalytikerin und Psychodramatikerin, beschreibt die Besonderheit des geführten Erlebens so:

»Was mich damals [beim Psychodrama] sehr fasziniert hat – und das tut es auch heute noch – ist, wie das Psychodrama den Patienten auf dem Weg der szenischen Inszenierung unmittelbar via Handeln in ein regressives Erleben hineinführt, wo bisher verleugnete oder verdrängte Konflikte ans Tageslicht kommen, an die sich die Psychoanalyse mit Hilfe von Widerstandsdeutungen oft erst mühsam herantasten muss, und, was für mich fast noch bedeutsamer ist, wie der Patient anschliessend in klar definierten Schritten aus dieser regressiven Erfahrung auch wieder herausgeführt wird.« (Rohde-Dachser 2014, S. 226).

Sprache versus Spiel

Das Spiel gehört nicht zum Alltagsleben, es hat einen eigenen Raum, eigene Regeln, es ist wiederholbar, und der Spieler hat ein Bewusstsein darüber, dass er spielt. Er erhält dadurch eine minimale innere Distanz zum Realgeschehen, dass er spielend zeigt. Er tut »so als ob« (Stadler und Spörrle 2008). Einerseits erlaubt dies dem Spieler, mehr zu fühlen und zu erleben als bei rein sprachlichem Erzählen, andererseits gibt ihm der Moment des Spielens auch eine gewisse Sicherheit: es ist nicht »echt«. Im Spiel können auch Dinge ausprobiert werden, die in der Alltagsrealität (noch) nicht möglich sind oder erscheinen; diese Versuche über das Sein haben Rückwirkungen auf die innere Welt der Subjekt- und Objektrepräsentanzen, diese wiederum auf die Alltagsbeziehungen. Spielen gibt gleichzeitig mehr Intensität und mehr Sicherheit.

Was spielend erlebt wird, hat einen anderen, bleibenderen Charakter als das, was »nur« besprochen wird.

Einsichtskatharsis versus Handlungskatharsis

Die Erkenntniskatharsis und die »korrigierende emotionale Erfahrung« (Alexander und French 1980) in der Übertragungsbeziehung mit dem Therapeuten stehen der psychodramatischen Handlungskatharsis des »wahren zweiten Mals« (Moreno 1993) gegenüber. Das emotionale und kognitive Verstehen in den psychodynamischen Therapieformen steht einer unmittelbaren Handlungskatharsis der Abreaktion und der Integration im psychodramatischen Spiel gegenüber.

> »Interpretation und die Vermittlung von Einsicht sind im Psychodrama von anderer Natur, als in den verbal orientierten Methoden der Psychotherapie. Im Psychodrama sprechen wir von Handlungseinsicht, Aktionslernen oder Handlungskatharsis.« (Moreno und Moreno 1969, S. 236).

Im Gruppensetting kommt zusätzlich noch die bereits von Moreno beschriebene Zuschauerkatharsis hinzu. Indem die nicht spielbeteiligten Gruppenteilnehmer die Handlung sehen, am kreativen Prozess des Protagonisten auf der Psychodrama-Bühne teilhaben, können sie selbst eine Katharsis verwandter Themen bei sich erleben. Die Ergebnisse der Forschungen von Rizzolatti und Sinigaglia (2008) bezüglich der Funktion der Spiegelneuronen gibt dieser Form der Katharsis eine neurobiologische Grundlage.

2.2.2 Psychodrama und Verhaltenstherapie

Die ursprüngliche Verhaltenstherapie sorgte sich nicht um das Innenleben der Patienten, das als nicht verstehbare Black Box (John Watson) angesehen wurde, sondern beschäftigte sich ausschließlich mit dem sichtbaren Verhalten bzw. dem Symptom des Patienten, welches sich dieser verständlicherweise »weg« wünschte. Die Grundlage für eine Symptomatik wurde in der Lerntheorie gesehen. Was gelernt wurde, kann auch verlernt werden, so die optimistische Perspektive, die in klarem Gegensatz zur Kindheit-als-Schicksal-Perspektive der Psychoanalyse gesehen wurde. Die zentrale Methodik für die Lernprozesse war die Konditionierung, zunächst die klassische, später kam die operante mittels Verstärker hinzu (Burrhus F. Skinner). Die von Albert Ellis, Aaron Beck und Donald Meichenbaum eingeleitete kognitive Wende der 1970er Jahre berücksichtigte die Tatsache, dass ein Teil menschlicher Schwierigkeiten in den zugrundeliegenden Denkmustern und Interpretationsfolien begründet ist.

Neuere Entwicklungen innerhalb der Verhaltenstherapie, die so genannte dritte Welle, sind die Dialektisch-behaviorale Therapie für Menschen mit emotional instabilen Persönlichkeitsstörungen (Marsha Linehan), die Akzeptanz- und Commitmenttherapie mit Anleihen aus der Gestalttherapie (Stephen Hayes, Kirk Strosahl, Kelly Wilson), die Achtsamkeitsbasierte kognitive Therapie, welche Sinn- und Wertfragen sowie buddhistische Praktiken berücksichtigt (Zindel Segal, Mark Williams und John Teasdale) und die Schematherapie, die Übertragungsbeziehungen und das Psychodrama integriert hat (Jeffrey Young und Janet Klosko).

Die kognitive Verhaltenstherapie orientiert sich in der Regel zur Verhaltens- und Problemanalyse an dem SORKC-Modell von Frederick Kanfer: Stimulus – Organismusvariable – Reaktion – Kontingenz – Konsequenz.

Klassische Interventionen sind die Konfrontation durch Exposition oder systematische Desensibilisierung, das Rollenspiel, Kompetenz- und Kommunikationstrainings, seltener das Biofeedback, und im psychiatrischen Kontext Token-Economy-Verstärkersysteme.

Gemeinsamkeiten mit dem Psychodrama sind vor allem auf der psychodramatischen Verhaltensachse oder in der therapeutischen Spirale in der Orientierung an Gegenwartsszenen und dem passenden Coping bzw. einer entsprechenden Lösungsorientierung zu finden. Auch dort, wo Psychodrama zu Trainingszwecken eingesetzt wird, gibt es deutliche Schnittmengen. Ein Klassiker ist hier das so genannte Probehandeln, bei dem eine in der Zukunft liegende Situation handelnd vorweggenommen wird, um adäquate Rollenmuster zu entwickeln. Das Rollenspiel ist längst verhaltenstherapeutisches Standardrepertoire (Fliegel 1996); es handelt sich dabei aber eigentlich um eine Anleihe einer psychodramatischen Kerntechnik. Schaller nennt den Unterschied zwischen dem verhaltenstherapeutischen Rollenspiel und dem psychodramatischen: Im VT-Rollenspiel handelt es sich um strukturierte Top-Down-Prozesse, im PD-Rollenspiel um mehrheitlich spontane Bottom-Up-Prozesse (Schaller 2014, S. 211 ff.).

Die Schematherapie (Young et al. 2003; Arntz und Genderen 2010) ist ohne das (psychodramatische) Verständnis des soziokulturellen Atoms sowie des Rollenspiels nicht durchführbar.

An dieser Stelle sei noch einmal auf das Zitat Morenos verwiesen (siehe oben), das Handlungseinsicht, Aktionslernen oder Handlungskatharsis deutlich macht.

2.2.3 Psychodrama und systemische Therapie

Ebenso wie Psychodrama kein monolythischer Block ist, ist die systemische Therapie nicht die systemische Therapie, sondern ein Haus mit verschiedenen Räumen. Die unterschiedlichen Richtungen haben sich historisch entwickelt (vgl. Schlippe und Schweitzer 2007) und werden heute zusammenfassend als systemische Therapie bezeichnet. Im Folgenden werden einige der Räume beschrieben, am Ende wird ein Bezug zum Psychodrama hergestellt.

Die Familientherapie ist der Vorläufer der systemischen Therapie. Sie ist zweierlei, einerseits ist sie die Beschreibung eines Settings und einer Arbeitsform, andererseits ist es eine Beschreibung einer Methode zur Patientenbehandlung und impliziert eine Krankheitslehre. Heute ist die Frage des Settings eine Selbstverständlichkeit und wird auch in anderen – nicht systemischen Verfahren – eingesetzt: Psychodynamische Therapeuten machen Familientherapien ebenso wie Ehe- und Familienberater aus dem Umfeld der eher verhaltensorientierten Verfahren oder Psychodramatherapeuten. Nicht der Einzelne allein wird betrachtet bzw. behandelt, sondern das gesamte System, in dem er sich befindet. Die Schule um Gregory Bateson (1985) war an der Grundlagenbildung und Entwicklung der Familientherapie maßgeblich beteiligt. Aus psychodynamischer Sicht waren Horst Eberhard Richter (2012) mit seinem *Patient Familie* und die Heidelberger Schule um Helm Stierlin (1976, 1982) im deutschsprachigen Raum federführend.

Die englische und auch die amerikanische Schule in dem Umfeld von Bateson sahen bei den Patienten besonders die Verstörung durch eine Kommunikation, welche Menschen schizophren macht (Gregory Bateson, John Weakland, Jay Haley, William F. Fry und Don Jackson). Ihr Konzept des Double-Bind (Doppel-Bindung durch widersprüchliche Botschaften) beinhaltete auch Therapiekonzepte, wie die Störung am besten in der Familie zu beheben ist. Don Jackson, Gregory Bateson, John Weakland und Richard Fisch forschten dazu in den 1950er Jahren am Mental Research Institute in Palo Alto (Kalifornien), aus dem eine Reihe bekannter Psychotherapeuten hervorgingen, so auch Paul Watzlawick mit seinen familientherapeutischen Konzepten. Konzepte wie *expressed emotions* als Risikofaktor für dünnhäutige Familienmitglieder und in der Folge die schizophrenogene Mutter nahmen die Familie als Krankheitsverursacher in den Fokus. Die politische Variante davon etablierte sich in Deutschland in der Idee: Nicht das Individuum ist krank, sondern die Gesellschaft macht krank.

Der Fokus auf eine gesunde, eindeutige Kommunikation und das System Familie legte auch im stationären Setting therapeutische Behandlungen nahe: die therapeutische Gemeinschaft als »gesündere Ersatzfamilie« war geboren.

Die Mailänder Schule der Familientherapeuten (Mara Selvini Palazzoli, Luigi Boscolo, Gianfranco Cecchin und Giuliana Prata), die engen Kontakt zu Watzlawick hielt, machte sich einen Namen durch die Arbeit mit schwer gestörten Patienten (Schizophrenie, schwere Essstörungen). Sie arbeitete mit der ganzen Familie, führten die Einwegscheibe und einen Vorläufer des Reflecting Team sowie (paradoxe) Symptomverschreibungen in die Familientherapie ein.

Virginia Satir (2015) wurde von der Palo-Alto-Schule geprägt, neben ihrer Psychodramaeinführung durch Moreno. Mit ihrer Familienrekonstruktion und der Skulpturarbeit machte sie generationenübergreifende Themen und strukturelle Themen in Familien sichtbar. Der von ihr geprägte Begriff der Parts Party ist vielleicht weniger Familientherapie als eine von ihr propagierte Form der Psychodrama-Therapie mit dem kulturellen Atom.

Die Heidelberger Schule (Helm Stierlin, Arnold Retzer, Gunther Schmidt, Fritz Simon und Gunthard Weber) arbeitete mit Genogrammen, Narrativen, entwickelte die Mehrgenerationenperspektive weiter und ergänzte die Paartherapie. Einen Boom erlebte ein problematischer Ableger der Heidelberger Schule mit der Person Bert Hellinger (2013). Seine Familienaufstellungen sind Legende, aber auch therapeutisch höchst umstritten, da er ein normatives Vorgehen in die Familientherapie brachte: Es gab plötzlich Kategorien von richtig und falsch, was die Position innerhalb der Familienreihe betraf, verbotene Ausklammerungen von und schädliche Identifikationen mit Familienmitgliedern. Die Beziehungen der Menschen im aufgestellten System zueinander sind unmittelbar für den geübten Therapeuten evident und durch diesen hin zu einer richtigen Lösung korrigierbar. Wie bereits bei der schizophrenogenen Mutter wird mit »falschem Verhalten« und entsprechender Schuld operiert, was für Patienten nach diesen Aufstellungen zum Teil auch in der psychiatrischen Akutstation endet. Familienaufstellungen sind durch Hellinger in Verruf geraten, werden aber in seriöser Form noch von ehemaligen Hellinger-Schülern und anderen vertreten (Insa Sparrer, Matthias Varga von Kibéd und Gunthard Weber).

Die letzte Entwicklung innerhalb der systemischen Therapie führt zum Konstruktivismus (Heinz von Foerster) oder zur Kybernetik zweiter Ordnung. Das System erschafft und organisiert sich nicht nur selbst, sondern die psychische innere Wirklichkeit ist eine Konstruktion über vergangene Tatsachen.

Psychodrama und systemische Therapie haben nicht umsonst starke Überschneidungen, die Berücksichtigung des Gesamtsystems ist auf jeden Fall eine gemeinsame Denktradition. »Der Mensch lebt nicht allein und wird nicht allein krank. Seine Probleme entwickeln sich in Gruppen« (Moreno 1950, S. 173). Besonders die soziometrischen Konzepte wie das soziokulturelle Atom und die Aufstellungen haben das Psychodrama zu einem der Vorläufer der systemischen Therapie gemacht. »Für uns ist nicht das Individuum, sondern das soziale Atom die kleinste Einheit« (Moreno 1981, S. 93f.). Moreno weist sich auch in den Augen der systemischen Therapeuten neben Kurt Lewin und Alfred Adler als Mann der ersten Stunde aus (Schlippe und Schweitzer 2007).

»Moreno verstand den Menschen ausschließlich in seinem sozialen Kontext. Die kleinste Einheit war für ihn schon immer der Mensch *in seinem sozialen Netzwerk*, nicht das Individuum [...]. Erste Überlegungen zur Bedeutung größerer Systeme stellte Moreno bereits während seiner ärztlichen Tätigkeit im Flüchtlingslager Mitterndorf bei Wien an. Die systematische Aufarbeitung dieser Ideen nahm er jedoch erst zu Beginn der 30er Jahre in New York vor [...]. Moreno erkannte, dass soziale Gruppen einen direkten Einfluss auf das psychische Befinden haben, dass die Konstellationen innerhalb von Gruppen entscheidend sind und, dass die Betroffenen, nicht die Fachleute, die Spezialisten für ihre eigene Situation sind.« (Stadler 2014, S. 17).

Bei Satir und ihren Skulpturen sowie der Teilearbeit hatten wir bereits ihre psychodramatische Schule erwähnt; auch andere wie z. B. Bert Hellinger und Gunther Schmidt haben eine psychodramatische Vergangenheit. Aufstellungen und Skulpturarbeit gibt es als zentrale Elemente des Psychodramas, wobei zu betonen ist, dass psychodramatische Aufstellungen nicht mit den Hellinger'schen Variante gleichgesetzt werden dürfen.

Die Arbeit der systemischen Therapeuten ist je nach Ausrichtung von konkreten Techniken geprägt. Die Arbeit mit dem Reflecting Team hat einen Bezug zur psychodramatischen Spiegel- und Regieposition sowie zum Identifikationsfeedback. Die Beobachtung des Systems von außen und die Kommunikation über das System lässt in beiden Fällen Lösungen sichtbar werden, die dem System weiterhelfen.

Das zirkuläre Fragen der systemischen Therapeuten (»Was denken Sie, dass Sabine jetzt über die Situation/Sie/Bernd denkt?«) entspricht dem psychodramatischen Rollenwechsel in die Rolle eines anderen bzw. dem Rollentausch. Die Perspektive des anderen wird aktiv eingenommen, um das System zu verstehen bzw. zu verstören.

Hintergrund neuerer systemischer Theorien sind die Prinzipien der Selbstorganisation, der *Autopoiese* eines Systems und die Chaostheorie. Diese haben eine enge Verbindung mit dem kreativen Zirkel, dem Kernstück der psychodramatischen Kreativitätstheorie, zur Spontaneitätslage oder dem *status nascendi*.

Psychodramatisches Bühnenhandeln ist nicht die Darstellung einer wie immer gearteten objektiven Wirklichkeit, sondern es handelt sich um die innere Wirklichkeitskonstruktion des Patienten. Das Prinzip *Inner World Outside* beschreibt eine konstruktivistische Perspektive,

2.2 Psychodrama und andere Therapieverfahren

wie sie moderne systemische Therapeuten vertreten. Die Protagonisten schaffen sich ihre innere Wirklichkeit zu jedem Zeitpunkt immer wieder neu. Das Problem und die Lösung liegen im Auge und der Kreativität des Betrachters, nicht in einer äußeren Wirklichkeit. Klein (2014) stellt besonders die Zusammenhänge der frühen Familientherapie mit dem expressionistisch-phänomenologischen Ansatz her, betont gleichzeitig aber einen Unterschied zwischen den Verfahren; das Psychodrama betone die Involviertheit (Ich-Erleben), die systemische Therapie die Distanziertheit (Perspektive aus der dritten Person).

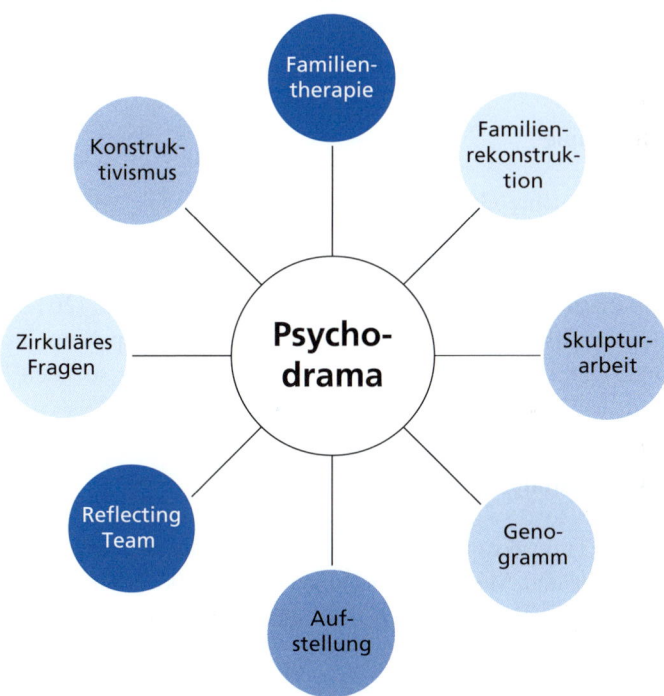

Abb. 6: Psychodrama und Zweige der systemischen Therapie

2.2.4 Psychodrama und weitere Therapieformen

Hypnotherapie und Katathym Imaginative Psychotherapie

Aus der Hypnotherapie wollen wir nur die imaginative Arbeit auf der Inneren Bühne herausgreifen. Luise Reddemann (2014), ebenfalls gelernte Psychodramatikerin, arbeitet mit Menschen mit Traumafolgestörungen auf einer inneren, imaginierten Bühne, um die Symptomatik zu bessern und für eine Integration des Traumas in die eigene Lebensgeschichte zu sorgen. Koerdt-Brüning (2014) demonstriert anschaulich, wie ein methodenübergreifendes Vorgehen zwischen der Katathym Imaginativen Psychotherapie und dem Psychodrama gelingen kann.

Gestalttherapie

Fritz Perls besuchte ebenfalls Kurse bei Moreno. Die von ihm entwickelte Gestalttherapie hat als ein zentrales Element den leeren Stuhl (Perls 2002). Diese gestalttherapeutische Technik wird durch den psychodramatischen Rollenwechsel noch effektiver. Boeck (2014) sieht bei der Gestalttherapie insgesamt die Individuumsperspektive im Vordergrund, beim Psychodrama mehr die Perspektive der sozialen Beziehungen.

Transaktionsanalyse

Eric Bernes Transaktionsanalyse beschreibt in der Strukturtheorie der Persönlichkeit den Menschen in Rollen (Berne 2002). Sie entsprechen den psychodramatischen Rollen des kulturellen Atoms (Kindheits-Ich, Erwachsenen-Ich und Eltern-Ich).

Ego-State-Therapie

Der Weg vom Psychodrama zur Ego-State-Therapie ist ähnlich nah wie der zur Transaktionsanalyse. Die Ego-State-Arbeit entwickelte sich zunächst aus der Beschäftigung mit strukturell gestörten Menschen, die sich in unterschiedlichen inneren Ich-Zuständen befinden können; in der Extremform als dissoziative Persönlichkeiten (Watkins und Watkins 2012). Jochen Peichl (2007), ebenfalls Psychodramatiker, hat diese Form im deutschsprachigen Raum bekannt gemacht als Innere-Kind- und Teile-Arbeit, die sowohl das soziokulturelle Atom Morenos als auch hypnotherapeutische Ansätze kombiniert.

2.3 Psychodrama und die allgemeine Psychotherapie nach Grawe

Grawe et al. (1994) und Grawe (2005) haben die Wirkfaktoren aller relevanten Psychotherapieformen untersucht und die nachfolgenden fünf Wirkfaktoren einer »allgemeinen Psychotherapie« identifiziert.

1. Therapeutische Beziehung: Sie wirkt sich direkt auf das Therapieergebnis aus. Je besser die Beziehung, desto besser das Ergebnis.
2. Ressourcenorientierung: Je besser es gelingt, die mitgebrachten Ressourcen aus dem Leben des Patienten einzubeziehen, desto nachhaltiger ist der Erfolg.
3. Problemaktualisierung: Je unmittelbarer die Erlebnisse erfahrbar sind, z. B. durch Rollenspiel, aktive Imaginationen oder erlebnisintensives Erzählen, desto erfolgreicher wird die Therapie sein.
4. Motivationale Klärung: Es ist wichtig, dass der Patient versteht, was die Hintergründe seines Verhaltens sind und was dazu beiträgt, dass er (bislang) die Symptome/das dysfunktionale Verhalten beibehält.
5. Problembewältigung: Die Therapie soll dem Patienten möglichst Mittel an die Hand geben, mit denen er seine Fragestellung und Probleme bewältigen kann.

Das Verfahren Psychodrama sieht die Begegnung und damit auch die Beziehungen als zentral an. Im psychodramatischen Spiel werden die

Problemlage aktualisiert und, wenn es der therapeutische Auftrag ist, auch Mittel zur Problembewältigung in situ ausprobiert. Eine spezielle Richtung psychodramatischen Arbeitens ist die Ressourcenorientierung (Stadler 2014), z. B. in Form eines Ressourcentransfers (Stadler et al. 2016a). In der Krüger'schen Variante des mentalisierungsbasierten Psychodramas (2015) hat auch die motivationale Klärung ihren Platz.

3 Wissenschaftliche und therapietheoretische Grundlagen

3.1 Philosophische Grundlagen

3.1.1 Phasen der Theorieentwicklung

Das Menschenbild des Psychodramas ist mit der Lebensgeschichte Morenos eng verflochten, wie aus der Biografie bereits ersichtlich wurde. Morenos Werk besteht aus zwei großen Teilen, »den religiös inspirierten Dichtungen seiner Wiener Zeit und den wissenschaftlichen Arbeiten in den USA« (Buer 1999, S. 14). Seine religiösen Überzeugungen sind in sein Gesamtwerk eingeflossen. Moreno sah rückblickend eine stringente Entwicklung seines Ansatzes von den religiösen Ursprüngen bis hin zur soziometrischen Periode.

Die *soziometrische Periode* lässt sich in drei Phasen überlappend von 1923 bis 1934 unterteilen:

1. Phase vom »Stegreiftheater« bis zu seinem Werk *Who shall survive*
2. Phase von 1934 bis 1942 mit der Begründung der Soziometrie bis zur Eröffnung des soziometrischen Institutes und dem New York Theatre of Psychodrama
3. Phase ab 1942 mit der Ausbreitung der Gruppenpsychotherapie, Psychodrama und Soziometrie in der ganzen Welt (vgl. Moreno 1978a, S. XIV).

Die drei großen Teile Gruppenpsychotherapie, Psychodrama und Soziometrie betrachtete Moreno (1973, zit. nach Buer 1999) als Einheit seiner Handlungstheorie und seines Gesamtkonzepts.

3.1.2 Soziodynamik, Empirie und Praxis

Die Soziodynamik (vgl. Buer 1999) beinhaltet die Theorie mikrosozialer Beziehungen des Individuums, der Gruppe, der Gesellschaft und des Kosmos. Die Empirie oder Soziometrie umfasst die Forschungsmethoden der Beziehungen in Alltag und Therapie. Die Soziatrie enthält alle Praxismethoden wie Stegreiftheater, Rollenspiel, Gruppenpsychotherapie, Psychodrama und Soziodrama. Morenos Wertlehre (Axiologie) besteht aus religiösen und ethischen Werten. Die psychodramatische Theorie beschäftigt sich mit der sozialen Dynamik und den Beziehungen des Einzelnen, der Gruppe und der Gesellschaft. Die Soziometrie kann als Messung, Darstellung, Analyse und Interpretation sozialer Beziehungen der Individuen in Gruppen verstanden werden (vgl. Stadler 2013).

Grundsätzlich betonen Zeitgenossen Morenos, wie z. B. der Philosoph Max Scheler, dass der Mensch nicht vom Intellekt, sondern durch eine emotionale Tiefenschicht bestimmt wird. Diese Idee entspricht der Aufwertung des Emotionalen gegenüber dem Geistigen. Dazu erforschte er systematisch die irrationalen Trieb- und Gefühlsschichten des Menschen, was Moreno stimulierte. Von diesem verinnerlichten Wertesystem ließ er sich in seinem *Denken und Handeln* leiten und betrachtete es als Grundlage seiner »therapeutischen Philosophie.« Weitere wichtige Philosophen für Moreno waren u. a. Friedrich Nietzsche und Henri Bergson. (vgl. Buer 1999).

Morenos soziales Engagement zeigt sich in seinen frühen Projekten in Wien, seinen Begegnungen mit den Kindern im Wiener Augarten, mit Prostituierten und mit Flüchtlingen.

3.1.3 Handlungstheorie und ihre religiös-philosophischen Grundlagen

Moreno verbrachte seine ersten Lebensjahre im religiösen Milieu, hauptsächlich jüdischer und christlicher Tradition in Rumänien. Seine Vorfahren waren Juden, sephardische Chassidim, die von Spanien über Afrika in osteuropäische Länder und in die Türkei kamen. Heimatlosigkeit, Flucht und Vertreibung prägten ihre Religion und Lebensphilosophie. Der Einfluss der jüdischen Religion hinsichtlich der Gestaltung des Alltags, der Beziehungen, des Handelns, der Eigenverantwortlichkeit und der Freiheit des Denkens sind Axiome von Morenos Lebensgestaltung.

Neben einer kreativen und offenen Geisteshaltung pflegten die Chassidim einen wenig hierarchischen Umgang mit der Religion; sie betrachteten die Beziehung zwischen Gott und Mensch als ebenbürtig, als Beziehung »zwischen Du und Du«. Moreno betrachtete Gott nicht als höchstes kosmisches Wesen, sondern sah ihn in jedem Individuum verkörpert. Diese These führte zum Begriff des Ich-Gottes. Seine Vorstellung schien für viele eine Provokation. Moreno hingegen meinte das Göttliche in jedem Menschen, worüber die Menschen miteinander verbunden sind. Gott wird also nicht erhöht, sondern ist universell in allen Menschen vertreten. Aus dem Du-Gott wurde ein Ich-Gott (Moreno 1966).

Handelnd auf seine Umgebung und seine Welt Einfluss zu nehmen, um diese zu verändern, das ist der Ansatz Morenos. Es ist ein Grundsatz, der sich aus der Thora und anderen jüdischen Schriften durch die Geschichte bis in die heutige Zeit fortsetzt (vgl. Geisler 1984, 1994).

Ein weiteres Axiom ist die Freude. Der Mensch lebt für die Freude, einer grundsätzlich positiv und religiös geprägten Einstellung dem Leben gegenüber. Dieses Axiom geht auf Baruch Spinoza zurück. Die Sephardim hatten in ihren religiösen Schriften die menschliche Freude als göttliches Element festgelegt. »Der Mensch ist frei, darin besteht sein größter Triumph und diese Freiheit nutzt er in erster Linie, um nachzudenken, da er auf dieser Welt ist, um das ›wahre Gut‹ zu suchen.« (Leroy 1987, S. 144). Die Erfüllung, die aus dieser Freiheit des Denkens und der Gott-Natur erwächst, ist die Freude.

Die *Freude* über die *Freiheit* zu Denken ist Ausdruck einer Lebenshaltung, die Wiedergewinnung der Freude auch Zeichen der Lebensqualität. »Der Sepharde sieht nur das Gute; das, was Freude bringt, ist gut. Von jeder Sache ist das Gute ins Auge zu fassen« (Jaspers 1978, S. 74f.). Nach Moreno kommt mit dem Psychodrama die kathartische Wirkung des Humors und Lachens in die Therapie (vgl. Hutter und Schwehm 2012). »Der Mann, der das Lachen in die Psychiatrie brachte« findet sich als Inschrift auf Morenos Grabstein in Wien.

3.1.4 Begegnung, Tele und Soziometrie

Begegnung

Moreno lebte Begegnungen mit Menschen intensiv. Eine besonders inspirierende Erfahrung war seine Freundschaft mit Martin Buber. Sie hatten circa ein Jahr lang Kontakt gepflegt. Die Begegnung gehört zum jüdischen Alltag und Dasein. Buber selbst war sehr inspiriert von der chassidischen Tradition und der Bedeutung der Begegnung. Er kreierte das »Dialogische Prinzip«, blieb dabei jedoch auf einer abstrakt philosophischen Ebene. Moreno gelang es das Prinzip Begegnung konkreter zu fassen und für die Therapie zu nutzen. Für Moreno ist das Handeln das wichtigste menschliche Prinzip und daraus ergibt sich »das Prinzip Begegnung mit der Welt, d. h. mit den Personen und den Dingen« (Geisler 1984, S. 58) und erhält den höheren Stellenwert vor dem Individuum.

> »Ich bin unmittelbar: in der Begegnung
> Ich bin einzig: bloß in der Begegnung
> Ob ich ein Gott, ein Narr oder ein Dummer.
> Ich bin geweiht, gelöst in der Begegnung«
> (Moreno 1918, S. 206).

Dieses Zitat Morenos versteht sich als die Beschreibung eines Menschen, der, wie immer er auch erscheinen mag und gerade fühlt, sich gelöst fühlt. Es ist der Anspruch von höchster Authentizität, einzig in der Begegnung.

> »[Begegnung] bedeutet Zusammentreffen, Berührung von Körpern, gegenseitige Konfrontation, sich gegenüberstehen, zu kämpfen und zu streiten, zu sehen und zu erkennen, aufeinander einzugehen, zu teilen, zu lieben, miteinander auf ursprüngliche, intuitive Art und Weise zu kommunizieren, durch Sprache, Geste, Kuss und Umarmung, Einswerden – una cum uno.«
> (Moreno zit. nach Hutter und Schwehm 2012, S. 192).

Diese Beschreibung der Begegnung Morenos umfasst ein weites Spektrum offener, liebevoller, zärtlicher, interessierter wie auch beharrlicher Bestrebungen und bietet die Vorrausetzungen nuancenreicher, lebendiger Beziehungen.

Tele

Zur Begegnung gehört Morenos Begriff des *Tele*. Tele, auch Zweifühlung genannt, entspricht einer direkten Form der Begegnung im Hier und Jetzt. Mit Zweifühlung ist die Gleichartigkeit beider Begegnenden gemeint, einer realen und unmittelbaren Begegnung.

Der Begriff des *Tele* bezeichnet ein »elementares Verhältnis« der Begegnung im Hier und Jetzt; es ist universell und findet in allen Begegnungen statt (Moreno 1988). Es umfasst alle Beziehungselemente, positive wie negativ getönte zwischenmenschliche Anziehungs- und Abstoßungsprozesse wie Sympathie und Antipathie. Die Gruppenkohäsion (Zusammengehörigkeitsgefühl) basierend auf einem Multi-Tele-Prozess bildet die emotionale Basis für die Gruppe und ist maßgeblich bedeutsam für den Prozess der Heilung im Gruppensetting. Letztlich hat »Tele« nicht nur in therapeutischen, sondern in unterschiedlichsten Kontexten für Beziehungen entscheidende Bedeutung, sowohl für Konflikte und Probleme wie auch für Erfolg und Wohlbefinden miteinander.

Soziometrie

»Soziometrie, eine relativ neue Wissenschaft, die sich bereits während des 1. Weltkriegs [...] allmählich entwickelte, zielt darauf ab, die Grundstrukturen von Gruppen sowie umfassender menschlicher Gesellschaften objektiv zu bestimmen« (Moreno 1989, S.53).

Beeinflusst haben Moreno verschiedene Theorien, u. a. Henri Bergsons Werk *Schöpferische Entwicklung* (1921) mit seiner besonderen Beobachtung, dass individuelle Erfahrungen zu Evolution führen (Evolutionstheorie der Biologie, l'Evolution creatrice), und Sigmund Freuds psychoanalytische Theorie der individuumszentrierten Therapie und der freien Assoziation. Hippolyte Bernheims Beobachtung, nach der Personen einander stimulieren, führte zur Erforschung von Gruppen. Auguste Comte und seine positive Philosophie, die besagt, dass Natur und Umgebung den Menschen in seiner Lebensführung beeinflussen, und Karl Marx mit dessen philosophischem Werk der Kritik der politischen Ökonomie beeinflussten Moreno (vgl. Schmitz-Roden 1999).

Sein soziometrisches (lat. sozius: der Mitmensch, metrum: das Maß) Hauptwerk *Who shall survive* erschien 1934 in den USA, wo er sich mit dem Thema systematisch beschäftigte. Das soziometrische Instrumentarium dient der Analyse zur Verbesserung des Zusammenlebens. Die zahlreichen Projekte Morenos sind auf Gemeinschaften und Gruppen zentriert und sollen psychosoziale Strömungen und ihre Entwicklungen erfassen. Moreno erlebte mit seinem Umzug von Rumänien nach Österreich den Prozess einer Immigration und die damit in Zusammenhang stehenden Gefühle von Verlassenheit und Depression durch die Trennung von der Familie und den vertrauten Orten. Diese Erfahrungen und Entbehrungen prägten ihn und hatten bestimmenden Einfluss auf seine sozialen Projekte, in welchen er der Gemeinschaft Geborgenheit und Unterstützung vermitteln wollte. Große Flüchtlingstrecks strömten aus Südtirol nach Wien und Mitterndorf. Speziell in Mitterndorf entwickelt er die Soziometrie als Forschungsinstrument und Interventionstechnik.

> »Das wiederholte Versagen vieler plausibler und humaner Rezepte und Lehren hat zu der Überzeugung geführt, dass das genaue Studium der sozialen Struktur das einzige Mittel ist, mit dessen Hilfe wir die Missstände der Gesellschaft angehen können« (Moreno 1989, S. 53).

Der Mensch lebt nicht als isoliertes Wesen, sondern prinzipiell in der Gemeinschaft, die ihm Schutz, Bindung, Selbstwert, Kontrolle, Orientierung und Lebensqualität liefert. Diese konsequente Einstellung zu den großen Themen menschlicher Beziehungen und sozialer Ungerechtigkeit lassen sich durch alle Projekte und Visionen Morenos verfolgen. Er analysierte mithilfe der Soziometrie Netzwerke und definierte die Prozesse in ihnen als »Soziologie mikrodynamischer Vorgänge« (Moreno 1996, S. 19). Darunter lässt sich die Lehre der Messung individueller zwischenmenschlicher Eigenschaften in Gruppen verstehen. Die soziometrische Forschung bereicherte theoretisch wie praktisch die Soziologie und Psychologie. In den USA realisierte Moreno in seinen soziometrischen Projekten Visionen einer qualitativ verbesserten zwischenmenschlichen Begegnung. Er gründete verschiedene Fachzeitschriften, z. B. 1937 *Sociometry: A Journal of Interpersonal Relations*, das auf breites Interesse stieß (vgl. Marineau 1989) und die Universitäten erreichte. 1995 wurde das Journal der soziologischen Gesellschaft in Amerika übergeben. Seine soziometrischen Forschungsergebnisse mit Gefangenen im Gefängnis Sing Sing und den Mädchen in der Hudson Schule (New York) fanden große Resonanz. 1932 stellte er einen Teil seiner Forschungsergebnisse auf dem Kongress der American Psychiatric Association (APA) vor, was als die Geburtsstunde der Gruppenpsychotherapie angesehen wird.

Angeregt und inspiriert durch die Arbeit im Gefängnis Sing Sing begann Moreno die Forschung mit therapeutischen Ansätzen zu ergänzen. In den folgenden Forschungsprojekten an der Mädchenschule in New York unterstützte ihn Helen Jennings. Der Inhalt dieser Studien bezog sich auf die Struktur der Wohn- und Arbeitsgruppen und das zwischenmenschliche Zusammensein. Sie untersuchten die Gemeinschaft anhand einfacher Fragestellungen für die Mädchen: Wer wen gern als Mitbewohnerin, Spielkameradin und Gruppenleiter hätte. In einem nächsten Schritt konnten diese ihre Gruppe und ihren Gruppenleiter aussuchen. Umgekehrt befragte er auch die Gruppenleiter, sich die Mädchen auszusuchen, mit denen sie am besten arbeiten konnten, und erstellte aufgrund der Ergebnisse Gruppen-Soziogramme (vgl. Moreno 2011). Er begann, mit den Mädchen Rollenspiele und Rollentraining zu praktizieren, um auch ihr Verhalten und ihre Einstellungen zueinander zu optimieren. Dieses Vorgehen unterstützte ein positiveres Gruppenklima und stieß bald auf großes Interesse. Die Ergebnisse der Forschung führten zu direkter Umsetzung in die Praxis und die Einsichten wurden zu einem weiteren Meilenstein für die Gruppentherapie, wo sie bis heute Anwendung finden.

Soziometrische Übungen fördern die Kommunikation in Gruppen und erleichtern einen ersten Kontakt. Die Gruppenmitglieder können sich mithilfe von Vorgaben spielerisch auf den Such- und Annäherungsprozess konzentrieren, der sich spannungs- und angstmindernd auswirkt. Aktionssoziometrische Verfahren erfüllen phasenspezifische Funktionen. Soziometrische Tests in der Anfangsphase dienen dem Kennenlernen durch Aufstellungen wie z. B. zu Kriterien: wer schon

Gruppenerfahrung hat oder Psychodrama kennt (vgl. Ilbrink-de-Vissier 2013; Stadler et al. 2013a).

3.2 Psychologische Grundlagen

3.2.1 Persönlichkeitsentwicklung und Rollenentwicklung

Morenos Konzept der Persönlichkeitsentwicklung hängt unmittelbar mit der Rollenentwicklung zusammen. Der Begriff *Rolle* stammt ursprünglich aus dem Theater und beschreibt Begegnungen auf der Bühne in klar definierten Funktionen zueinander.

Moreno unterschied verschiedene Rollenkategorien hinsichtlich ihrer Funktion: die somatische, bezogen auf den Körper, die psychische auf die Psyche bezogen und die soziale im sozialen Kontext. Rolle »als die kleinste Einheit in einer Kultur tritt nicht isoliert, sondern im Kontext von Paarungen wie z. B. Vater-Sohn, Großvater-Enkel« auf (Moreno 2008, S. 33). Diese setzen sich aus einer Vielzahl einzelner Reaktionen und Verhaltensweisen zusammen und lassen sich auch als aufeinander folgende »Verhaltensketten« (Leutz 1986, S. 39) definieren. Rollen beschreiben Verhalten für somatische Rollen, z. B. Schlafende oder Essende, für psychische Rollen, z. B. Trauernde, und für soziale Rollen, z. B. berufliche Funktionen wie die Sekretärin oder der Journalist.

»Morenos Rollentheorie ist sozial, da immer zwei oder mehr Individuen involviert sind« (Schacht 2003, S. 13). Diese Vorstellung war für seine Zeit eine sehr ungewöhnliche Sicht, während sie uns heute selbstverständlich erscheint. Moreno und Mead (1934) hatten sich schon mit Rollenentwicklung beschäftigt. Sie stellten die These auf, dass man kooperatives soziales Handeln nur dann ausbilden könne, wenn man lerne, sich in die Rolle des Anderen hineinzuversetzen. Das Kind lernt dies mit Hilfe seiner Spiele und der Nachahmung bestimmter sozialer

Rollen der Erwachsenen, also durch eine Rollenübernahme. Krotz (1992) hat diese Theorie erweitert, in dem er sich mit den Abstimmungsprozessen zwischen Handelnden beschäftigt; dazu hat er Handlungsmotive und Rollenerwartungen mit einbezogen.

Um die enge Wechselwirkung von Seele, Körper und Sozialem zu verdeutlichen, wurden Rollen in psychosomatische, psychodramatische und soziodramatische unterschieden (vgl. Krotz 1992; Petzold 1979; Schacht 2004). Als verschiedene, einander zugeordnete Verhaltensweisen eignet sich das Kind diese Verhaltensweisen im Laufe seiner Entwicklung an. Sie lassen sich nach Moreno unter der Voraussetzung seelischer Gesundheit ein Leben lang verändern und flexibel gestalten. Wesentliche Faktoren für eine Rollenveränderung sind Spontaneität und Kreativität.

3.2.2 Der kreative Zirkel

Der kreative Zirkel wurde zunächst von Moreno beschrieben, von Hutter und Schwehm (2009, S. 26f., 283ff.) als Strukturveränderungstheorie bezeichnet und von Schacht (2009) erweitert. Letzterer hat das Modell mit dem Motivationsmodell von Heckhausen (1989), Prochaska und di Clemente (1982) sowie Prochaska und Velicer (1997) zusammengeführt.

Der kreative Zirkel ist ein transtheoretisches Modell, mit dem Veränderungen von Denken, Fühlen und Handeln prozesshaft erfasst werden können. Das Modell eignet sich gut, psychodramatisches Handeln zu beschreiben. Anhand des kreativen Zirkels wird deutlich, warum das psychodramatische Spiel mit seinem prozessorientierten Verlauf ein phasenspezifisches Vorgehen (Erwärmungsphase, Handlungs- oder Spielphase, Integrationsphase) erfordert.

Die beiden Begriffe Spontaneität und Kreativität werden dabei von Moreno in einer bestimmten Bedeutung verwendet. Unter *Spontaneität* versteht er einen *Zustand*, der mit Veränderungsbereitschaft assoziiert ist, während sich die *Kreativität* auf eine *Energie*, eine schöpferische Kraft bezieht, oder wie Moreno sagt: eine »Ursubstanz« (1996, S. 12).

»Spontaneität [...] treibt den Einzelnen zu angemessenen Reaktionen auf eine neue Situation oder zu neuen Reaktionen auf eine alte Si-

3 Wissenschaftliche und therapietheoretische Grundlagen

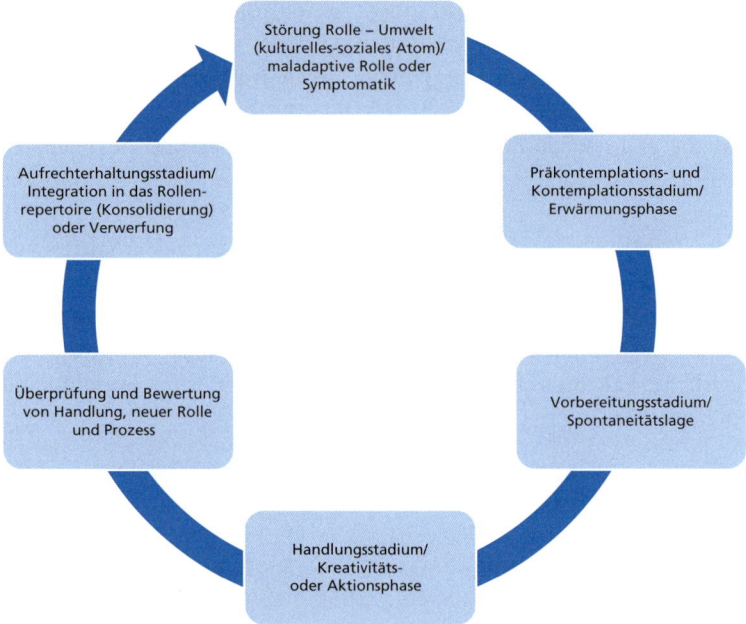

Abb. 7: Der kreative Zirkel als Modell von Veränderung (in Kombination mit dem transtheoretischen Veränderungsmodell von Prochaska und di Clemente)
Der kreative Zirkel setzt ein, wenn ein aktuelles Erleben und Verhalten nicht zur vorliegenden Situation passt (Störung Rolle-Umwelt). Die innere Konfliktlage führt zu einer Erwärmung und weiter in eine innere Bereitschaft (Spontaneitätslage), die Diskrepanz Rolle-Umwelt zu verringern. Kann die innere Kreativität genutzt werden, führt dies zu neuen Rolle-Umwelt-Mustern, die überprüft und bewertet werden. Bei guter Passung und entsprechender Bewertung (und Wiederholung dieses inneren Prozesses) wird das neue Muster ins eigene Rollenrepertoire übergenommen.

tuation.« (Moreno 1996, S. 13). Unter Spontaneität versteht man im Psychodrama demnach nicht das umgangssprachliche ›spontan‹ sein, sondern sie bezieht sich auf ein situationsangemessenes Verhalten in einer konkreten Situation, sei diese bereits bekannt oder trete sie zum ersten Mal auf.

3.2 Psychologische Grundlagen

»Es verbirgt sich, wie an dieser Definition deutlich wird, ein sehr komplexes Konzept hinter der Spontaneität: sie beinhaltet eine wirklichkeitsnahe Situationswahrnehmung, eine realistische Wahrnehmung eigener Handlungsoptionen und -ziele sowie eine dazu passende Auswahl vorhandener Handlungsmuster bzw. die Initiierung eines kreativen Prozesses zur Herausbildung von Handlungsmustern, die für die gesetzten Ziele zielführend sind.« (Stadler 2014, S. 50).

Der Mensch ist aufgrund seiner ihm innewohnenden Kreativität ein sich ständig weiterentwickelndes Wesen. Das Schöpferisch-Sein-Wollen ist ein Grundmotiv des Menschen und Ausdruck seiner psychischen Gesundheit; der Mensch will wachsen, sich verändern und sich selbst verwirklichen. Hier zeigt sich deutlich der Bezug des Psychodramas zum Gesamtrahmen humanistischer Ansätze. Diese betonen die Selbstverwirklichung, die Selbstaktualisierung, eine Vertiefung und Verbesserung zwischenmenschlichen Zusammenlebens, psychisches Wachstum allgemein und die Vergrößerung von Wahlfreiheit (vgl. Gerrig und Zimbardo 2008, S. 597). Dies ist nicht auf die ersten Lebensjahre beschränkt, sondern ein lebenslanger Prozess.

»Der Aufbau des Hauses [als Bild für den Menschen] geht weiter, solange der Mensch lebt. Er kann niemals aufhören. Es gibt keine rigiden Ausgänge. Die ursprünglichen Ausgänge bewegen sich unmerklich von ihrer anfänglichen Position zu anderen Orten. Eine Person wird krank, weil sie aus Mangel an Spontaneität und Kreativität nicht in der Lage ist, die neuen Ausgänge zu produzieren, die für ihre neuen Sehnsüchte unentbehrlich sind.« (Moreno 1947, S. 128).

Mit diesem lebenslangen kreativen Entwicklungsmodell wandte sich das Moreno'sche Psychodrama schon früh gegen den »Determinismus« psychodynamischer Prägung zu Freuds Zeiten. Wenn ich als Kind diese oder jene Belastung in einer kritischen Phase erlebt habe, dann führt es später zwangsläufig zu diesem oder jenem Erleben und Symptom. Heute sehen es fast alle modernen Therapieformen – nicht zuletzt dank der Erkenntnisse durch die Traumatherapie – so, dass Symptome beinahe in jeder Lebensphase entstehen und in jedem Alter durch seelische Prozessarbeit behoben werden können. Die kreativen, schöpferischen Möglichkeiten sind ein Teil der Resilienz eines Menschen. Psychische Stabilität und Gesundheit zeigen sich in einer allgemeinen und situationsangemessenen Balance zwischen Erhaltung und Veränderung.

3.3 Neurobiologie und Psychodrama

Es gibt zahlreiche neurobiologische Forschungsergebnisse, die den Einfluss der Psychotherapie auf das Gehirn bestätigt haben. »Über viele Jahrzehnte galt die Auffassung, dass es im Zentralnervensystem (ZNS) erwachsener Säugetiere einschließlich des Menschen weder Neuroplastizität (Veränderung des Gehirns) noch Neuroneogenese (Neubildung von Nervenzellen) gäbe.« (Becker 2008, S. 24). Mittlerweile ist bekannt, dass sich das Gehirn an neue Lebensbedingungen anpassen wie auch das Wachstum von neuen Nervenzellen generieren kann. Zusätzlich werden durch Umwelteinflüsse und Erziehungsfaktoren Gene mittels chemischer Prozesse verändert, was entsprechend der Lebensbedingungen auch wieder umkehrbar ist (Epigenetik). In der Konsequenz ist der wissenschaftlich neurobiologische Wirkungsnachweis dieser Mechanismen mit drei hirnstimulierenden Prozessen auf der Zellebene, der Ebene des Gehirns als Gesamtorgan sowie durch den genetischen Prozess der Weitergabe epigenetischer Erfahrungen erbracht.

Die Entwicklung des limbischen Systems wird durch Neurotransmitter und Neuromodulatoren mit Impulsen für das Fühlen, Denken und Handeln (Dopamin, Serotonin, Opioide Oxytocin und Vasopressin etc.) beeinflusst. Panksepp und andere entwickelten die »Brain Opioid Theory of Social Attachment«, wonach endogene Opioide für soziale Beziehungen eine wesentliche Rolle spielen. (vgl. Panksepp et al. 1980; Nelson und Panksepp 1998).

Durch eine positive Beziehung im therapeutischen Prozess werden Veränderungen tiefsitzender Gewohnheiten eingeleitet. Mit systematischen und wiederholten Anwendungen kreativer Techniken im Psychodrama können emotionale und kognitive Umdenkungsprozesse eingeleitet werden.

»Ein weiteres wesentliches Merkmal von Lernvorgängen auf der Ebene einzelner Nervenzellen ist ein externer Reiz, der die Funktion der Zelle anhaltend ändert.« (Mense 1995). Die Fähigkeit der Veränderung des Gehirns (Neuroplastizität) ist somit abhängig von den angebotenen Reizen. Die Wirkung in der Psychodrama-Therapie basiert, neuropsychologisch gedacht, auf der Grundlage neuer emotionaler und kognitiver Anstöße, den sogenannten *Aha*-Effekten. Diese Wirkungen entstehen durch szenisches Arbeiten im Psychodrama und führen zu gewünschten Effekten im *Hier und Jetzt*.

Von Anfang an suchen Patient und Therapeut im Einzel- und Gruppensetting innere Bilder, die inszeniert werden. Diese bewirken intensives Erleben. Der Protagonist mentalisiert, kreiert, fühlt und betrachtet. Er pendelt zwischen diesen Zuständen hin und her. Das limbische System wie auch der präfrontale Kortex sind beschäftigt. Innere Bilder lösen Gefühle aus. Die individuellen Geschichten ermöglichen real gespielte Beziehungen auf der Bühne. Die Rückmeldungen anderer Gruppenteilnehmer zeugen von deren eigener Betroffenheit durch das Sharing. Mitgefühl und Anteilnahme unterstützen den Protagonisten und helfen ihm, das Erlebte zu verarbeiten. Der Suchprozess des Protagonisten mit den Mitspielern fördert gemeinsame Erfahrungen, schafft eine neue Realität, Geschichte und Beziehungen in der Gruppe. Die oben erwähnten Neurotransmitter, die durch diese Prozesse ausgelöst werden, legen die Vermutung nahe, umfassende emotionale Anstöße und damit nachhaltige Veränderungen bewirken zu können.

Eine der wirkungsvollsten Interventionen, der Rollentausch, ermöglicht ein Erleben auf somatischer, emotionaler und geistiger Ebene. Es bedeutet »Involviertsein« (Klein 2015), also eine Ich-Position einzunehmen. Diese »First-Person-Perspective« ist im Rollentausch – im Unterschied zur Third-Person-Perspective wie z. B. beim Spiegeln – mit einer erhöhten Aktivität des limbischen Systems oder den sogenannten subkortikalen Zentren verbunden. »Es dominiert das emotionale Erleben« (Klein 2015, S. 205). In der Ich-Perspektive werden die subkortikalen Zentren angeregt und in der Distanzposition die kortikalen Bereiche. Hier ist die Spiegelfunktion für den Protagonisten besonders bedeutsam, da er von außen die Logik der Schwierigkeiten gut betrachten kann und selber die Lösung erkennt. Somit wird durch die Erkenntnisse der Neurobiologie (Neuroneogenese und Neuroplastizität) verständlich, dass sich das Gehirn in einem lebenslangen Lernprozess befindet und sich an die unterschiedlichen Lebensabschnitte nicht nur anpassen muss, sondern dazu auch befähigt ist (vgl. Becker 2008). Eine weitere wichtige Entdeckung für das Psychodrama sind die Spiegelneuronen, die schon allein durch Handeln und Beobachten zielgerichteter Handlungen anderer aktiviert werden (vgl. Rizzolatti und Sinigaglia 2008). Es ist nicht nur die eigene Ausführung einer Handlung, welche die Spiegelneuronen aktiviert; es reicht hierzu schon die Intention. In Versuchen mit Affen stellte sich heraus, dass es keinen Unterschied macht, ob der Affe in Versuchen selber nach einer Erdnuss greift, oder diese – mit derselben Absicht wie der Betrachtete – nur ansieht, oder gar jemanden anderen beobachtet, der nach der Erdnuss greift. In allen Fällen wird dieselbe Neuronengruppe aktiviert. Diese Erkenntnis bedeutet *die* maximale Fähigkeit zur Einfühlung. Wenn jemand etwas beobachtet, bewirkt dies im Gehirn eine ähnliche Reaktion beim Beobachter und wie beim Handelnden. Damit ist die neurobiologische Grundlage für die Einfühlung bestätigt. Franke und Kollegen (Franke et al. 2016) sprechen von einem neuen Verständnis von Kommunikation und Empathie und nennen den Prozess auch neuronale Aktionsrepräsentanz des Verhaltens anderer Personen. Fleury und Hug (2008) nennen es auch »inneres Doppeln«. Ebenso erklärt dies auch die von Zuschauern intensiv erlebten emotionalen Reaktionen auf Filme. In Identifikation mit den Filmprotagonisten stellen sich ähnliche Gefühle ein. Die Frage der Wahrnehmung von Film oder Realität bekommt eine neue Bedeutung. Das Wissen, dass es sich *nur* um einen Film handelt, ist zwar prinzipiell vorhanden, emotional jedoch ähneln sich diese Prozesse im Hirn, unabhängig davon, ob es sich um den Film oder die Realität handelt. So gibt es mittlerweile einige Therapeuten, die sich diese Erkenntnisse für Therapien mittels Filmmaterial zunutze machen, wie z. B. Musalek (2014, 2015) aus Wien und Karenberg (2014, 2015) aus Köln.

4 Kernelemente psychodramatischer Diagnostik

In Psychotherapie und klinischer Beratung wird zu Beginn eine Diagnostik durchgeführt, welche im Laufe des Behandlungsprozesses immer wieder ein implizites oder explizites Update im Therapeuten bzw. Berater, aber auch im Patienten erfährt. Die gängigen Diagnosesysteme wie die internationale Klassifikation der Erkrankungen ICD-10 (WHO 2016), das Diagnostische Statistische Manual DSM-5 (APA 2014), oder neuer, die Operationalisierte Psychodynamische Diagnostik OPD (Arbeitskreis OPD 2006) kommen auch in der Psychodrama-Therapie zum Einsatz. In neueren Lehrbüchern zur Psychodrama-Therapie sind diese Diagnostiksysteme in der störungsspezifischen Behandlung integriert und werden dort auch explizit beschrieben (vgl. Schacht 2009; Laireiter 2000; Bender und Stadler 2012; Krüger 2015). So können störungsorientierte Fragebogen wie z. B. das Beck-Depressionsinventar (BDI; Hautzinger et al. 1994, 2010), das Minnesota-Multiphasic-Personality-Inventar-2 (MMPI-2; Butcher et al. 2000), die OPD-Systematik oder andere vor, während oder am Ende einer psychodramatischen Behandlung eingesetzt werden, um zu einer Diagnose zu gelangen.

In diesem Kapitel wird ausschließlich auf die psychodramaspezifische Diagnostik eingegangen. Diese kann unter verschiedenen Gesichtspunkten durchgeführt werden: in Bezug auf die Rolle(n), auf den inneren Prozess der Veränderung (kreativer Zirkel) oder auf den äußeren Prozess der Veränderung (Evaluation von Wirksamkeit und Ergebnis).

4.1 Diagnostik in Bezug auf die Rolle(n)

4.1.1 Soziale und soziokulturelle Atome

Schneider-Düker (1989) betrachtet die Rollen einer Person als »diagnostische Beobachtungseinheit«. Rollen sind dabei keine eigenständigen, ontologischen Einheiten, sondern es handelt sich um Wahrnehmungs- und Beschreibungskategorien. Eine Rolle ist nach Moreno (1985) eine funktionelle Form, welche ein Individuum in einem spezifischen Moment, in einer spezifischen Situation, im Kontext spezifischer Personen oder Objekte einnimmt. Der Mensch *besteht* also nicht aus Rollen, aber er lässt sich in Rollenkategorien *beschreiben*. Diese können in so genannten *soziokulturellen Atomen* erfasst werden. Das soziokulturelle Atom eines Menschen ist die kleinste soziale Einheit, in der einerseits die inneren Rollen beschrieben werden (kulturelles Atom), andererseits die korrespondierenden äußeren Personen und Objekte (soziales Atom).

In einem soziokulturellen Atom (▶ Abb. 8) wird sichtbar, welche inneren Rollen mit welchen äußeren Situationen, Personen und Objekten auf welche Weise zusammenhängen. Die Person Paula (P) aus Abbildung 8 steht in einem Rollenfeld, welches durch das Oval dargestellt wird. Sie aktiviert die inneren Rollen A bis D in Bezug auf ihre Gegenüber 1 bis 4. So nimmt sie z. B. die innere psychische Rolle (A) »die Traurige« ein, wenn sie an ihren verstorbenen Vater (1) denkt. Oder sie aktiviert die soziale Rolle (B) »die Psychologin«, wenn sie an ihren Patienten Herr Meier (2) denkt.

Verwendet man dieses soziokulturelle Atom zur Diagnostik, können verschiedene Aspekte in den Vordergrund gestellt werden (vgl. Burmeister und Fürst 2000):

1. Quantitative Aspekte
   a. *Kulturelles Atom:* Wie viele psychische und soziale Rollen hat die Person zur Verfügung? Hat sie mehrere emotionale Qualitäten für unterschiedliche Situationen oder vor allem eine aktive Rolle (z. B. »die Wütende« oder »die Traurige«)? Verfügt sie über mehrere soziale Rollen oder über wenige (z. B. keine Berufsrolle)?

b. *Soziales Atom:* Gibt es im sozialen Umfeld mehrere Objekte und Personen oder ist das soziale Umfeld deutlich eingeschränkt (z. B. großer Freundeskreis oder sozialer Rückzug)?

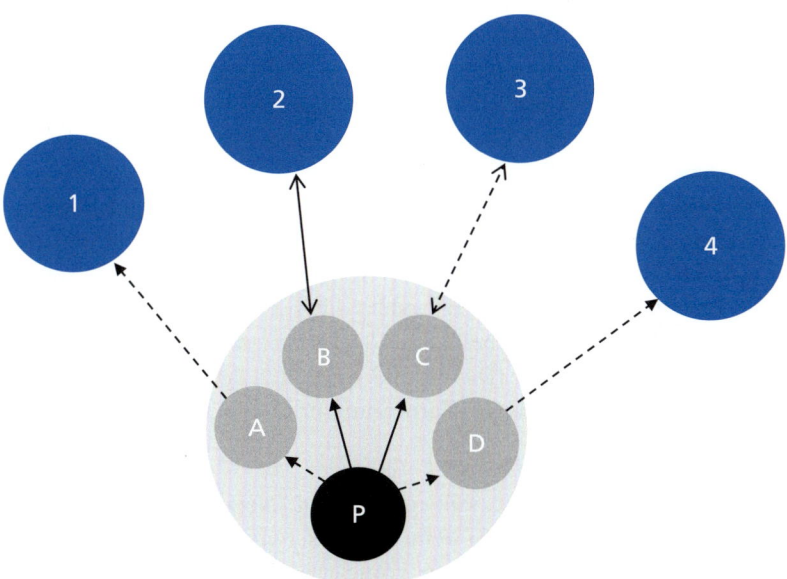

Abb. 8: Soziokulturelles Atom (modifiziert nach Stadler und Kern 2010, S. 179)

Diese quantitativen Aspekte können bereits diagnostisch im Erstgespräch erhoben werden, indem man die Patientin bittet, ein kulturelles, soziales oder soziokulturelles Atom auf einem Blatt Papier aufzuzeichnen oder mit Figuren zu stellen (vgl. Stadler 2017).

2. Qualitative Aspekte
   a. *Kulturelles Atom:* Wie elaboriert sind die gezeigten psychischen und sozialen Rollen? Werden Gefühlsqualitäten differenziert zum Ausdruck gebracht? Sind Intensitätsabstufungen erkennbar (verschiedene Abstufungen von Zuneigung oder Ärger)? Wie werden die sozialen Rollen erlebt (positiv, bereichernd, einengend, rudimentär)? Es kann auch untersucht werden, in welchem Verhält-

nis die einzelnen Rollen zueinander stehen. Gibt es innerpsychische Konflikte oder Ambivalenzen? Bestehen *Interrollenkonflikte* in Form zweier sich widersprechender psychischer Rollen (z. B. Ambivalenz von Wut und Angst) oder bei den sozialen Rollen (z. B. zwischen der Rolle als Mutter und der Rolle als Sozialpädagogin)? Oder bestehen *Intrarollenkonflikte* in Form von unterschiedlichen, sich widersprechenden Auffassungen zur Ausgestaltung einer sozialen Rolle (z. B. »Als Lehrer unterrichte ich gerne, aber korrigieren hasse ich«)? Wie bewusst kann die Person mit diesen inneren Konflikten umgehen?

b. *Soziales Atom:* Wie wird das soziale Umfeld erlebt und beschrieben (Desinteressierte, Verfolger, Täter, Zugewandte, Unterstützer)? Ist das Bild des sozialen Umfelds differenziert oder stereotyp (z. B. »alle sind nett« oder »alles Deppen«)? Wie sind die sozialen Netzwerke beschaffen (zentralisiert, dezentral, verteilt)? Wie viel Kohäsion (Dichte und Intensität der Beziehungen) und wie viel Konnektivität (Vernetzungsgrad verschiedener Netzwerke) gibt es?

Kulenkampff (1991) mit seinem Sozialen Netzwerk Inventar und Treadwell et al. (1993) mit ihrem Social-Network-Inventory (SNI) haben standardisierte Instrumente vorgelegt, um Beziehungsnetzwerke von Individuen und Gruppen zu untersuchen (Ameln und Kramer 2014). Mit dem SNI kann statistisch signifikant zwischen einer klinischen und nicht-klinischen Stichprobe unterschieden werden (Burmeister und Fürst 2000).

c. *Beziehungen:* Wie werden die Beziehungen erlebt? Dies kann von der Patientin beispielsweise in einer grafischen Darstellung wie in der Abbildung 8 mithilfe von Pfeilen und unterschiedlichen Strichqualitäten zum Ausdruck gebracht werden (Schlechtriemen 2013; Stadler 2013). Werden die interpersonalen Kontakte als Beziehungen wahrgenommen oder als Persönlichkeitseigenschaften beschrieben (»Ich schätze die Offenheit in unserer Freundschaft« oder »sie ist ehrlich«)? Ist das Bild der Beziehungen differenziert oder eher stereotyp (z. B. »Wir lieben uns alle« oder »Niemand mag mich«)?

4.1 Diagnostik in Bezug auf die Rolle(n)

Die diagnostischen Möglichkeiten bezüglich der Rollen erweitern sich, arbeitet man mit dem Psychodrama im Gruppen- und nicht im Einzelsetting. Die quantitativen und die qualitativen Aspekte können dann in der Gruppe mithilfe der anderen Gruppenmitglieder nach dem inneren Bild des jeweilgen Patienten aufgestellt werden. Aspekte von Anzahl, Nähe und Distanz, Zu- bzw. Abgewandtheit und Bedeutung (Größe) werden für den aktuell aufstellenden Patienten unmittelbar sicht- und erlebbar gemacht.

4.1.2 OPD-Beziehungsachse (II) als Diagnostikum im Psychodrama

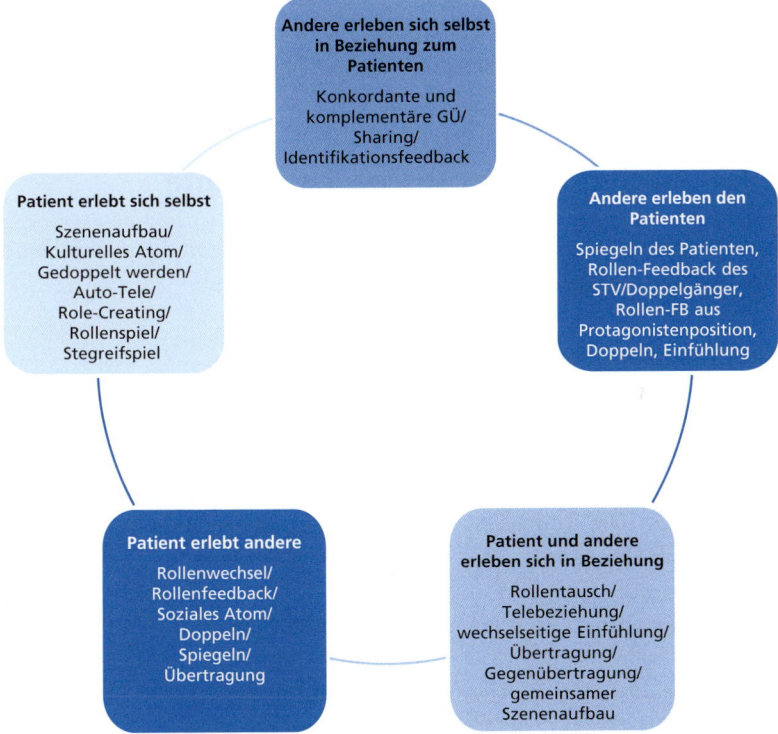

Abb. 9: OPD-Achse II: Beziehung und Psychodrama-Techniken/-Interventionen
GÜ = Gegenübertragung, STV = Stellvertreter, FB = Feedback

Eine Möglichkeit, qualitative Aspekte der Beziehungsqualität zu explorieren, bietet die OPD-Achse II: Beziehung (Arbeitskreis OPD 2006, S. 197). Mit den jeweiligen Beziehungsaspekten korrespondieren psychodramatische Techniken und Interventionen, die damit auch als Diagnostika (»der Patient kann« oder »der Patient kann noch nicht«) eingesetzt werden können (▶ Abb. 9).

Die Achse II der Operationalisierten Psychodynamischen Diagnostik beschäftigt sich mit zwei Perspektiven. Einmal untersucht sie das Erleben des Patienten und einmal das Erleben des anderen, des Gegenübers. Aus Sicht des Psychodramas muss man noch ein Feld ergänzen: Der Patient und andere erleben sich in Beziehung. Diese Sichtweise ist eine genuin psychodramatische und taucht in dieser Form im OPD nicht auf. Kast (2011) beschreibt die Dimension subjektbezogen als Beziehungsselbst, die Intersubjektivisten unter den psychodynamischen Verfahren fokussieren diese Sicht in letzter Zeit auch (Ermann 2011).

4.1.3 Weitere diagnostische Instrumente

Im Gruppensetting können neben den oben genannten die nachfolgend beschriebenen Instrumente zur Anwendung kommen.

Aktionssoziometrie

Besonders zu Beginn eines Gruppenprozesses sind die diagnostischen Mittel der Aktionssoziometrie hilfreich, da sie dem Therapeuten und der Gruppe einen raschen Überblick über die Gruppe und ihre Teilnehmer gibt. Die Teilnehmer stellen sich nach einem oder mehreren Kriterien im Raum auf.

Bei den Aktionssoziometrien gibt es folgende Typen:

- Eindimensional (z. B. Alter der Teilnehmer)
- Zweidimensional (z. B. Landkarte der Wohnorte)
- Linear unipolar (z. B. Anzahl der Kinder, Name nach Alphabet)

- Linear bipolar (z. B. Befindlichkeitsskala von ›sehr gut‹ bis ›sehr schlecht‹)
- Nichtlinear (z. B. Kreissoziometrie der Gemeinsamkeiten)

Am einfachsten sind eindimensionale Skalen, z. B. Vornamen in alphabetischer Reihenfolge, Dauer der Symptomatik oder Erkrankung, Lebensalter etc. Die Teilnehmer werden gebeten, sich entsprechend dem genannten Kriterium auf einer im Raum vorgestellten Linie aufzustellen. Bei bipolaren Kriterien, wie zum Beispiel einer Befindlichkeitsskala, orientieren sich die Teilnehmer an den beiden Polen.

Zweidimensionale oder nicht-lineare Darstellungen erlauben es, mehrere Kriterien gleichzeitig zu erfragen. Möchte sich die Gruppe mit dem Thema Kinderwunsch auseinandersetzen oder mit dem Thema Arbeitslosigkeit, *und* möchte sie dies lieber anhand eines konkreten Beispiels eines Gruppenmitglieds oder lieber als offene Gesprächsrunde in der Gruppe. Dazu wird ein Vierquadrantenfeld auf dem Boden mit Seilen oder Tesa-Krepp markiert, und die Teilnehmer werden gebeten, sich entsprechend zuzuordnen (▶ Abb. 10). Als Therapeut erhält man zwei Informationen gleichzeitig, nämlich für welches Thema und für welches Vorgehen die Gruppe insgesamt erwärmt ist, und gleichzeitig, wo jeder einzelne Teilnehmer steht.

Bei der Kreissoziometrie der Gemeinsamkeiten stehen die Teilnehmer in einem Kreis und diejenigen, welche einem von einem anderen Teilnehmer benannten Kriterium zustimmen, gehen einen Schritt nach vorne Richtung Kreismitte. Kriterien können z. B. sein: »Wer geht wie ich gerne ins Theater?« oder »Wer hat wie ich eigene Kinder?« Das Vorgehen verstärkt durch das Sichtbarmachen der Gemeinsamkeiten Bindungen in der Gruppe und damit die Kohäsion.

Das aktionssoziometrische Vorgehen erlaubt eine schnelle Selbstoffenbarung. Sie macht den Kennenlernprozess der Gruppenteilnehmer untereinander dynamisch und kurzweilig. Der Therapeut kann bei der Wahl der Kriterien so vorgehen, dass er schon im Vorfeld wichtige diagnostische Informationen von der Gruppe und ihren Mitgliedern erhält.

4 Kernelemente psychodramatischer Diagnostik

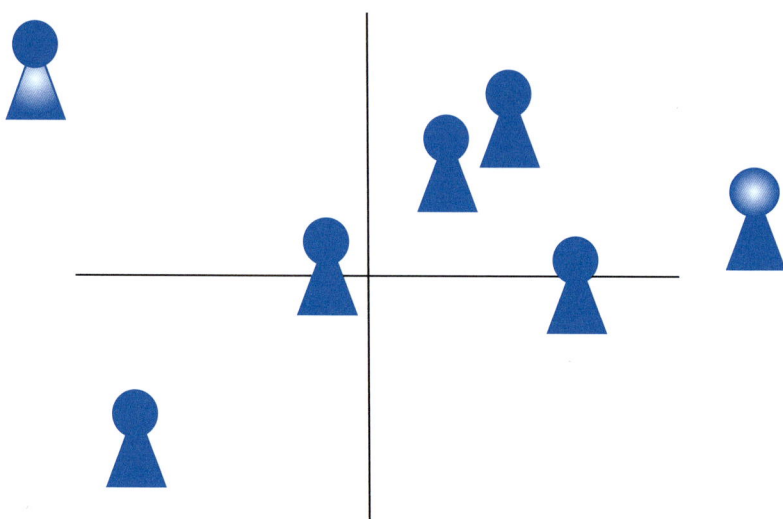

Abb. 10: Zweidimensionale Aufstellung in einer Gruppe

Der soziometrische Test

Bei diesem Test handelt es sich um ein klassisches Gruppendiagnoseinstrument, welches die Tiefenstruktur einer Gruppe zum Inhalt hat.

> »Soziometrische Tests zeigen auf dramatische und exakte Weise, dass jede Gruppe unter ihrer oberflächlichen, greifbaren, sichtbaren, ablesbaren Struktur eine zugrundeliegende, nicht greifbare, unsichtbare, unoffizielle Struktur besitzt, die allerdings lebendiger, wirklicher und dynamischer ist als die erste« (Moreno 1981, S. 169).

Alle Gruppenteilnehmer werden zu einem bestimmten Zeitpunkt zu einem bestimmten Kriterium gleichzeitig befragt. Die Beantwortung der Fragen wird schriftlich durchgeführt. Die einzelnen Ergebnisse werden zusammengeführt und den Befragten präsentiert. Die Fragestellung (Kriterium) wird nicht immer vom Therapeuten vorgegeben, sondern wird im therapeutischen Kontext häufig mit den Patienten zu Beginn der Sitzung erarbeitet. Kohäsion und Effektivität der Gruppe werden verbessert, nicht ausgesprochene Blockaden werden sichtbar(er) und damit einer weiteren Bearbeitung zugänglich gemacht. Ein soziometrischer Test ist damit nicht nur ein diagnostisches, sondern zugleich ein Interventionsinstrument für den Therapeuten und die Gruppe. Die Grenzen des Vorgehens liegen in der ethischen und sozialverträglichen Auswahl des Kriteriums und dem angemessenen Umgang mit den dadurch aufgeworfenen Fragen (Dollase 1976; Stadler 2013).

Der soziometrische Test ist eine Momentaufnahme, keine Abbildung überdauernder Prozesse. Zu einem anderen Zeitpunkt oder in einer anderen Gruppe würde der jeweilige Test zum selben Kriterium andere Ergebnisse bringen.

Entwickelt hat Moreno dieses gruppendynamische Diagnoseinstrument im Kontext von Kleingruppenbildungen innerhalb größerer Gemeinschaften. Seine erste Untersuchung fand in einem Flüchtlingslager statt und hatte zum Ziel, die sozialen Konflikte durch effektive Zusammenstellungen von Gruppen zu entschärfen (Scherr 2013); die zweite umfangreiche soziometrische Diagnostik führte er in einem Mädchenwohnheim durch, die dritte in einer Strafanstalt (Moreno 1996). Immer war das Ziel, die Gruppenkohäsion zu erhöhen, die Lebensbedingungen der Betroffenen zu optimieren und Konflikte durch passende soziale Konstellationen zu vermeiden.

Ein soziometrischer Test in Gruppen kann heute z. B. bei erlebnispädagogischen Maßnahmen eingesetzt werden, um herauszufinden, wie Teams am effektivsten zusammenzusetzen sind, im therapeutischen Kontext zur Bildung (möglichst) homogener Kleingruppen.

Eine konkrete Fragestellung in einer Psychotherapiegruppe könnte z. B. lauten: »Wir werden über das Thema ›Der Vater meiner Kindheit‹ sprechen. Bitte überlegen Sie sich kurz, mit welchen zwei Personen in der Gruppe Sie sich gerne austauschen möchten, und schreiben Sie diese auf einen Zettel.« Die Ergebnisse werden zusammengetragen. Bei ausgewogener Gruppendynamik lassen sich die Kleingruppen entsprechend der Wahlen der Teilnehmer bilden; d. h. es werden sich etwa gleichverteilte Kleingruppen bilden, niemand bleibt alleine. Ist die Dynamik unausgewogen (z. B. Außenseiterthematik oder Mobbing), kann dies über den soziometrischen Test sichtbar werden. Durch Offenlegung dieser Dynamik mit Hilfe des soziometrischen Tests kann sich die Gruppe mit der Außenseiterthematik beschäftigen und damit die Arbeitsfähigkeit wieder erhöhen. Erst nach der gruppendynamischen

Klärung kann das inhaltliche Thema, in dem Beispiel ›Der Vater meiner Kindheit‹ besprochen werden.

Rollenbaum

Ein Rollenbaum wird erstellt, indem die Rollen, die ein einzelner Teilnehmer im Rahmen eines psychodramatherapeutischen Prozesses (z. B. an einem Wochenende, in einer Jahresgruppe) eingenommen hat, zusammengeführt werden. Auf der einen Seite des Baumes stehen dabei die Rollen, die von der Person selbst gewählt wurden, auf der anderen Seite diejenigen Rollen, die dem Teilnehmer als Mitspieler zugewiesen wurden. Auf diese Weise werden zwei Sachverhalte deutlich. Zum einen erkennt der Teilnehmer, in welcher Form er in dieser spezifischen Gruppe präsent ist bzw. war, zum anderen erkennt er durch einen potentiellen Unterschied zwischen den zugewiesenen und den selbst gewählten Rollen, inwiefern die Selbst- und die Fremdwahrnehmung übereinstimmen. So erkennt beispielsweise ein Teilnehmer, der von der Gruppe meist in Kinderrollen gewählt wird, dass ihm die Vaterrollen fehlen.

Rollen- und Identifikationsfeedback

Einen ähnlichen Effekt nutzen das Rollen- und das Identifikationsfeedback. Sie zeigen implizit den Unterschied zwischen verschiedenen Formen der Fremdwahrnehmung. Die beiden Feedbackformen kommen in der Integrationsphase eines Protagonisten-zentrierten Psychodramaspiels zum Einsatz.

Im Rollenfeedback berichtet der Mitspieler, der eine Rolle im Spiel eines Protagonisten (▶ Kap. 5.1) innehatte, wie es ihm in dieser Rolle erging; was er gespürt und gedacht hat, welche Impulse er hatte. Hier kann es zu einer Diskrepanz zwischen der Rollenanweisung, wie sie der Protagonist gegeben hatte, und dem inneren Erleben des Rollenträgers kommen. Extrapoliert man den subjektiven Beitrag des Rollenträgers (eigene Anteile), gibt diese Diskrepanz von der Rollenwahrnehmung des Protagonisten zur Rollenwahrnehmung des Mitspielers Aufschluss über eine inkonsistente Wahrnehmung einer relevanten Bezugsperson. Dies hat einen Bezug zur OPD-Achse II (Beziehung), welche in einem Aspekt untersucht, wie der Patient andere erlebt (▶ Abb. 9).

Das Identifikationsfeedback ergänzt die Selbst- und Fremdwahrnehmung auf andere Weise. Bei dieser Feedbackform werden dem Protagonisten Gedanken, Gefühle und Impulse mitgeteilt, die sich auf andere Personen seines Spiels beziehen, also nicht auf den Protagonisten selbst. Nachdem diese Feedbacks offensichtlich nicht einer konkordanten Gegenübertragung folgen, sondern der komplementären Form, sind sie für den Protagonisten sehr konfrontativ. Daher müssen sie mit Bedacht eingesetzt werden. Zum Beispiel kann ein Teilnehmer sagen: »Ich habe mich die ganze Zeit mit deinem Vater identifiziert. Ich konnte es gut verstehen, dass er auf dich ärgerlich war.«

4.2 Diagnostik in Bezug auf den inneren Prozess der Veränderung

Diese Form psychodramatherapeutischer Diagnostik bezieht sich auf den kreativen Zirkel. Der kreative Zirkel wurde bereits im Kapitel 3 kurz vorgestellt. Er beschreibt, in welchen Schritten sich innerlich ein gelingender Veränderungsprozess abspielt (▶ Abb. 7). Ist dieser Kreislauf gestört, kann dies diagnostisch abgebildet werden.

Psychodramatherapeuten arbeiten aufgrund ihres Verfahrens prozess- und störungsorientiert. Sie gehen daher davon aus, dass der innere Prozess der Veränderung durch die Wahl adäquater Interventionen, sprich passender Arbeitsformen und Techniken dem Patienten dabei hilft, seine Selbstheilungskräfte zu aktivieren. Dysfunktionale Erlebens-, Denk- und Handlungsmuster werden mithilfe eines inneren kreativen Prozesses überwunden und durch funktionalere ersetzt.

Diagnostisch kann auf diesen inneren Prozess mithilfe unterschiedlicher Herangehensweisen geblickt werden.

4.2.1 Spontaneitätstest

Die einfachste Form von Kreativitätsdiagnostik ist der von Moreno (1937) entwickelte Spontaneitätstest. Der Leiter gibt eine Situation vor, z. B. »Stellen Sie sich vor, es ist der Geburtstag Ihrer Frau und Sie haben vergessen, ein Geschenk zu besorgen. Hier ist jetzt Ihre Frau (vertreten durch eine Mitspielerin), wie reagieren Sie jetzt...?«

> »Beim Testablauf werden bestimmte Gefühle [...], bestimmte Situationen und/oder bestimmte Rollen ausgewählt und szenisch untersucht. Es werden raumzeitliche Veränderungen, Bewegungsabläufe, Handlungen, Mimik und Sprache [...] bei Beginn, während und am Ende der szenischen Gestaltung beurteilt.« (Burmeister und Fürst 2000, S. 200).

Spontaneity Assessment Inventory (SAI-R)

Die überarbeitete Fassung dieses Spontaneitätsinventars ist von Kipper und Shemer (2006). Es handelt sich dabei um einen 18 Items umfassenden Fragebogen, der auf einer Selbstbeurteilung mithilfe einer Likertskala beruht. Der Fragebogen misst, wie stark Spontaneität ausgeprägt ist. Spontaneität wird dabei psychodramatisch verstanden, d. h., es handelt sich um eine »adäquate Antwort auf eine neue Situation oder als neue Antwort auf eine alte Situation« (Rabung et al. 2016). Letzteres ist im kreativen Zirkel (► Abb. 7) in der Spontaneitätslage abgebildet. Die Patienten werden befragt, wie stark sie bestimmte Gefühle und Gedanken an einem typischen Tag gehabt haben: kreativ, glücklich, ungehemmt, lebendig, heiter, ausgeglichen, kraftvoll, freudig etc. (a. a. O., S. 36).

4.2.2 Stufenmodell der Psychodrama-Techniken als Diagnostik des Strukturniveaus

Diese Form der Diagnostik bezieht sich sowohl auf den kreativen Zirkel als auch das störungsorientierte Stufenmodell der Psychodrama-Techniken (Krüger 1997 und 2015; Stadler 2014). Da auf die Psychodrama-Techniken an anderer Stelle (► Kap. 5 und ► Kap. 7) näher eingegangen wird, sei hier nur das System in Kurzform vorgestellt.

4.2 Diagnostik in Bezug auf den inneren Prozess der Veränderung

Heilung, wie sie das im humanistischen Kontext stehende Psychodrama versteht, ist Selbstheilung. Wenn der kreative innere Prozess intakt ist, nicht (mehr) blockiert ist, wird der Patient oder die Patientin aufgrund der ihr/ihm innewohnenden Selbstheilungskräfte wieder gesunden. Ein Symptom wäre in diesem Sinne auch ein – wenngleich dysfunktionaler – Lösungsversuch.

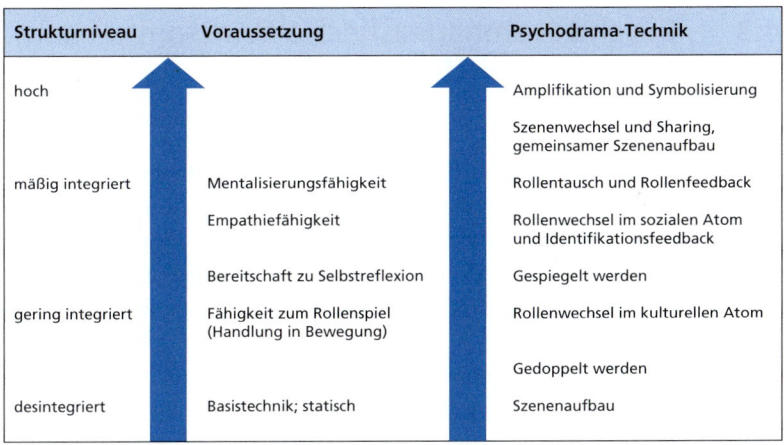

Abb. 11: Hierarchie der Psychodrama-Techniken und Strukturniveau nach OPD-Achse IV (die Übersicht ist von unten nach oben zu lesen; die Übergänge der Stukturniveaus sind fließend)

Ist der kreative Zirkel blockiert, sucht der Therapeut die passende Arbeitsform (z. B. Anwärmübung, Einzel- oder Gruppensetting, vorstrukturiertes Spiel, Stegreifspiel) und die passende Psychodrama-Technik (z. B. Szenenaufbau, Doppeln, Spiegeln, Rollentausch), damit sich die Blockade im Patienten wieder lockern kann.

Das Stufenmodell der Psychodrama-Techniken ist in Abbildung 11 zu sehen. Ausgehend von der Basistechnik Szenenaufbau erfordern die darüber liegenden Techniken immer komplexere innere Vorgänge im Patienten und ein höheres Strukturniveau der Persönlichkeit (Arbeitskreis OPD 2006; Rudolf 2006). Die unteren Techniken sind in den höheren jeweils beinhaltet.

Soll dieses Modell als Diagnoseinstrument eingesetzt werden, kann z. B. aus der Schwierigkeit eines Patienten, einen Rollentausch zu vollziehen, ein diagnostischer Rückschluss auf sein Strukturniveau gezogen werden.

4.3 Psychodramaspezifische Wirksamkeits- und Ergebnisdiagnostik

Cruz et al. (2016) haben im Rahmen ihrer Evaluationsstudien zu hilfreichen Aspekten psychodramatischer Psychotherapie in ihrem Inhaltsanalysesystem *Helpful Aspects of Morenian Psychodrama Content Analysis System* (HAMPCAS) diagnostische Fragebogen eingesetzt, die sich neben der Evaluation auch als Therapieprozess-Diagnostik eignen.

Dazu wurden drei Instrumente verwendet, der Fragebogen zu den *Helpfull Aspects in Therapy* (HAT; Elliot 1993), der *Personal Questionaire* (PQ; Elliot et al. 1999) und der *Clinical Outcomes in Routine Evaluation – Outcome Measurement* (CORE-OM; Evans et al. 2000). Die Evaluationsinstrumente werden kurz vorgestellt.

Der HAT ist ein halbstrukturierter Selbstreport-Fragebogen, welcher die Patienten nach Schlüsselprozessen der Veränderung durch die Psychotherapie befragt. Nach jeder Sitzung wird der Patient gebeten, in seinen eigenen Worten zu notieren, was am hilfreichsten, am wichtigsten, und was am hinderlichsten für ihn war, wann das Geschehen während der Sitzung war und wie lange das Gefühl anhielt.

Der PQ ist eine für jeden Patienten individualisierte Beschwerdeliste. Zunächst wird erfragt, weshalb und aufgrund welcher Symptome er sich in Therapie begibt; dies beschreibt der Patient in eigenen Worten. Danach wird in regelmäßigen Abständen erfragt, wie sich die selbst diagnostizierten Beschwerden verändert haben.

Der CORE-OM ist ein Selbstreport-Fragebogen (deutsche Version: Sproll 2011), bei dem der Patient mithilfe von 34 Items in Aussageform auf einer Likertskala angibt, inwiefern diese Aussagen jeweils für die vergangene Woche zutreffen. Der Fragebogen zielt auf vier Bereiche von Stress: psychisches Wohlbefinden, Symptomatik, Funktionalität und Risiken. Der Fragebogen ist theorie- und diagnoseübergreifend, d.h., er rekrutiert die Items nicht aus einem therapeutischen Verfahren wie z. B. der Kognitiven Verhaltenstherapie oder der Tiefenpsychologie, und er zielt auch nicht ausschließlich auf eine diagnostische Symptomgruppe wie z. B. Angst oder Depression ab.

Diese diagnostischen Instrumente zum therapeutischen Prozess helfen sowohl Patienten als auch Therapeuten, die Veränderungen zu erfassen und so alltagsnahe aktuelle Diagnosen zu verschiedenen Zeitpunkten der Therapie zu erhalten.

5   Kernelemente der Psychodrama-Therapie

»Die Grundlage der Gruppenpsychotherapie ist die Lehre der therapeutischen Interaktion. Die Grundlage des Psychodramas ist das Prinzip der schöpferischen Spontaneität, die ungehinderte Teilnahme aller Mitglieder an der dramatischen Produktion und die Handlungskatharsis.« (Moreno 1988, S. 18).

Handeln wird dabei als umfassender psychosomatischer Prozess verstanden, der die Persönlichkeitsentwicklung fördert und die Kreativität und Auseinandersetzung im Spiel(en) anregt.

Psychodrama ist eine ganzheitlich-therapeutische, individuums- und gruppenbezogene Aktionsmethode. Neben verbaler Kommunikation kommen vorzugsweise kreative Mittel und Aktionen zum Einsatz. Zu den Aktionen gehören die Arbeit mit Symbolen, szenische Darstellungen mit Rollenspiel, Skulpturen und Körperarbeit. Hier existiert mittlerweile ein umfangreiches Repertoire an Methoden, das sich in einem permanenten Entwicklungsprozess befindet. Neben den kreativen Methoden bleibt die Begegnung der wesentlichste Faktor in der Gruppen- sowie in der Einzeltherapie. Moreno verfasste die Schrift *Einladung zu einer Begegnung*, die nicht nur dazu einlud, den Text zu lesen, sondern sich real auf Begegnungen mit seinen Theorien einzulassen:

> »Und bist du bei mir, so will ich dir die Augen aus den Höhlen reißen und an die Stelle der meinen setzen, und du wirst die meinen ausbrechen und an Stelle der deinen setzen, dann will ich dich mit deinen und du wirst mich mit meinen Augen anschauen« (Moreno 1915, S. 5).

Dieses Zitat klingt sehr expressionistisch, beschreibt aber im Kern die Begegnung zweier Menschen, die von der Idee geleitet sind, sich durch die Augen des Anderen in einem umfassenden Sinn zu erkennen und zu verstehen. Begegnungen ereignen sich grundsätzlich in Rollen und sind an einen zeitlichen und örtlichen Kontext gebunden. Auf der Bühne wird im Hier und Jetzt ein differenziertes Begegnungsgeschehen ermöglicht.

5.1 Instrumente des Psychodramas

Zu den fünf verschiedenen Instrumenten im Psychodrama gehören die Bühne, der Protagonist oder Hauptdarsteller, der therapeutische Leiter, das Hilfs-Ich und die Gruppe. Sie bilden die Grundlage der Inszenierungen.

5.1.1 Bühne

Moreno bezeichnete das Gottesspiel als Vierjähriger als sein erstes geleitetes Psychodrama (▶ Kap. 1). »Ich war gleichzeitig Leiter und Protagonist« (Moreno 2011, S. 27). Dieses Kinderspiel mit seiner szenischen Umsetzung über mehrere Stufen inspirierte Moreno zudem zu seinen späteren Ideen der Bühnengestaltung (▶ Abb. 12) aus dem Beacon Hill Sanatorium in New York.

Er spricht von einem Konzept vier *vertikaler Ebenen einer Psychodrama-Bühne*:

- Die erste Ebene entspricht der Idee oder Vorstellung,
- die zweite Ebene der Entwicklung,
- die dritte Ebene der Ausführung und Aktion
- und die vierte Ebene dem Über-Ich, was er durch einen Balkon deutlich gemacht hat.

Dieses Konzept findet hier aus historischen Gründen Erwähnung, ist jedoch in dieser Form nicht mehr in Gebrauch.

5 Kernelemente der Psychodrama-Therapie

Abb. 12: Morenos Bühne im Beacon Hill Sanatorium in New York (Figusch 2014, Abdruck mit freundlicher Genehmigung)

Der Ort der Begegnung in der Psychodrama-Therapie ist die Bühne. Sie ist Teil des realen therapeutischen Settings und Phantasieort zugleich. Pruckner (2012) spricht von drei Bühnen: der Begegnungsbühne, der Spiel- und Aktionsbühne und der sozialen Bühne. Der Ort der *Begegnung*, die erste Bühne, findet sich schon im Vorfeld der Aktion und bleibt nach Pruckner als innerer »Ort« auf allen Bühnen präsent. Hier finden die Gespräche statt, die Begrüßung im Warteraum, der Abschied wie auch der Austausch kurzer Informationen z. B. Termine. Wichtig sind die Grenzen dieser Räume. Die *Spielbühne* ist der besondere Ort, wo Szenen umgesetzt werden. Moreno kam zuerst vom Theater, wo die Spielbühne den Ort des inneren seelischen wie äußeren realen Geschehens symbolisiert. Außerhalb dieser zwei Bühnen gibt es die *soziale Bühne*, ein Ort außerhalb der Beratungsstelle oder Praxis. Die Abgrenzung der Räume gibt Sicherheit für alle Beteiligten und schützt vor Grenzüberschreitungen.

5.1.2 Spielbühne

Ein Therapiezimmer lässt sich jeweils phasenspezifisch und den Anforderungen gemäß umgestalten. Beginnt die Sitzung einer Gruppe mit dem Teilnehmerkreis auf der Begegnungsbühne, so wird der Raum für ein Spiel anschließend neu arrangiert und abgegrenzt. Das Publikum rückt in den Hintergrund und die Spielbühne wird markiert. Das Erheben vom Stuhl, um zur Bühne zu gehen, ist der erste Schritt. Es ist der Beginn der Aktion. In der Einzeltherapie wird ebenfalls die Spiel- von der Begegnungsbühne getrennt, um diese beiden »Räume« zu unterscheiden.

Hier drängt sich die Frage auf, wozu überhaupt eine Bühne benötigt und nicht gleich im Kreis des Publikums gespielt wird? Dazu Moreno:

»Der lebendige Raum der Realität ist eng und einschränkend [...], der Bühnenraum ist eine Erweiterung des Lebens [...], Realität und Phantasie bekämpfen einander nicht, sondern sind Funktionen einer erweiterten Sphäre – der psychodramatischen Welt der Objekte, Personen und Ereignisse.« (Moreno 1946, S. 45f).

In diesen drei Aussagen umreißt Moreno sein Bühnenkonzept im Psychodrama. Durch die Bühne steht eine Art Think Tank zur Verfügung, der neu und unbesetzt genutzt werden kann. Die nur wenigen Schritte von der Begegnungsbühne zur Spielbühne sind für den Protagonisten ein wichtiges Ritual. Den Wechsel vom Begegnungs- in den Spielraum zu vollziehen, markiert ebenfalls psychische Räume. Es führt von der Realität in den »Als Ob«-Zustand (vgl. Krüger und Stadler 2015, S. 306). Die Bühne führt nicht nur zur Erweiterung seines Raumes, sondern entspricht einem zeitlosen Allerweltsort, der erst durch den Protagonisten mit seinen Erlebnissen neu bestimmt wird. Zudem dient die Bühne einer Bedeutungserhöhung für den Protagonisten. »Er [Moreno] wollte damit der Szene mehr Wert verschaffen und sie für das Publikum gut sichtbar machen.« (Stadler und Kern 2010, S. 35). Ein weiterer wesentlicher Grund für eine Bühne ist das Publikum. Das Geschehen in der Szene soll evident werden, »da Ereignisse die wohlwollende Zeugenschaft anderer benötigen, um gut verarbeitet werden zu können.« (ebd.). Für den Protagonisten bedeutet es Anerkennung und Würdigung des Erlebens durch Sichtbarmachung und Einbezug des Publikums.

5.1.3 Protagonist

Der Protagonist ist die zentrale Person der jeweiligen Sitzung, der mit Hilfe der anderen inszeniert. Die Auswahl des Protagonisten der jeweiligen Sitzung geschieht gemeinsam durch die Gruppe. Die Entscheidung hängt in einer prozessorientierten Gruppe in der Regel vom Interesse der Gruppe an einem Thema ab, das durch den Protagonisten bearbeitet werden soll. Die Wahl kann spontan oder soziometrisch erfolgen. Bei der soziometrischen Wahl stellen sich die möglichen Protagonisten in die Mitte der Gruppe und formulieren ihre Themen. Dann stellen sich die übrigen Gruppenteilnehmer hinter ihren Favoriten, d. h. hinter das von ihnen bevorzugte Thema. Findet sich eine klare Mehrheit für ein Thema, wird dieser Gruppenteilnehmer Protagonist. Meist werden die Themen gewählt, die den Gruppenteilnehmern schon beim Erzählen der Geschichte des Protagonisten eine Identifikation erlauben. Dies wird gefördert durch die Schilderung konkreter Situationen. Es ist ein kleines Skript oder Drehbuch, das angeboten wird, wie z. B. der konkrete Konflikt zwischen »Mutter und Tochter«. Der nicht gewählte Protagonist hingegen braucht Würdigung und eventuell die Hoffnung auf ein nächstes Mal.

5.1.4 Therapeutischer Leiter

Der therapeutische Leiter hat viele Funktionen in der Gruppe zu erfüllen. Er sorgt für das Setting, dazu gehören die Zeit, der Raum und die Einrichtung. Als Vertrauensperson ist er warmherzig, analytisch, kreativ, verantwortungsbewusst und krisenerprobt. »Er ist Regisseur, Berater und Analytiker« (Haselbacher 2004, S. 214) zugleich. Moreno beschreibt, dass der Leiter weit mehr als nur analytische Fähigkeiten braucht:

> »Der Gruppenleiter muss nicht nur die Erfahrung des Analytikers besitzen, sondern auch die Geistesgegenwart und den Mut, seine gesamte Persönlichkeit im richtigen Moment einzusetzen, um den therapeutischen Raum mit Wärme, Einfühlung und emotionaler Expansion zu erfüllen« (Moreno 1988, S. 13).

Er beobachtet den Protagonisten, das Spiel, die Mitspieler und lässt aus einer gewissen Distanz das Spiel aktiv auf sich wirken. Aktiv heißt, der Prozess wird in seinem emotionalen Flow auf die Wendepunkte hin betrachtet. Die Interventionen erfolgen bei Auftauchen emotional-kognitiver Umschlagpunkte, gefühlten Veränderungen oder auch unerwartet verhaltenen Reaktionen des Protagonisten oder eines Mitspielers. Die Gruppenstimmung kann kippen, emotional heftige oder lähmende Stimmungen entwickeln sich, diese Reaktionen sind häufig hilfreich, um Prozessentwicklungen zu erkennen. So ist der Therapeut in der Spielphase in erster Linie bei dem Protagonisten und in zweiter Linie bei den anderen Gruppenteilnehmern. Er beobachtet zudem den Gesamtprozess. Um all diese Funktionen zu beherrschen, wechselt der Therapeut wiederholt seine Position im Raum, er befindet sich mal näher mal weiter vom Protagonisten entfernt. Die Distanz gestattet einen Perspektivenwechsel mit Sicht auf die Gesamtszene und die Gruppe. »Der Therapeut steht in der Mitte seiner Gruppe und muss daher eine besondere Form der Gruppenpersönlichkeit entfalten« (vgl. Moreno 1988, S. 13), im Gegensatz zum Einzeltherapeuten. Das Kernstück ist jedoch die Inszenierung des Protagonisten auf der Bühne. Der Therapeut beobachtet, wie der Protagonist das Spiel entwickelt, und hilft ihm entlang deutlich werdender Gefühle und Gedanken bei der Umsetzung auf der Bühne. Er unterstützt den Protagonisten mit Fragen oder ermutigt dazu, in der Inszenierung etwas auszuprobieren. Moreno hat im Zusammenhang mit dem Stegreiftheater den Flow des Spiels in dessen Bestandteile zerlegt, die Zeit in ihre Momente und die Akte des Spiels in faszinierende Einzelbilder. Mit folgender Beschreibung lässt sich ebenso gut das Geschehen im Protagonistenspiel wiedererkennen.

> »Im Stegreiftheater entscheidet aber nicht das Gesamtwerk, das »Drama«, sondern die szenischen Atome. [...] Es wird nicht »Zeit« gespielt, sondern Momente. Die Akte eines Stückes sind voneinander gelöst: sie bilden eine Schnur von je und je aufleuchtenden Impulsen.« (Moreno 1924, S. 37).

Der Leiter pendelt zwischen aktiver Unterstützung und passivem Aufnehmen der Szene. Krüger (2015) nennt diesen Prozess des Therapeuten *Mentalisieren*, der innerliche Denkprozess pendelt zwischen Denken und Fühlen, zwischen dem Protagonisten und dem eigenen Erleben.

Das geleitete Spiel folgt einem Rhythmus und birgt eine in sich eigene Ästhetik.

5.1.5 Hilfs-Ich (Auxiliary Ego) und Gruppenteilnehmer

Die Gruppenteilnehmer haben im Prozess für den Protagonisten sehr wichtige und anspruchsvolle Funktionen. Sie unterstützen die vertrauensvolle emotionale Atmosphäre in der Gruppe, werden zu Hilfsdarstellern für den Protagonisten, und »erforschen gemeinsam die soziale Situation« (Haselbacher 2004, S. 216). In der Rolle der Hilfs-Ichs sind sie Mittler zwischen Protagonisten und Therapeuten (Leutz 1986). Schon die Bereitschaft der Gruppenteilnehmer, die vom Protagonisten zugedachte Rolle zu übernehmen, gibt dem Protagonisten emotionalen Support und Mut für seine Inszenierung. Sie helfen, seine Geschichte auf der Bühne zu realisieren, und stellen sich für verschiedenste belebte und unbelebte Rollen zur Verfügung, wie z. B. den Vater oder die Lampe im Wohnzimmer. Die Rollen sollten den Vorstellungen des Protagonisten gemäß möglichst präzise umgesetzt werden. Die Hilfs-Ichs verkörpern unterschiedlichste Gefühle wie Freude, Trauer, Wut und Aggressivität.

Der Protagonist kommt zu seinen Mitspielern oder Hilfs-Ichs über das Prinzip der Tele-Beziehung. Tele beinhaltet die Zweifühlung, womit die Gleichartigkeit und die wechselseitige Beziehung beider Begegnenden gemeint ist. Im Spiel erleben die Hilfs-Ichs in ihrer Rolle etwas, was sie mit dem Protagonisten teilen.

Für das Hilfs-Ich bedeutet es grundsätzlich, sich bis zu einem gewissen Grad zurückzunehmen und sich auf die Rollenzuschreibung einzulassen. Es erlebt sich sowohl selbst als auch spielend in der zugewiesenen Rolle. Diese komplexen emotionalen Prozesse führen zu Erfahrungen, die für das Hilfs-Ich wie für den Protagonisten sehr wertvoll und herausfordernd sind.

»Gute« oder »böse« Rollen

Die »guten« Rollen, für die man als Rollenträger vom Protagonisten ausgewählt wird, und die häufig im Einklang mit einem idealen Selbstbild stehen, sind meist einfacher anzunehmen als die »bösen« Rollen. Hierfür gibt es verschiedene Gründe. Setzt ein Hilfs-Ich Spiel und Realität gleich, wird der »Als Ob-Modus« beim Spielen unscharf. Es entsteht die Befürchtung, von anderen Gruppenteilnehmern mit der gespielten Rolle gleichgesetzt zu werden. Als ähnlich bedrängend wird es erlebt, wenn das Hilfs-Ich sich in der gespielten Rolle wiedererkennt und mit weniger akzeptierten Gefühlen in Kontakt kommt. Wenn der Therapeut zu Beginn daran erinnert, dass Rollen auch abgelehnt werden dürfen und die Möglichkeit besteht, während einer Spielphase aus einer Rolle auszusteigen, kann das Hilfs-Ich sich meist darauf einlassen und signalisieren, wenn es sich in der Rolle überfordert fühlt.

Rollenübernahme durch Eindoppeln, Rollenwechsel und Zuweisung

Die Rollengestaltung der Hilfs-Ichs wird durch den Protagonisten durch Eindoppeln, Rollenwechsel oder Rollenzuweisung realisiert.

Beim Eindoppeln stellt sich der Protagonist neben das Hilfs-Ich und spricht in der 1. Person »Ich bin Monika, die Mutter von Gerd (Protagonist), bin 67 Jahre alt, schmerzgeplagt ...«. Die Rollenträger erleben durch das Eindoppeln, dass ihr Fokus der Aufmerksamkeit nach innen zu ihrer Rolle geht. Eine zusätzliche Berührung der Schulter durch den Protagonisten kann den Effekt der gesprochenen Worte intensivieren.

Bei der Rollenübernahme mit Hilfe eines Rollenwechsels nimmt der Protagonist die Rolle des Hilfs-Ich ganz ein, tritt für einen Moment an seine Stelle und spricht ebenfalls in der 1. Person.

Bei der Rollenübernahme durch Zuweisung wird das Hilfs-Ich vom Protagonisten instruiert: »Du bist Monika, meine 67-jährige Mutter. Du bist schmerzgeplagt ...«. Der Protagonist muss sich bei dieser Variante nicht in das Hilfs-Ich doppelnd einfühlen, sondern bleibt ganz in seiner Realität; dies ist bei Konflikten hilfreich.

Nach der Spielphase werden alle Erfahrungen im gemeinsamen Rollenfeedback und Sharing ausgetauscht. Im Rollenfeedback teilen die Hilfs-Ichs wesentliche Erkenntnisse und Gefühle aus den Rollen dem Protagonisten mit. Im Sharing teilen alle Gruppenteilnehmer – außer dem Protagonisten – eigene, aktuelle Erfahrungen, welche mit den Themen des Protagonisten im Spiel in Zusammenhang stehen, mit. Es wirkt einerseits als heilender Faktor (s. u. Universalität des Leidens), andererseits hilft es dem Protagonisten bei der Re-Integration in die Gruppe, und nicht zuletzt entlastet es die Gruppenmitglieder, die durch das Thema emotional mitgeschwungen haben.

5.1.6 Gruppe als Matrix und Publikum

Die Gruppe bildet die Matrix, das emotionale Netz, in welchem alle Prozesse aufgefangen, verdaut und verarbeitet werden. Die Gruppenteilnehmer entwickeln füreinander Toleranz, Verständnis und Vertrauen. Bion (1970) sprach von der Container-Funktion des Therapeuten, dabei hat die Gruppe eine ebenso wichtige Container-Funktion. Eine Konfrontation eines Gruppenteilnehmers durch andere zu erleben wie auch verstehende Kommentare bieten existentielle und verändernde Erfahrungen an. Die grundlegende Dynamik verstehender und konfrontierender Haltungen, die Wirkfaktoren in der Gruppe sind im Kasten zusammengefasst.

Spezifische und unspezifische Wirkfaktoren in der Gruppenpsychotherapie

(nach Yalom 2015 und Tschuschke 2001)

Interpersonale Wirkfaktoren

- Altruismus, anderen helfen
- interpersonales Lernen
- Katharsis, durch Affektabfuhr
- Konfliktlösung anhand der Gruppendynamik

- Rekapitulation der Primärfamilie
- Akzeptanz der Angst vor anderen
- Universalität des Leidens
- Kohäsion (Zusammenhalt der Gruppe)
- Akzeptanz der Gruppenmitglieder
- Selbstöffnung für Patienten, ein Highlight für die Problembewältigung
- Hoffnung geben
- Offenheit und Ehrlichkeit
- Identifikation mit den anderen und dem Gruppenleiter

Unspezifische Wirkfaktoren

- Ratschläge, Anweisungen
- Erleben existenzieller Fragestellungen (Sinn des Lebens, des Daseins und des Todes) gemeinsam mit anderen

Die Anzahl der Gruppenteilnehmer bewegt sich zwischen 6 und 8 Teilnehmern. Mit dieser Größe ist die Voraussetzung für ein optimales Arbeitsklima im therapeutischen Rahmen gegeben. Therapeutische Gruppen finden wöchentlich bis 14-tägig statt. Das Besondere der psychodramatischen Therapiegruppe ist die »Therapie in der Gruppe, für die Gruppe und der Gruppe« (Leutz 1986, S. 92). Damit wird ein umfassendes Konzept der Gruppentherapie beschrieben. Das »in« steht für die therapeutische Arbeit mit dem Individuum, das »für« für die ganze Gruppe, die an allem therapeutischen Geschehen teilhabt, das »der« steht für die Behandlung auch der Gruppe als Ganzes, das Erkennen und Behandeln von gruppendynamischen Prozessen. Themen der Gruppe werden von den Gruppenteilnehmern eingebracht und sind mehr individuell oder gruppenzentriert. Die Teilnehmer können nach Diagnosen homogen oder heterogen zusammengesetzt sein. Ein wesentlicher Faktor ist das »Matching«. Sie sollten eine freundliche, einander zugewandte Grundstimmung aufbauen können. Insofern ist eine optimale Gruppenzusammensetzung entscheidend. »Denn die Komposition bedeutet einen kunstvollen Akt, jene Personen auszuwählen, die am besten miteinander arbeiten können.« (Pritz 2001, S. 207). Eine wesentliche Funktion in der psychodramatischen Gruppe ist die Rolle des Publikums. Die Teilnehmer, die nicht für die Inszenierung als Hilfs-Ichs gewählt wurden, übernehmen diese wichtige, Halt gebende und Beobachtungsfunktion. Diese Funktion löst beim Publikum unterschiedlichste Gefühle und Gedanken aus. Teils kommt es zu Identifizierungen mit dem Protagonisten oder auch mit den Rollen der Hilfs-Ichs. In der Integrationsphase erhält der Protagonist sowohl Rollenfeedbacks der Hilfs-Ichs wie auch Identifikationsfeedbacks des Publikums.

5.2 Arrangements

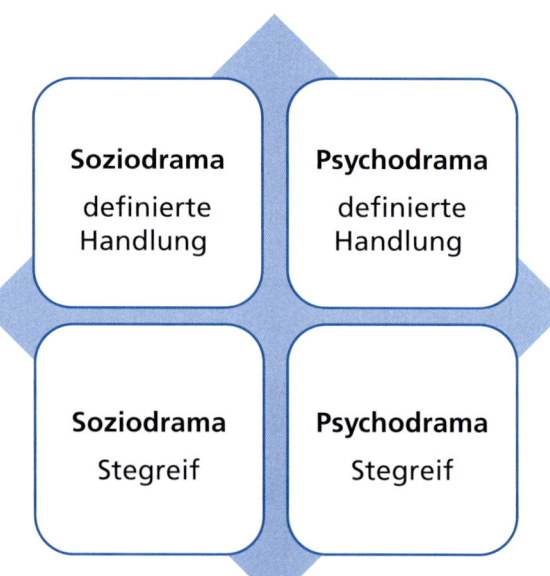

Abb. 13: Systematik der Arbeitsformen (nach Stadler 2014, S. 82, Abdruck mit freundlicher Genehmigung)

Die zuvor beschriebenen Instrumente des Psychodramas werden erweitert durch die verschiedenen Arrangements oder Arbeitsformen im Psychodrama. Mittlerweile gibt es zahlreiche Arrangements, die durch Erfahrung stetig angereichert bzw. neu kreiert werden. Arrangements bezeichnen den Rahmen, innerhalb dessen die fünf Instrumente und die Techniken des Psychodramas zum Einsatz kommen. Dabei unterscheidet man soziodramatische (mehr gruppenbezogene Aspekte) von psychodramatischen (mehr individuelle Aspekte) Formen. Alle Formen, die soziodramatischen wie die psychodramatischen lassen sich mit Vorgaben inhaltlich festlegen oder im freien Stegreifmodus umsetzen (▶ Abb. 13).

5.2.1 Erwärmungs-Arrangements für die Einzel- wie für die Gruppentherapie

An- oder Erwärmungsübungen sind wichtige Vorbereitungen für die Aktivierung der Gruppenteilnehmer und des therapeutischen Leiters. Die Erwärmung verstärkt die Motivation der Gruppenteilnehmer zur Aktion. Sie ist auf allen Ebenen wirksam: psychisch, somatisch und intellektuell. Anwärmung schafft die Voraussetzung für Spontaneität und Kreativität. Die Erwärmung ist besonderes sorgsam durch zu führen, wenn es sich um eine neu beginnende Gruppe handelt, deren Teilnehmer mit dem szenischen Arbeiten noch nicht vertraut sind. Die Erwärmung hat maßgeblichen Einfluss darauf, die Angst zu vermindern und Vertrauen zu schaffen. Das aktive Vorgehen und die Erklärungen des Therapeuten helfen den Teilnehmern, Vertrauen und Sicherheit in der Gruppe zu entwickeln. Gruppendynamisch gesehen handelt es sich um die Initiation der Gruppe, die in diesem Anfangsstadium vom Leiter noch »abhängig« ist, d. h., die Teilnehmer sind sehr auf den Leiter ausgerichtet. Das aktive Vorgehen des Therapeuten wirkt unterstützend in der Orientierungs- oder »Formingphase« (Tuckman 1965). Der Kontaktaufbau zueinander erfolgt schrittweise. Hier existiert ein großes Repertoire, um die Gruppe einander näher zu bringen. Es folgen weitere Phasen: Storming, die sogenannte »Nahkampfphase«, Norming, die Organisationsphase, Perfoming, die Integrationsphase,

Adjourning oder Mourning, die Trauerphase beim Abschied. Diese Phasen wurden von Tuckman vor allem für Teams beschrieben und sind ebenso für Therapiegruppen anwendbar.

Zeitpunkt

Am Neubeginn einer Gruppe werden mehr aktionssoziometrische Formen bevorzugt, das sind z. B. Skalenbildungen oder Raum-Aufstellungen, die folgendermaßen angeleitet werden: Beispielsweise werden die Gruppenteilnehmer gebeten, sich wechselnd nach Land, Jahrgang, Beruf, Anfangsbuchstaben des Namens etc. zu reihen oder im Raum aufzustellen und jeweils mit dem Nachbarn kurz auszutauschen und etwas der Gruppe mitzuteilen. Zu den Startern gehört ebenfalls die Aneignung der Namen, die sich in Form eines Ballspiels leicht memorieren lassen. Das Aussprechen der Namen ist für die Selbst- wie die Fremd-Identifikation der Gruppenteilnehmer von Bedeutung und eine Form der Selbstbehauptung: »Ich bin«. Weitere Formen in der Anfangsphase sind Arbeiten mit Intermediär-Objekten oder Symbolen, d. h., jeder Gruppenteilnehmer wählt sich einen Gegenstand (Holzfigur, Stofftier oder ein persönlicher Gegenstand wie Hausschlüssel), der seiner momentanen Befindlichkeit entspricht, und stellt diesen der Gruppe vor. Häufig lassen sich die Gruppenteilnehmer leichter auf Begegnungen ein, wenn sie sich mit dem Nachbarn als »Pairs« austauschen können. Das Anwärmarrangement mit Postkarten eignet sich ebenfalls in der Anfangsphase. Aus einem Postkartenpool lassen sich zu folgenden Fragen Bilder finden: »Was hat mich in die Gruppe gebracht und was möchte ich hier für mich erreichen?«

Somatische Starter

Ein Anfangsritual mit Hilfe eines somatischen Starters lässt sich folgendermaßen anleiten: »Gehen Sie durch den Raum, spüren Sie sich, die Füße, den ganzen Körper, strecken Sie sich und dann schütteln Sie sich. Sie gehen erst langsam, dann schneller, dann wieder langsamer. Nehmen Sie Kontakt auf mit den Entgegenkommenden, wählen Sie eine Begrüßungsvariante, die Ihnen in den Sinn kommt, suchen Sie einen Partner, mit dem Sie sich austauschen, was Sie von der Gruppe erwarten und erhoffen.« Eine weitere Form wäre, nach Anleitung eine innere Reise zu imaginieren. Die auftauchenden Bilder werden besprochen.

Themenbezogene Anwärmübung

Beim Thema Nähe und Distanz geht es darum herauszufinden, wie nah einer den anderen an sich herankommen lässt. Nach einer kurzen Anleitung bildet die Gruppe zwei gegenüberstehende Reihen. Die eine Reihe bewegt sich langsam auf die andere zu. Jeder Gruppenteilnehmer der stehenden Reihe kann den auf ihn zu kommenden Part stoppen, sobald die Person ihm nah genug ist, dann umgekehrt. Aus dem Aufeinander zugehen ergeben sich meist unterschiedliche Abstände der einzelnen Paare und jeder erfährt etwas über sein eigenes Nähe-Distanz-Bedürfnis, was zu tieferen Reflektionen und Gefühlen führt.

5.2.2 Soziales Atom

Das soziale Atom kann als Erwärmungstechnik und als diagnostisches Instrument in der Gruppe und einzeln in frühen wie auch späteren Phase einer Therapie eingesetzt werden. Es gibt Auskunft über das Beziehungsvolumen des Einzelnen, wie viele Personen im Umfeld vorhanden sind und welcher Abstand zwischen ihnen besteht. Das soziale Netz kann verschieden groß sein, sei es aufgrund von Heirat, Familienzuwachs, neuen Hobbys, aber auch Beziehungsabbrüchen oder Tod wichtiger Bezugspersonen. Kennen sich die Bezugspersonen untereinander? Mit dem sozialen Atom lässt sich eine Analyse der Gegenwart wie der Vergangenheit erarbeiten. Es ist sowohl von diagnostischen wie von therapeutischem Interesse (von Ameln 2005; Leutz 1986). Das soziale Atom lässt sich als individuelle Arbeit in der Gruppe durchführen. Jeder erstellt ein soziales Atom für sich, entweder zweidimensional als Zeichnung auf einem Blatt Papier oder dreidimensional mit Gegenständen. Auf dem Blatt Papier erfolgt zunächst die zentrale

Positionierung des Patienten, für Frauen werden üblicherweise Kreise, für Männer Dreiecke gewählt. Dann zeichnet der Patient seine wichtigsten Bezugspersonen ein. Die Erläuterung »wichtigste« gibt schon Hinweise auf die Bedeutung der unterschiedlich abgestuften emotionalen Beziehungen. Die positiven Beziehungen werden z. B. in Form einer durchgezogenen Linie, die negativen in Form einer gestrichelten Linie gezeichnet. Zum Schuss lässt sich die Qualität der Beziehung mit einem Plus oder Minus versehen. Eine andere Variante wäre das soziale Atom in der Kindheit im Rahmen lebensgeschichtlichen Arbeitens. Die Aufstellung des sozialen Atoms auf der Bühne (White 2002) ist eine dritte Variante. Es intensiviert das Erleben und ermöglicht es, die Beziehungen »real« zu untersuchen. Durch die Verkörperung lassen sich die einzelnen Rollen besser erspüren und analysieren.

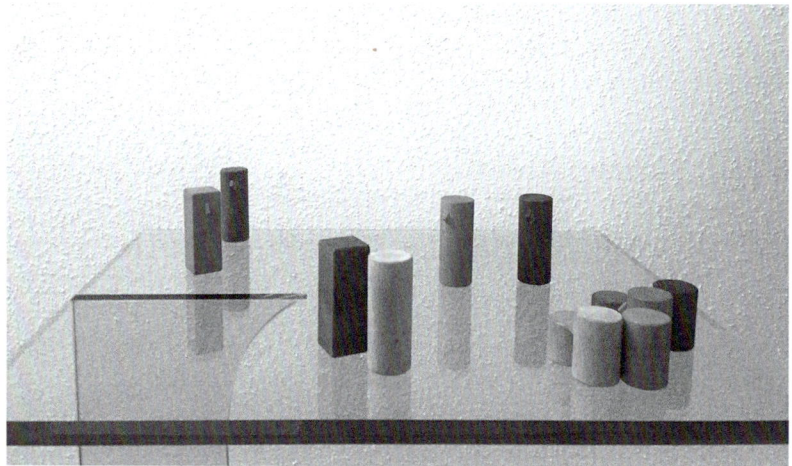

Abb. 14: Soziales Atom auf der Tischbühne

5.2.3 Märchenspiel

Das Märchenspiel gehört zu Soziodramen mit vorgegeben Rollen, die Interpretations- und Handlungsspielraum zulassen und konflikthafte Themen spielend bearbeiten lassen. Stadler spricht von »Rollenerfahrungen in archetypischen Figuren« (2014, S.91). Der Verfremdungseffekt unterstützt die Motivation der Teilnehmer, sich auf schwierige Rollen und Emotionen einzulassen, z. B. der Neid im Mutter-Tochter-Konflikt in Schneewittchen. Das Märchenspiel in Variationen im 90-Minuten-Takt einer laufenden Gruppe lässt sich auch über zwei oder mehr Sitzungen erarbeiten, oder das Märchen wird auf eine zeitlich kürzere Kern- oder Schlüsselsequenz mit verschiedenen Rollen arrangiert.

Das Märchen »Dornröschen« wurde in einer Frauengruppe mit vier Teilnehmerinnen im Alter zwischen 20 und 30 Jahren gespielt. Die folgende Schlüsselszene wurde mehrfach wiederholt: Dornröschen befindet sich im tiefen Schlaf. Alles schläft mit ihr, um das Schloss herum befindet sich eine große Dornenhecke. Dahinter liegt Dornröschen auf einem Bett.

Rollen: Die Dornenhecke wird von zwei Teilnehmerinnen gespielt, eine spielt Dornröschen und eine den Prinzen. Es wurde dieselbe Szene dreimal in jeweils wechselnden Rollen gespielt. Der Prinz kommt, überwindet die Dornenhecke und erweckt das Dornröschen.

Szene 1: Der Prinz reitet zur Dornenhecke und kann sie durch seine große Liebe überwinden; das Dornröschen ist momentan durch die große Liebe des Prinzen eingeschüchtert, lässt sich dann dennoch erwecken und geht mit dem Prinzen mit.

Szene 2: Der Prinz überzeugt die Dornenhecke durch seine Schüchternheit und Authentizität; das Dornröschen lässt sich durch die langsame Annäherung verführen.

Szene 3: Der Prinz erscheint als Koch, welcher die Dornenhecke mit einem Kraut, das er am Boden aussät, vernichtet. Das Dornröschen lässt sich durch die Kräuterdüfte aufwecken und zu einem Kochkurs einladen.

Der Effekt war für die Teilnehmerinnen reich an emotionalem Erleben in den verschiedenen Rollen, vor allem aber beeindruckte sie ihre eigene Phantasie beim Re-Arrangieren der Rollen. Kein Prinz glich dem anderen und sie entwickelten von Szene zu Szene neue Rollenaspekte. Dornröschen wurde von Mal zu Mal selbstständiger, jeder Prinz erlaubte sich als Freier etwas anderes auszuprobieren und sich durchzusetzen und die Hecke, als Sinnbild für Selbstbehauptung, wandelte sich, indem sie verschieden mit den Prinzen umging.

5.2.4 Zauberladen oder Magic Shop

Der Zauberladen ist wegen seines spielerisch-humorvollen Charakters ein beliebtes Arrangement in der Gruppe. Zuerst wird über die Spielregeln und Rollen (Kunden und ein Zauberer) informiert. Der Kunde (Rolle der Gruppenteilnehmer) kann mit einer Prise Vergnügen und Weisheit alte und unlieb gewordene Persönlichkeitseigenschaften zugunsten »neuerer« austauschen. Das Entscheidende ist, dass das Loswerden unangenehmer und der Neuerwerb attraktiver Eigenschaften ihren Preis haben. Phantasievoll wird der Rahmen des Zauberladens im einem Wald oder in Form eines kleinen Ladens in einer Phantasiestadt entsprechend räumlich eingerichtet. Der Co-Therapeut übernimmt die Rolle des Zauberers und öffnete seinen Zauberladen in einem tiefen Wald.

Ein Käufer möchte eine neue Eigenschaft so günstig wie möglich aushandeln und merkt schon bald, dass es nicht nur »Schnäppchen« sind, die erstanden werden können. Für seine Angst im Tausch wünscht er sich mehr Mut. Im Gespräch wird deutlich, dass Angst auch eine Schutzfunktion hat und der Kunde ebenfalls einen großen Teil seines Schutzes zurücklassen müsste, dafür bekäme er dann eine Portion Mut. In dieser Verhandlung wird dem Kunden deutlich, dass sich die Angst so einfach nicht loswerden lässt und nützliche Aspekte hat. Mit dieser konfliktreichen Situation setzt sich der Kunde dann spielerisch weiter auseinander.

5.3 Psychodrama-Techniken

Das Psychodrama gehört zu den humanistischen Therapieformen. Der theoretische Hintergrund der Basistechniken und Interventionen im Psychodrama fußt auf der speziellen Kreativität-Spontaneitäts-Theorie Morenos und wurde von Krüger (2015) kombiniert mit psychodynamischen Theorieansätzen. Davon ausgehend stellen wir ein erweitertes Kreismodell vor, welches sich auf die Strukturniveaus der OPD bezieht (▶ Abb. 15). Die folgenden Beschreibungen der aufeinander aufbauenden Psychodrama-Techniken beziehen sich auf das Kreismodell.

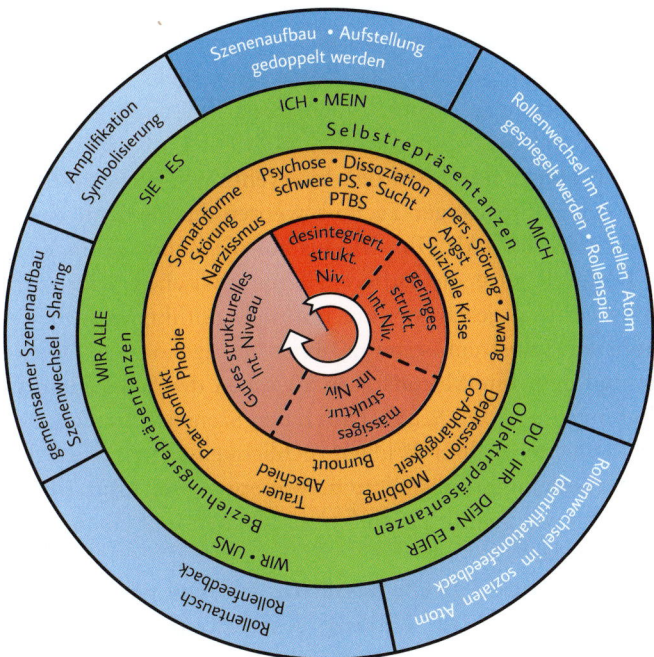

Abb. 15: Störungsspezifisches Kreismodell

5.3.1 Szenenaufbau und Doppeln

Der Szenenaufbau ist eine Basistechnik des Psychodramas. Für Protagonisten mit strukturellen Störungen, in der Sprache des OPD mit desintegriertem oder gering integriertem Strukturniveau (OPD-Achse IV) wird der Szenenaufbau neben anderen als Haupttechnik genutzt. Die Patientengruppe zeigt als hauptsächliche Abwehrmechanismen in unterschiedlich ausgeprägter Form Spaltung, Dissoziation, projektive Identifikation und psychotische Verzerrungen. Diese Abwehrmechanismen sind erkennbar bei Menschen mit Psychosen, komplexen posttraumatischen Belastungsstörungen, schweren Borderline-Persönlichkeitsstörungen, Suchterkrankungen und dissoziativen Störungen. Die Techniken, wie z. B. Szenenaufbau und Doppeln etc., sind diesen Störungen und Abwehrmechanismen spezifisch zugeordnet. Durch den Szenenaufbau gewinnt der Protagonist mehr Selbstverständnis durch Strukturierung seines Innenlebens (Systemorganisation der Selbst- und Objektrepräsentanzen) und erhält Einblick in seine Konflikt- und Problemfelder. Mit den Interventionen Szenenaufbau, Doppeln und der Doppelgänger-Technik werden die Elemente des inneren Konfliktsystems im »Als Ob«-Modus auf die Bühne gebracht (Krüger 2015). Dadurch wird die Differenzierung zwischen Selbst- und Objektrepräsentanzen gestärkt. »Ein inneres Konfliktsystem besteht aus einer inneren Selbstrepräsentanz, einer dazugehörigen Objektrepräsentanz und dem Interaktionsraum zwischen der Selbst- und Objektrepräsentanz.« (a. a. O., S. 29). Durch den Szenenaufbau können diese inneren Elemente in ihrer Widersprüchlichkeit platziert werden, z. B. schwierige Beziehungskonstellation, wie etwa gute Mutter/böse Mutter, um damit die Spaltung sichtbar zu machen und eine spätere Integration zu fördern.

Das Doppeln ist die zweite basale Technik und wird zur Selbst-Stabilisierung eingesetzt. Die Wirkung des Gedoppeltwerdens lässt sich aus der frühen Eltern-Kind-Aktion herleiten und nimmt das teils imitierende, teils verstärkende Verhalten der Mutter bzw. des Vaters dem Kind gegenüber auf. »Die mimisch-gestischen Imitationen entsprechen der emotionalen Einstimmung zwischen Mutter und Kind« (vgl. Schacht 2003). Das Doppeln hilft dem Protagonisten, wieder

Worte zu finden, seine Gefühle, Gedanken und Handlungsimpulse zu identifizieren, zu benennen, und einen besseren Zugang zu sich zu finden. Für diesen komplexen Prozess nimmt der Doppelnde eine ähnliche Körperhaltung wie der Gedoppelte ein. Das Embodiment (vgl. Storch 2015) hilft dem Doppel, ähnliche innere Zustände in sich hervorzurufen, wie sie der Protagonist empfindet. Das einfühlende Doppeln kann Vergessenes oder nicht Erlaubtes (Gefühle, Gedanken und Handlungsimpulse) zutage fördern. Der Kontakt des Protagonisten zu sich selbst, das im Psychodrama so genannte Auto-Tele, wird gestärkt und bietet ihm Entlastung oder Neuentdeckungen. Der innere Dialog mit sich selbst kann so wieder in Fluss kommen. Je nach Intention kann das Doppeln in verschiedenen Funktionen angewendet werden, wie stützend, aktivierend, provokativ oder Ambivalenzen sichtbar machend (vgl. Stadler 2014).

5.3.2 Rollenwechsel im kulturellen Atom

Während der Szenenaufbau besonders der Erkenntnis des inneren Systems dient, hilft der Rollenwechsel in seinem kulturellen oder Rollenatom dem Protagonisten dabei, seine verschiedenen Anteile genauer zu erforschen und die Wechselbeziehungen derselben aus unterschiedlichen inneren Perspektiven kennenzulernen. Er exploriert sich selbst, seine inneren Anteile, Rollen oder auch Ego-States: der Wütende, der Traurige, der dem Chef gegenüber Trotzige, der von seiner Frau Enttäuschte, der Mitarbeiter, der Ehemann, das Innere Kind etc. Durch diese Technik können quälende Introjekte (z. B. Täterintrojekte) erkannt und im günstigen Fall eine weniger starke Wirkung entfalten. Auch vernachlässigte oder bislang nicht gelebte Anteile können auf diese Weise kennengelernt und aktiviert werden. Besonders bei Menschen mit strukturellen Störungen, die sich durch Projektion und Verleugnung stabilisieren, kann diese Technik hilfreich sein (»Aha, auch das bin ich...«).

5.3.3 Spielen in der eigenen Rolle

Die Psychodrama-Techniken bauen in der Komplexität aufeinander auf. Bis zu diesem Techniklevel (Szenenaufbau, Doppeln, Rollenwechsel im kulturellen Atom) kann die szenische Handlung statisch sein; d.h., die Kategorie Handlung in der Zeit ist noch nicht vorhanden. Beim Rollenspiel in der eigenen Rolle setzt nun der zeitliche Verlauf ein: aus der Momentaufnahme wird ein Film, die Bilder beginnen sich zu bewegen. Beim Rollenspiel geht es also vor allem um das Spielen, die Handlung. Der Protagonist bewegt sich in der Szene und spielt in seiner eigenen Rolle. Dies kann in der Einzeltherapie mithilfe von Figuren oder Handpuppen auf der Tischbühne geschehen oder auf der somato-psychischen Bühne mit Stühlen oder in der Gruppe mithilfe anderer Gruppenteilnehmer. Durch das Spielen wird der Protagonist in die Spontaneitätslage versetzt, innere kreative Prozesse (Selbstheilungsprozesse) zu entwickeln. Er erlebt Selbstwirksamkeit und erkennt in seinem Spielen die zeitliche Abfolge von Ereignissen. Daher ist dieses Vorgehen bei stockenden Prozessen und Wiederholungen maladaptiven Verhaltens oder Zwangssymptomatiken besonders hilfreich (z. B. »Immer wieder gerate ich an den falschen Partner...«). Eine Handlung, die im »Als-Ob« gespielt werden kann, muss meist im Alltag nicht ausagiert werden. Die innere Logik wird bedient und die Blockade kann in der Bühnenrealität gelöst werden. »Jedes wahre zweite Mal ist die Befreiung vom ersten« (Moreno 2008, S.139). Besonders eindrucksvoll ist die aktuelle Wiederbelebung der Gefühle einer bereits erlebten Szene. Die Evidenz des Geschehenen ermöglicht Neues.

5.3.4 Spiegeln

Diese Technik wird mit einem Hilfs-Ich (Stellvertreter) realisiert und müsste korrekt heißen: gespiegelt werden. Es ermöglicht dem Protagonisten, im Spiegel sein Verhalten, Ausdruck, Mimik und Gestik zu betrachten. Das Hilfs-Ich imitiert die körperliche Haltung und Mimik des Protagonisten in der Szene so genau wie möglich. Der Protagonist erfährt etwas über seine Wirkung auf andere aus der Außenperspektive, während er zusammen mit dem Therapeuten am Rand der Bühne steht. Das Gespiegeltwerden ist eine konfrontativere Technik als die des Gedoppeltwerdens. Es ist weniger eine stützende, sondern durch den Blick von außen mehr konfrontierende Intervention.

> Im Rahmen eines Spiels schilderte die Protagonistin Sabine den Umgang mit einem anvertrauten Klienten, der sie durch seine heftigen Gefühle zu einer raschen, überstürzten Haltung brachte. Es kam zu einer Eskalation. In der Wiederholung dieser Szene mit ihrem Stellvertreter befand sie ihre Reaktion als wenig hilfreich und konnte spontan eine andere Lösung erkennen.

5.3.5 Rollenwechsel im sozialen Atom und Identifikationsfeedback

Der Rollenwechsel im sozialen Atom entspricht der Übernahme einer Rolle eines anderen und den anschließenden Wechsel zurück in die eigene Rolle. Er dient hauptsächlich der Verbesserung der Fremdwahrnehmung und der Empathie. Mit diesem Schritt gelingt es, Projektionen und Verleugnungen zurückzunehmen. Die eigenen Objektrepräsentanzen werden realistischer, vorausgesetzt es gelingt dem Protagonisten, sich auf die Rolle des anderen einzulassen. Sonst bestätigt er nur seine vorhandene Projektion, seine verzerrte Objektrepräsentanz des anderen.

Das Identifikationsfeedback kommt in der Integrationsphase eines Protagonisten-zentrierten Spiels zum Einsatz. Es fragt danach, mit wem sich die Gruppenteilnehmer besonders identifiziert haben. Ein Identifikationsfeedback kann für den Protagonisten herausfordernd sein, da sich der identifizierende Gruppenteilnehmer mehr mit einer anderen Person auf der Bühne identifiziert, z. B. mit dessen Gegenspieler. Besonders bei Menschen mit spaltenden Selbstschutzmechanismen können diese Identifikationsfeedbacks konfrontativ ausfallen (»Ich konnte dich überhaupt nicht verstehen, aber deine Mutter hat mir bei eurem Gespräch sehr leid getan ...«). Kann das Identifikationsfeedback vom Protagonisten gut aufgenommen werden, ist es ein wirksames Hilfsmittel bei Spaltungs- und Verleugnungsmechanismen. Ansonsten sollte der Schutz des Protagonisten im Vordergrund stehen und er kann das Feedback ablehnen.

5.3.6 Rollentausch

Der Rollentausch ist das klassische Mittel der Konfliktklärung. Die Beziehung zweier oder mehrerer Personen wird dadurch sichtbar und führt zu mehr gegenseitigem Verständnis. Die Ausgangslage ist z. B. ein Konflikt (»Schon wieder hat meine Frau bestimmt, wo wir im Urlaub hinfahren werden ...«). Die Perspektive des Protagonisten entspricht der Selbstrepräsentanz. Auf der inneren Bühne des Protagonisten gibt es zusätzlich die Perspektive des anderen, die Objektrepräsentanz. Durch den Rollentausch kann der Protagonist im Spiel sich selbst aus der Sicht des anderen betrachten, um z. B. einen Konflikt mit dem Partner besser zu verstehen. Bis hierher ist es wie der oben beschriebene Rollenwechsel im sozialen Atom. Im Rollentausch nimmt der Protagonist aber nicht nur die Rolle des anderen ein, sondern erlaubt diesem gleichzeitig, seine, die Protagonisten-Perspektive, einzunehmen. Beide Personen auf der Bühne schauen damit gleichzeitig durch die Augen des anderen auf sich. Beim Tausch zurück nehmen beide Personen einen Teil Selbstwahrnehmung des jeweils anderen und einen Teil Fremdwahrnehmung in sich zurück. Dadurch verändern sich sowohl die Selbst- als auch die Objektrepräsentanzen beider Personen, also des Protagonisten sowie des Mitspielers, und es ändern sich dadurch auch die Beziehungsrepräsentanzen. Mildere Formen von Projektionen, Rationalisierungen und besonders Identifizierungen mit dem Gegenüber können so gelöst werden. Wird der Rollentausch öfters vollzogen, werden nicht nur die Selbst- und Objektrepräsentanzen angereichert, sondern besonders die Beziehungsrepräsentanzen beider Personen. Es ist, als ob mit einem mehrfachen Rollentausch die Beziehung aus dem Vorbewussten an die sichtbare Oberfläche gelangt. Die konflikthafte Tele-Beziehung wird erkennbar und der bis dahin nicht bewusste Konflikt kann gelöst werden. Besonders bei Menschen mit Autonomie-Abhängigkeits-Thematiken, z. B. bei depressiven Grundkonflikten, ist der Rollentausch das Mittel der Wahl. Durch ihn wird für den Protagonisten das Ungleichgewicht zwischen der eigenen vernachlässigten Selbstverwirklichung und der Anpassung an die Bedürfnisse des Gegenübers sicht- und erlebbar.

5.3.7 Rollenfeedback und Rolleninterview

Nach einem Spiel kommen die Gruppenteilnehmer wieder im Kreis zusammen. Es findet als erstes ein Rollenfeedback statt. Das Rollenfeedback dient dem Explorieren des Geschehenen und Gesehenen aus den verschiedenen Rollen. Was haben die Hilfs-Ichs in ihren Rollen erlebt? Der Protagonist hört zunächst einmal zu. Das Rollenfeedback dient der Integration verschiedenartiger oder auch widersprüchlicher Gefühle. Alle inneren Anteile, Phantasien und Beziehungskonzepte des Protagonisten sind in Form der Hilfs-Ichs auf die Bühne gekommen (Inner World Outside). Sie ermöglichen eine Öffnung in Bezug auf komplexe festgefahrene Situationen. Authentisch kann das Hilfs-Ich, das eine Rolle gespielt hat, sein im Spiel aufgetauchtes Unverständnis über den Protagonisten beschreiben (▶ Kap. 6 Fallbeispiel), aber auch nachvollziehen, dass es dem Protagonisten zu viel geworden ist. Das Rollenfeedback dient der Erweiterung der Wahrnehmung der Objektrepräsentanzen nach der Spielphase; findet das Rollenfeedback während der Spielphase statt, spricht man vom Rolleninterview durch den Therapeuten.

5.3.8 Sharing

Das Sharing hat mehrere Funktionen. Zum einen werden mit dem Sharing für den Protagonisten konkordante Erfahrungen anderer Gruppenteilnehmer mitgeteilt, damit der Protagonist wieder in die Gruppe integriert wird. Das Gezeigte ist kein individuelles Problem, sondern kann in Variationen von anderen geteilt werden. Die zweite Funktion ist die Milderung des Schamgefühls des Protagonisten nach der Exposition im Spiel, das durch das Sharing relativiert wird. Das Sharing hilft, den gemeinsamen Erfahrungs- und Erkenntnisschatz des Einzelnen und der Gruppe anzureichern. Es ist nicht nur für den Protagonisten hilfreich im Sinne Yaloms (1996) Gruppenprinzip der Universalität des Leidens, sondern es entlastet gleichzeitig auch die anderen Gruppenteilnehmer, bei denen durch das Mitspielen und Zuschauen innere bewegende Prozesse angestoßen wurden.

5.3.9 Szenenwechsel und Amplifikation (Erweiterung)

Dieser Technik liegen emotional-kognitive Umschlagpunkte innerhalb eines Spiels zugrunde. In einer ersten aktuellen Szene z. B. kommt die Protagonistin an einen Punkt, der sich in dieser Szene nicht weiter lösen lässt. Sie spürt z. B. ein Gefühl, welches sich in ähnlichen Situationen wiederholt einstellt. Sie realisiert, dass der Konflikt mit der Arbeitskollegin andere tiefere Ursachen haben könnte. Durch Nachfragen des Therapeuten kann geklärt werden, dass sie mit dieser Arbeitskollegin ähnlich verstrickt ist wie mit der Mutter. So wird die aktuelle Szene aufgelöst und eine neue (frühere) Szene inszeniert. Nach diesem Szenenwechsel spielte sie zu einem anderen Zeitpunkt und an einem anderen Ort eine genetische Szene mit der Mutter. Durch diese zweite Szene realisiert sie einen tieferen Aspekt, der zur Persistenz des aktuellen Konfliktes beitrug. Sobald dies deutlich wird, kann in die Aktual-Szene zurückgekehrt werden (therapeutische Spirale). Hier wurde nun eine veränderte Beziehungsgestaltung mit der Arbeitskollegin möglich.

Der Szenenwechsel kann auch die persönlichen Szenen verlassen und in einen überindividuellen Rahmen verlegt werden, in eine Geschichte, Sage, in ein Märchen. Der Therapeut erkennt in einer Spielszene, dass sich seine Protagonistin in der Familie so fühlt wie Aschenputtel. Es findet ein Szenenwechsel in die »größere« Szene des Märchens statt; hier wird dann von Amplifikation gesprochen. Identifizierungen mit dem System werden durch diese Technik aufgelöst.

5.4 Abläufe eines Protagonisten- und eines Gruppenspiels

5.4.1 Protagonistenspiel

Die Gruppe beginnt mit der Anwärmung. Da es sich um eine prozessorientierte Gruppe handelt, erfolgt die Themensuche nach der Anwärmung aus dem aktuellen Gruppengeschehen. Aus der Gruppe bekunden mehrere Gruppenteilnehmer Interesse, ihr Thema auf der Bühne zu bearbeiten. Die Wahl des Protagonisten erfolgt soziometrisch. Die Gruppe wählt das Thema, welches ihr aktuell am ehesten entspricht, womit die nötige Unterstützungsbereitschaft für den Protagonisten eingeholt wird. Nach einem kurz gehaltenen orientierenden Gespräch über Inhalt und Zielsetzung der Szene gehen Gruppenteilnehmer und therapeutischer Leiter auf die Bühne. Der Protagonist wählt die Personen für die Hilfs-Ichs aus, die auf die Bühne kommen. Die Szene wird aufgebaut. Die Hilfs-Ichs werden in ihre Rollen eingeführt und in der Szene platziert. Das Spiel beginnt mit dem Protagonisten, er führt in die aktuelle Szene ein und beginnt das Gespräch. Die anderen Hilfs-Ichs können für den Protagonisten für Rollenwechsel hinzugezogen werden, um die Dynamik aus deren Position zu erleben. Der Protagonist kann von anderen gedoppelt werden, um in seiner Gefühlswahrnehmung unterstützt zu werden. Mit der Verbalisierung seiner Gefühle erkennt der Protagonist die Situation und die Katharsis erfolgt. An diesem Punkt wird das Spiel beendet, die Mitspieler verlassen ihre Rollen. Die Als-ob-Situation auf der Spielbühne ist beendet. Die Teilnehmer finden sich für das Rollen- und Identifikationsfeedback sowie das Sharing im Kreis zusammen. Der ganze Ablauf dauert ca. 90 Minuten. Die Zeiteinteilung ist wichtig, der Anfang mit der Anwärmung braucht ca. 20 Minuten, die Themensuche 10 Minuten, das eigentliche Spiel ca. 30 Minuten, dann haben die Gruppenteilnehmer noch genügend Zeit für Rollenfeedback, Identitätsfeedback und Sharing. Es besteht keinesfalls der Anspruch, die Themen jeweils zu Ende führen, eine Fortsetzung ist bei einer fortlaufenden wöchentlichen Gruppe gut möglich.

5.4.2 Soziodrama oder Gruppenspiel

Im Gegensatz zu einem Protagonisten-zentrierten Spiel sind im Soziodrama in der Regel alle Gruppenteilnehmer in Rollen auf der Bühne. Es werden zwei Formen unterschieden, das Spiel mit einer vorgegebenen Handlung und das Stegreifspiel (▶ Abb. 13). Art und Inhalt eines Gruppenspiels können vom Therapeuten vorgeschlagen oder gemeinsam mit der Gruppe erarbeitet werden; die Auswahl sollte sich dabei unbedingt am Prozess der Gruppe orientieren.

Bevor die Gruppe zu spielen beginnt, wird der Bühnenbereich festgelegt und damit implizit auch ein Bereich außerhalb der Bühne definiert, in den sich Gruppenteilnehmer zurückziehen können, wenn sie die szenische Handlung verlassen möchten. Es werden von der Leitung noch einmal die Spielregeln betont: keine körperliche Gewalt und andere Übergriffe auf der Bühne, und es wird eine zeitliche Begrenzung angekündigt. Die Spielphase beträgt bei geübten Gruppen in der Regel bis zu einer halben Stunde. Im Anschluss an alle Formen der Gruppenspiele werden in der Nachbesprechungsphase drei Fragen von den Teilnehmern beantwortet:

1. Was von meinem Alltagsverhalten habe ich hier in meiner Rollenausführung beim Gruppenspiel wiedererkannt? (Was war bekannt?)
2. Was habe ich hier im Gruppenspiel gemacht oder gezeigt, was ich sonst im Alltag nicht tun würde? (Was war neu?)
3. Mit wem aus der Gruppe hatte ich im Gruppenspiel Kontakt?

Die Nachbesprechung dauert, abhängig von der Gruppengröße, circa eine halbe bis dreiviertel Stunde.

Gruppenspiel mit vorher festgelegter Handlung

Die Soziodramen mit vorher festgelegten Handlungen sind auch für »Anfänger« einfach zu bespielen. Die Handlung ist klar, d. h., der Einzelne kann weniger kreativ und spontan sein, sondern kann sich innerlich wie äußerlich an dem Geländer der bereits bekannten Geschichte orientieren.

Der Klassiker unter den Gruppenspielen mit vorher festgelegter Handlung ist das Märchenspiel. Hierzu einigt sich die Gruppe auf ein Märchen, es wird gemeinsam gelesen und dann werden die Rollen verteilt. Dabei werden die Rollen entweder selbst gewählt (»Ich wäre gerne die Hexe ...«) oder die Gruppe weist die Rollen zu (»Ich schlage vor, dass Karin die Rolle des Rumpelstilzchens spielt ...«). Vor der Rollenverteilung verkleiden sich die Gruppenteilnehmer, der Verfremdungseffekt fördert ein freieres Spiel und der Als-Ob-Modus wird intensiviert. Dann wird die Startszene eingerichtet und die Handlung wird von der Gruppe nach der Choreografie des Märchens gespielt. Nach dem Spiel erfolgt die Nachbesprechung.

Eine Variante zum kulturell überlieferten Märchen stellt das Bibliodrama (Spielen biblischer Geschichten) dar, eine andere das so genannte *Gruppenmärchen*. Die Gruppe erfindet in einer gemeinsamen Imagination im Kreis sitzend ein eigenes Märchen. Einer beginnt mit einem Satz, der rechte Nachbar setzt mit einem weiteren Satz fort, der nächste mit einem weiteren Satz usw. Die Geschichte läuft – abhängig von der Gruppengröße – zwei- bis dreimal im Kreis der Gruppe reihum; der Leiter notiert sich die Geschichte mit. Danach werden Rollen verteilt und die Gruppe spielt ihr eigenes Märchen nach.

Stegreifgruppenspiel

Stegreifspiele lassen sich prozessorientiert je nach Zielsetzung zu verschiedenen Zeitpunkten durchführen. Die Teilnehmer spielen spontan eine Rolle oder eine Situation. Deutlich anspruchsvoller sind Stegreifspiele, wenn eine Bühne ohne Startsituation oder Rollenfestlegung eröffnet wird. Die Vorgaben müssen jeweils auf die Gruppenteilnehmer abgestimmt werden. Vor dem Spiel sollte erklärt werden, dass es sich keinesfalls um »professionelles« Theaterspielen handelt. Dies entlastet die Gruppenteilnehmer, um nicht in einen kompensatorischen Leistungsdruck zu verfallen, ein häufiges Problem für Patienten mit Selbstwertstörungen.

5 Kernelemente der Psychodrama-Therapie

Das Ritual des Abschieds

Der Abschied einer Gruppe ist ein wichtiger Bestandteil, zumal viele Patienten mit Abschieden große Schwierigkeiten haben. Zum Abschied einer Gruppe lässt sich z. B. eine Zugreise inszenieren, wo Zukunftsphantasien angeregt werden und der Abschied auf angemessene Art ritualisiert werden kann. Dazu werden Stühle in zwei Reihen hintereinandergestellt. Die Gruppenteilnehmer sind die Fahrgäste, die ihre eigenen Ausstiegsziele ausrufen und aussteigen, z. B. »Mexiko City, hier beginnt meine Reise«, oder »Stopp, mein neuer Job beginnt«, etc. Es können örtliche oder zeitliche Stopps sein. Den Ideen sind keine Grenzen gesetzt. Einer nach dem anderen verlässt den Zug. Meist verläuft auch diese Art von Spiel mit Humor und Freude und macht aus der Traurigkeit einen Hauch von Wehmut.

6 Fallbeispiel

6.1 Die Szene als Abbild des Alltags

»Das therapeutische Theater (...) ist eine Welt en Miniatur. Es ist ein Platz, an dem durch psychodramatische Mittel alle Situationen und Rollen gespielt werden, die in der Welt vorkommen und vorkommen können.« (Moreno 1937, zit. nach Hutter und Schwehm 2012, S. 111). Auf der Bühne werden im Sinne einer ganzheitlich sinnlichen Umsetzung innere Bilder konkretisiert. Die szenische Handlung führt zu einer Abfolge von Bildern, einer Filmsequenz ähnlich, welche der Protagonist steuert und fortlaufend weiterentwickelt. Hierbei entstehen Affekte, Gedanken und Handlungsimpulse, die dem aktuellen Geschehen auf der Bühne Tiefe und Erkenntnis verleihen.

Es handelt sich bei nachfolgendem Beispiel um eine Gruppe mit sieben Gruppenteilnehmern; in der beschriebenen Sitzung sind sechs davon anwesend. Die Gruppe findet wöchentlich statt, jeweils 90 Minuten am Abend. Es sind Patienten mit unterschiedlichen Diagnosen. Die Gruppenmitglieder kennen sich nach einer länger laufenden Slow-open-Gruppe gut. Die Patienten haben ergänzend in größeren Abständen Einzeltherapie, zwecks Auswertung und Vertiefung ihrer Gruppenerfahrungen. Im Folgenden schildern wir den Ablauf einer Gruppensitzung, in welcher eine der Gruppenteilnehmerinnen sich nach der Anwärmung in einem Protagonistenspiel mit ihrem persönlichen Thema auseinandersetzte. Ein Protagonistenspiel setzt sich aus folgenden Elementen zusammen: Anwärmung für ein Thema, Themenfindung und Wahl des Protagonisten, Festlegung der Bühne, Szenenaufbau mit der Rollenwahl der Hilfs-Ichs, Spiel unter Zuhilfenahme von Psychodrama-Techniken im Hier und Jetzt, gegebenenfalls Szenenwechsel in eine weiterführende Situation, Abschluss auf der Bühne, Entrollen der Hilfs-Ichs, Rollenfeedback, Sharing und Processing.

6.2 Gretas Protagonistenspiel

Die Patientin (Ende 30), wir werden sie hier Greta nennen, befand sich seit längerem erst in Einzeltherapie, später ergänzend in Gruppentherapie. Sie kam mit einer mittlerweile gut stabilisierten Persönlichkeitsstörung, rezidivierenden depressiven Verstimmungen und psychosomatischen Problemen. Sie ist Teilzeit-Angestellte im Gesundheitswesen, verheiratet und kinderlos. Im Verlauf ihrer Lebensgeschichte hatte sie einige Verluste wichtiger Bezugspersonen verkraften müssen. Der Ehemann mit Migrationshintergrund wurde in seinem Heimatland verfolgt. Die Beziehung war trotz erschwerter Bedingungen relativ stabil. Sie kam wegen interpersonaler Konflikte in die Gruppe, worin sie einige ihre Hauptschwierigkeiten sah. Sie kämpfte mit Selbstzweifeln, Selbstentwertung, Stimmungseinbrüchen und Impulsivität. Ihre psychosomatischen Beschwerden als Reaktionen auf seelische Belastungssituationen waren ihr bewusst. Sie stammte aus einer Familie mit belastenden Beziehungskonstellationen, z. B. einer früh überforderten Mutter und einer Rollenumkehr zwischen Mutter und Tochter mit Parentifizierung. Die Absicht, die Gruppe zu nutzen, entstand aus der Einsicht in interaktionelle Konflikte im privaten wie beruflichen Alltag und zudem suchte sie Unterstützung, um mehr Selbstwertgefühl, Selbstsicherheit und Gelassenheit aufzubauen. Selbstfürsorge versus Altruismus standen dabei in einem labilen Gleichgewicht. Umso bedeutsamer waren ihre konkret formulierten Wünsche, sich mit ihren Bedürfnissen auseinanderzusetzen. Psychodrama kannte sie gut und hatte für sich einiges erreichen können. Sie stellte sich ihren Problemen, nahm aber auch als Gruppenmitglied eine aktive Rolle ein. In dem folgenden Beispiel schilderte sie einen Konflikt mit einem Angehörigen. Die Angst im Vordergrund bezog sich auf die Vorstellung, eine wichtige Beziehung zerstören zu müssen, was sie kaum aushalten könnte. Andererseits spürte sie unterdrückten Ärger, den sie anderen gegenüber entlud und nicht wollte.

Anwärmung

Als Anwärmung sollten sich die Teilnehmer überlegen, was sie in der letzten Woche besonders beschäftigt hatte. Dies sollten sie in einer kleinen Szene mit Stofftieren aufstellen. Greta wählt eine Schildkröte, oben drauf platzierte sie einen Uhu. Direkt vor den beiden Tieren stellte sie einen Biber auf. In der Erläuterung dieser Aufstellung bemerkte sie, dass dieser Biber »überall« in die Räume, die inneren und äußeren hineinschauen will, auch die ihr unangenehmen Situationen mit z. B. ihrem Ehemann oder anwesenden Mutter. Greta erläuterte: »Der Uhu steht für meinen Versuch, den Überblick zu behalten, und die Schildkröte ist das Symbol für meinen Panzer, der mir Rückzug und Versteck garantiert.« Der Biber symbolisierte den Bruder. Nachdem die anderen Gruppenteilnehmer ihre eigenen Aufstellungen vorgestellt hatten, kristallisierte sich der emotional getragene Spielwunsch der Patientin deutlich heraus. Die anderen Gruppenteilnehmer unterstützen ihr Thema. Sie hatten sich mit der Übung emotional gut erwärmen können. Das Thema Abgrenzung hatte sich gruppendynamisch bereits in der letzten Gruppe angebahnt. In dieser Situation wurde durch Gretas Symbolik in der Anwärmübung das Thema zum Alpha-Thema. Es entwickelte sich eine Verschränkung soziometrischer Wahl und individuellen Spielwunsches, der durch Gretas eindrückliche Präsentation von der Gruppe unterstützt wurde. Greta war nun angesichts der Wahl als Protagonistin aufgeregt und ängstlich hinsichtlich der Darstellung der vorgestellten Gesprächssituation.

Interview und Klärung der Spielsituation

Die Therapeutin wechselte den Stuhl, setzte sich zur Protagonistin, um mit ihr ein kurzes Interview zu führen. Diese veränderte Sitzordnung signalisiert Nähe und Unterstützung durch die Therapeutin. Greta schilderte den Konflikt mit ihrem Bruder. Er zog bei ihr ein und wollte anfangs nur »vorübergehend«, für ein paar Wochen, bei ihr wohnen. Es vergingen seither mehrere Monate und der Bruder schien wenig gewillt, an der Situation etwas zu ändern. Greta hatte ihn mit der Bedingung beherbergt, dass er sich bald ein neues Domizil suchen würde. Die Wohnsituation mit ihrem Ehemann war ohnehin beengt, so dass das Zusammenwohnen zu dritt zu mehr Spannungen führte. Sie befand sich in einem inneren Konflikt, da sie sehr an dem Bruder hing und ihn keinesfalls verletzen wollte, andererseits fühlte sie sich von ihm ausgenutzt und war deshalb ärgerlich auf ihn. Es fiel ihr schwer sich eingestehen zu müssen, etwas zu empfinden, das wenig zu ihrem Selbstbild passte, nämlich den Ärger über ihren Bruder. Eigentlich wünschte sie sich, für ihn die »Gute« zu sein und, wenn immer möglich, zu helfen. Der Bruder tat ihr leid, da er nicht wusste, wo er wohnen sollte und hilflos schien. Er dagegen schien die zunehmenden Spannungen wenig zu realisieren. Da sich die Situation jedoch zugespitzt hatte, war es Greta ein Bedürfnis in der Gruppe ausprobieren, wie und ob es ihr gelänge ihm mitzuteilen, dass er sich im Rahmen einer ausgehandelten Frist etwas Neues suchen müsste. Dies war ihr in den letzten Wochen nicht gelungen. Zu groß war die Angst gewesen, sich mit ihm zu überwerfen, was sie unbedingt verhindern wollte.

Auf der Bühne: Rollenwahl und Einrollen

Die Protagonistin wählte für ihr Spiel aus dem Kreis der Gruppenteilnehmer zunächst zwei Personen, für ihren Bruder und für ihren Ehemann. Zusätzlich wählte sie eine Doppelgängerin, die bei Bedarf als Stellvertreterin einspringen konnte. Diese übernahm die wichtige Funktion, die Szene für die Patientin zu spiegeln, wenn diese die Szene von außen betrachten wollte. Als Doppelgängerin stand sie ihr auch in der Spielphase beratend zur Seite und konnte Greta doppeln. Sie befand sich in der Nähe der Protagonistin. Greta rollte ihre Hilfs-Ichs ein. Der Doppelgängerin wurden einige allgemeine Informationen zum Alter, zur Person, einige Charakterzüge und die Beziehung der Protagonistin der jeweils mitspielenden Person vermittelt. Ebenso wurde die aktuelle Szene geschildert, um sie mit ihrer Rolle ausreichend vertraut zu machen. Das Hilfs-Ich nahm eine körperlich ähnliche Haltung ein wie die real darzustellende Person.

Ebenso wurden Bruder und Ehemann in der Ich-Form eingerollt. »Ich bin der Bruder von Greta, bin jünger, und bewundere meine Schwester. Ich habe wenig Geld und bin derzeit sehr froh, hier wohnen zu können. Ich sehe keine Veranlassung, diese Situation zu ändern.« Der Ehemann: »Ich heiße Alfons und bin Fabrikarbeiter. Ich bin älter als meine Frau, die ich sehr schätze, wenn es oft auch sehr schwierig ist. Aber ich weiß, warum, und kenne ihre Probleme gut, dennoch braucht es viel Geduld mit ihr. Ich habe mittlerweile ein Problem mit der permanenten Anwesenheit meines Schwagers, der sich kaum um eine Veränderung bemüht. Jedoch fühle ich mich ihm gegenüber sehr gehemmt, traue mich nicht, ihn anzusprechen, das muss meine Frau selber machen, es ist doch ihre Familie.«

Alternativ kann beim Einrollen auch die Hand auf die Schulter des Hilf-Ichs gelegt werden, um eine Einfühlung zu ermöglichen. Jedoch sollte zuvor geklärt werden, ob Berührung für denjenigen akzeptabel ist. Andere Möglichkeiten beim Einrollen sind der Rollentausch von Protagonistin und Hilfs-Ich oder die Rollenzuschreibung. Bei der Rollenzuschreibung beschreibt der Protagonist quasi von außen und nicht in der Ich-Form die zu spielende Person. Die Rollenzuschreibung fördert die Mentalisierung der Patientin und lässt die Spannungsdynamik der Konfliktsituation bestehen (vgl. Stadler 2014), während die Variante aus der Ich-Position, wie sie die Protagonistin vorgenommen hat, ein mehr Empathie förderndes Moment beinhaltet.

Szenenaufbau

Die Protagonistin richtete die Bühne ein, einen Tisch und zwei Stühle einander gegenüber. Die Szene spielte in einem Raum in der Wohnung von Greta. Auf der einen Seite befand sich das Fenster mit Vorhängen, auf der anderen Seite die Tür. Die Einrichtung wie Teppich, Sessel und Fernseher wurden angedeutet und ein Tisch mit zwei Stühlen, der Lampe im Hintergrund und dem Fenster im Vordergrund der Szene.

Sie richtete die Bühne mit viel Sorgfalt ein und war zu diesem Zeitpunkt bereits gut in der aktuell zu spielenden Realität. Der Ehemann wurde von Greta am Rand der Szene platziert; er schaute von außen in den Raum. Er hatte einen schweigend beobachtenden Part, da es ihm ebenfalls schwer fiel zu reklamieren. In der Mitte positionierte sie zwei Kisten als Tisch, rechts und links davon je einen Stuhl auf einem Teppich. Sie saß zuerst auf ihrem eigenen Stuhl mit dem dunkelroten Tuch. Der Bruder vis-à-vis.

Spielbeginn

Die Protagonistin setzte sich mit ihrem Bruder an den Tisch begann einen fiktiven Dialog mit ihm (Probehandeln). Sie müsse mit ihm reden, die Wohnsituation und die zunehmenden Spannungen seien unerträglich geworden. Das ursprüngliche Angebot, wenige Wochen hier zu wohnen, sei weit überschritten. Es seien nun Monate vergangen. Er verhalte sich nicht wie ein Mitbewohner, sondern eher wie ein »Gast in einem Hotel«. Sie möchte dies angemessen kommunizieren und spürt, wie schwer es ihr fällt. Sie probierte es in einem kleinen Monolog für sich, auch »zur Seite sprechen« genannt, dann folgte die direkte Anrede: »Ich möchte, dass du auziehst, mir ist viel zu eng, kein Platz, überall schaust du rein, ich habe keine Privatsphäre mehr. Ich weiß, dass du finanzielle Probleme hast, die habe ich aber auch.«

Nach anfänglichem Zögern gelang es ihr allmählich mitzuteilen, was sie möchte. Sie stockte immer wieder und wurde von ihrer Doppelgängerin, die in ihrer Nähe stand, ermutigt. Beim Stocken wurde sie von der Therapeutin, die vom Rande das Ganze beobachtete, gestoppt und aufgefordert, kurz Rückmeldung über ihre Empfindungen zu geben (Rolleninterview). Sie kämpfte mit ihrem schlechten Gewissen und hatte Angst, dass ihr Bruder sie nicht mehr mag, wütend werden könnte und abhaut. Sie spürte die aufkommende Last, zu viel Verantwortung für andere zu übernehmen, und fühlte sich gleichzeitig schuldig, für sich selbst zu wenig zu sorgen, was üblicherweise zu selbstdestruktiven Handlungen führt. Diese Empfindungen zeigen sich auf der somatischen Ebene mit Herzklopfen und Beklemmung.

Rollentausch

Dann erfolgte der Rollentausch mit dem Bruder. In der Rolle des Bruders empfindet sie einen passiven Widerstand. Seine Situation müsste sich nicht unbedingt ändern, es ist auch bequem. Das Stillschweigen über den Status quo war bislang eine gute Strategie. Gleichzeitig spürt sie auch das Unverständnis des Bruders ihr gegenüber, der sie immer als die »Sorgende« kannte. Sie sagte in seiner Rolle, dass er kein Geld hätte und auch nicht wisse wohin, und dass er es nicht in Ordnung fände, dass sie ihm das antun wolle. Wieder ein Stopp: Vor diesen Worten des Bruders hatte sie große Angst. Die Therapeutin bat die Protagonistin, die Rolle zurück zu tauschen. Die Worte des Bruders, die sie in der Rolle explorierte, werden nun von dem Mitspieler, der die Rolle des Bruders innehat, wiederholt. Nun rang Greta mit sich. Sie fühlte sich in die Rolle der »bösen, erbarmungslosen« Schwester hineingedrängt. Nach mehrmaligem Rollentausch gelang es ihr, sich konsequenter dem Bruder gegenüber zu verhalten und es auch zu empfinden. Der emotional schlimmste Moment war überstanden. Sie fühlte sich erleichtert. Zum Schluss wurde die Szene mit der Doppelgängerin in ihrer Rolle nochmals gespielt. Sie betrachtete die Szene aus der Distanz (Spiegeln). Sie nahm korrigierend Einfluss auf ihre Doppelgängerin, bis der Ton, die Worte und die Haltung passten.

Entrollen

Eine emotionale Entlastung war deutlich spürbar und die Protagonistin entrollte die Hilfs-Ichs wieder, indem sie die Mitspieler wieder mit deren eigenen Vornamen ansprach. Das ritualhafte Entrollen dient dem Markieren der Grenze zwischen der Rolle im Spiel und der Rückkehr in die Rolle als Gruppenmitglied. Je nach psychischer Strukturiertheit ist dieser Vorgang von Bedeutung. Patienten mit strukturellen Störungen erleben das Entrollen als hilfreichen Abgrenzungsvorgang. Ähnlich wie die Einrichtung der Spielbühne und das Verlassen derselben am Ende der Spielphase, vermittelt das Entrollen eine Trennung von Spiel- und Alltagsrealität.

Geht man jedoch vom Prinzip der Tele-Beziehung aus, hat die Rolle des Hilfs-Ich bereits bei der Wahl und im Spiel einen realen Anteil in der Beziehung zum Protagonisten. Dieser Teil der Beziehung kann selbstverständlich nicht ritualhaft entfernt werden. Häufig bieten die emotional etwas sperrigen, kompliziert erlebten Rollen auch eine Chance, sich mit einer inneren, nicht so geliebten Seite auseinanderzusetzen.

Krüger (2015) und Zuretti (mündl. Mitteilung 2009) sprechen sich aus verschiedenen Gründen gegen das Entrollen der Hilfs-Ichs mit Ritual aus. Im Zusammenhang mit der Überlegung, ob mit dem Entrollen Übertragungen verhindert oder beendet werden könnten, wie manche Autoren annehmen, stimmen wir mit Krüger überein, das Übertragungen, da sie unbewusst sind, nicht unterbrochen werden können. Es findet vielmehr eine bewusste Handlung auf der Bühne statt, wobei die Protagonisten und die Hilfs-Ichs wieder aus dem Als-ob-Modus des Spielens in den integrierten Modus zurückkehren. Dies kann mit einem Ritual bewusst und achtsam begleitet werden. Besonders für strukturell gering integrierte Menschen wird auf diese Weise die klare Trennung vom Spiel- und Begegnungsrolle verdeutlicht.

Rollenfeedback

Das Rollenfeedback findet wieder im Kreis im Begegnungsraum statt. Die Protagonistin konnte nun den Feedbacks der Mitspieler aus ihren Rollen zuhören.

Hilfs-Ich Bruder: »Meine rechte Hand fühlte sich erst wie taub, als ob ich in meinen Handlungen eingeschränkt wurde, und ich war etwas traurig am Ende. Ich konnte anfangs meine Schwester nicht verstehen, nach und nach dann schon. Ein Gefühl der Betroffenheit blieb. Ich kannte sie nicht so, doch ich entwickelte zunehmend mehr Einsehen auch in ihre Not.«

Hilfs-Ich Ehemann: »Als Ehemann war ich froh, mich nicht einmischen zu müssen. So ein klärendes Gespräch fiele mir auch schwer, besonders Verwandten gegenüber. Das hat meine Ehefrau glücklicherweise übernommen. Gestört hat mich der Bruder allerdings auch schon die längste Zeit. Nun passiert endlich etwas.«

Das Doppel schilderte in der Begegnung mit dem Bruder, dass sie spürte, wie sehr er es darauf hatte ankommen lassen, um seinen weiteren Verbleib in der Wohnung der Schwester nicht zu gefährden. Er schien mit ihrer Geduld zu spekulieren. In der Greta-Rolle fühlte sie die Not und Sorge, dass der Bruder mit ihr den Kontakt abbrechen könnte, aber fand sich gut hinein in die Rolle als Unterstützung von Greta. Außerdem fühlte sie sich als Greta stark dem Bruder gegenüber, der doch an ihr hängt.

Zuletzt gibt die Protagonistin ihre Rollenfeedbacks: »In meiner Rolle hatte ich zuerst Herzklopfen gehabt, mir wurde heiß und ich war sehr nervös. Dann bekam ich mehr Sicherheit in dieser Spielsituation. In der Rolle meines Bruders erlebte ich erst die Empörung des Anliegens meiner Schwester, aber auch den passiven Widerstand: es kann und sollte sich nichts ändern. Es ist doch gut hier. Sie muss sich doch um mich kümmern. Nach dem Rollenwechsel mit meinem Bruder kam ich besser in Kontakt zu meinem Gefühl der Verärgerung, was mir ermöglichte, mein Anliegen klarer zu formulieren. Das war ein sehr wichtiger Moment für mich. Danach konnte ich mich leichter für mich einsetzen und es auch vertreten. Meine Ängste wurden geringer angesichts des Gefühls, etwas für mich zu tun.«

Sharing

In dieser Runde erfolgt ein Feedback aus eigenen Erlebnissen und was besonders jeden berührt hat.

Zuschauerin 1: Sie kenne das Problem mit ihren Verwandten, insbesondere mit der Tante, die sich oft in ihre Angelegenheiten einmischt. Sie habe große Mühe, ihr etwas entgegenzusetzen und dieses Beispiel habe sie sehr angeregt.

Zuschauerin 2: (sehr berührt) Sie erlebe ähnliches mit ihrem Bruder und es sei oft schwierig genug, da er sie mit vielen Forderungen konfrontiere, manchmal gelinge es besser sich abzugrenzen.

Zuschauerin 3: Sie kenne das Problem vom Job mit einem Kollegen, wobei sie tendenziell den Ärger meist runterschlucke, es aber weiter in ihr arbeite und sie dann nicht schlafen könne.

Die Stellvertreterin, welche die Protagonistin gedoppelt hatte, fühlte, dass sie in der Rolle der Protagonistin zu mehr Entschlusskraft fand und bestimmter werden konnte. Die Protagonistin selbst realisierte, dass es ihr besser gelungen war, dem Bruder etwas Wichtiges mitzuteilen und sich vorübergehend auf »Schwierigkeiten« einzulassen. Die Sorge, die Beziehung zum Bruder zu gefährden, war für sie letztlich größer, wenn sie den Konflikt nicht thematisiert hätte, da sie dann irgendwann zu impulsiv gehandelt hätte, was vermutlich destruktiver ausgefallen wäre. Nach dem Sharing folgt noch eine kurze Abschlussrunde mit einer kurzen individuellen Stimmungseinschätzung

Befindlichkeiten

Im Weiteren folgt noch ein allgemeiner Austausch unteren den Mitgliedern. Eine Patientin (noch recht neu in der Gruppe) fand es gut, dass Greta ihr Problem eingebracht hatte. Sie habe den Mut von Greta bewundert, ihr Problem in der Gruppe so darzustellen, sie könne es sich nun auch vorstellen, etwas auf die Bühne zu bringen. Eine andere Patientin beeindruckte, wie Greta sich im Spiel zugetraut hatte, mit ihrem Bruder so offen zu reden und damit einen inneren Befreiungsschlag erleben zu können, das habe ihr Mut gemacht.

6.3 Reflexionen zum Fall

Die Symbolisierung der Protagonistin in der Anwärmung und dem Spiel gaben mehrere Hinweise auf ihre Probleme. Sie konnte ihre Schwierigkeiten im Umgang mit Nähe und Distanz bereits in der Anwärmung mit den Stofftieren zeigen, wie bedrängend sie die Anwesenheit des Bruders erlebte, ohne sich dagegen wehren zu können. Der Biber ist direkt vor der Schildkröte (ihr eigenes Symbol) und dem Uhu platziert. Die »Schildkrötentaktik« half nichts mehr. Eine weitere Schwierigkeit war es, die eigenen Bedürfnisse zu spüren und angemessen zu verbalisieren, verbunden mit der Befürchtung die Beziehung zum Bruder zu verlieren. Das ist eine typische Dynamik von Patienten mit strukturellen Störungen. Angemessene Konfliktlösungen fallen diesen Patienten oft sehr schwer. Die Angst vor dem drohenden Verlust einer bedeutsamen Person führt zu massivem inneren Stress. In dieser Szene konnte Greta sich auf die Als-ob-Situation gänzlich einlassen. Sie spürte die Gefühle und realisierte in der Als-ob-Situation, wie angespannt sie war. Sie merkte im Spiel, dass sie zu viel Verantwortung für den Bruder übernommen hatte und was sie sich mit der Rolle der Fürsorglichen zugemutet hatte. In diesem Konflikt, sich zu sehr um die anderen zu kümmern und dabei auf eigene Versorgungswünsche zu verzichten, gelang ihr nun eine Kompromissbildung: einerseits das Überangebot an Versorgung zu reduzieren und andererseits eigene Bedürfnisse nicht nur zuzulassen, sondern auch einzufordern. Zu beiden Anteilen bekam sie emotionalen Kontakt. In den folgenden Wochen verspürte sie den Erfolg hinsichtlich ihrer Selbstwirksamkeit, wenn auch um den Preis der Ängste vor Beziehungsverlust, den wir als weiteres Thema in die Therapie mitnahmen. Zudem fühlte sie sich stärker. In den nächsten Wochen gelang es ihr, den Bruder zum Auszug zu bewegen, ohne dass die Beziehung zerstört wurde, wenn diese sich vorübergehend auch distanzierter anfühlte. Das Thema Verantwortung für andere zu übernehmen ließ sich in diesem Zusammenhang erneut vertiefen, zu dem auch die erneute Reflexion zum Thema Rollenumkehr von Mutter und Tochter gehörte.

Somit gelang der Patientin mit der Inszenierung auf der Bühne ein mehrschrittiger Prozess:

1. sich selbst den Konflikt einzugestehen,
2. diesen in die Gruppe einzubringen,
3. sich damit im Spiel zu konfrontieren,
4. schwierige und tabuisierte Gefühle zuzulassen und auszuhalten,
5. die Kraft der Selbstwirksamkeit zu erleben,
6. Hilfe anzunehmen.

6.4 Gretas Familienaufstellung im Einzelsetting

In der Gruppe war Gretas Familie bereits Thema, nun gefolgt von der schwierigen Mutter-Tochter-Beziehung in der Einzeltherapie. Die Patientin litt darunter, nie richtig Kind gewesen zu sein. Sie wollte diese Situation besser verstehen. Den Vorschlag, die Familienkonstellation und insbesondere die Beziehung zur Mutter auf der Tischbühne zu untersuchen, nahm sie an.

Bühne

Das Brett gab eine Zweiteilung vor, welche die Patientin nutzte. Zuerst positionierte Greta bunte Holzfiguren und schildert ihre Familiengeschichte durch Berühren der Figuren, welche die einzelnen Familienmitglieder darstellen (Szenenaufbau). Ihre Erinnerungen gewinnen mit dem aufgestellten Bezugspersonennetz an Plastizität. Die Familie lebte in zwei Wohnungen in einem Haus. Auf der einen Seite die Herkunftsfamilie, auf der anderen die Großeltern (väterlicherseits).

Sie wählte einen Stein für sich und weitere für die Mutter, den Vater und den Bruder (rot für sich, gelb und eckig für die Mutter, braun für den Bruder und rundgelblich für den Vater). Auf der anderen Seite des Bretts stellte sie die Großeltern auf, beide Figuren große grüne Steine.

Die Großeltern stehen mit Greta auf der einen Seite und die Eltern auf der anderen Seite. Greta positioniert sich bei den Großeltern, ihre eigentlichen Bezugspersonen. Ein knappes Jahr nach Greta kam der Bruder zur Welt und die Großeltern übernahmen die Betreuung von Greta. Sie lässt den Großvater aus seiner Figur heraus sprechen, der sich über sein erstes Enkelkind sehr gefreut hatte und ihr ein liebevoller Großvater sein wollte. Er war für seinen Sohn, Gretas Vater, wegen seines beruflichen Engagements kein guter Vater gewesen, was er nachträglich bereute. Die Großmutter denkt ähnlich wie der Großvater.

Die kleine Greta versteht nicht, warum die Mutter sie nicht mehr betreut. Sie gewöhnte sich an die Großeltern, da sie es gut bei ihnen hatte. Greta spricht als Vierjährige: »Ich verstehe nicht, wieso ich nicht bei meiner Mutter sein darf, nur der Bruder, nur er wird von ihr geliebt, ich wurde abgeschoben.« Diese Frage, beschäftigte sie zeitlebens, begleitet von dem Gefühl der Zurückweisung und als Tochter nur die Zweite zu sein. Er sei verhaltensauffällig gewesen und setzte ihr sehr zu. Sie ist traurig und eifersüchtig zugleich. Es folgt ein innerer Monolog: »Ich weiß nicht, warum er mir vorgezogen wird; er greift er mich an und schlägt mich, aber die Strafe bekomme ich, da ich die Größere und damit die Vernünftigere bin.«

Sie wendet sich nun dem Vater zu. Seine Figur stellt sie abseits von der Mutter hin, da er sich in den letzten Jahren sehr distanziert hatte. An Greta hatte er bis zur Adoleszenz wenig Interesse. Die Mutter hingegen »kümmerte« sich auf ihre Weise um Greta, indem sie ihr viele Süßigkeiten zu essen gab, und Greta lernte ihre Nöte mit Essen zu kompensieren. Ihr Übergewicht erhält einen eigenen Stein und steht auf ihr drauf. Die Süßigkeiten werden ebenfalls durch Steine symbolisiert, die nahe bei ihr stehen. Sie sind wichtige Symbole der Zuwendung. Von dem Stein des Gewichts fühle sie sich erdrückt. Die Süßigkeiten-Steine geben ihr Geborgenheit und Nähe und scheinen die ansonsten wenig präsente Mutter und deren hauptsächliche Form der Zuwendung zu repräsentieren.

Im *inneren Monolog* sagt Greta: »Ich bin heute noch immer dick, obwohl ich bereits vieles versucht habe, aber immer wieder stieg mein Gewicht. Ich konnte es nie halten. Von früh an wurde ich in der Schule wegen meines Dickseins gemobbt und drangsaliert. Bis heute leide ich unter meinem Gewicht, aber es gibt mir auch Schutz. Das Essen hilft mir über viele schwierige Situationen hinweg. Ich habe dann immer wieder Fressattacken, die ich nicht stoppen kann. Dennoch würde ich mich lieber in einem weniger umfangreichen Köper sehen und bin sehr hin- und hergerissen.«

Nun kommt sie zur Mutter, tippt den Stein der Mutter an. Sie stamme aus schwierigen Verhältnissen. Sie erlernte einen Beruf, in welchem sie nie gearbeitet hatte, fand jedoch Gelegenheitsjobs. Greta konnte die Mutter wegen ihres mangelnden Ehrgeizes nicht verstehen.

6 Fallbeispiel

Rollenwechsel mit der Mutter

Es erfolgt ein Interview mit der Mutter mit Rollenwechsel. Als Mutter sei sie von Anfang an überfordert gewesen und konnte ihren zwei Kindern nicht gerecht werden, der Sohn war ein Schreikind. Die Ehe belastete sie und die Tochter sei doch gut versorgt gewesen beim Großvater. Sie hätte nicht mehr geben können.

Greta verlässt die Rolle der Mutter und reflektiert an diesem Punkt über die damalige Zeit. Ihr wurde klar, wie sehr die Mutter sie gebraucht und als eine Vertraute benutzt hatte, ohne es zu realisieren. Damals habe sie (Greta) sich auch damit wohlgefühlt, die Vertraute der Mutter zu sein. Mit zunehmendem Alter fiel ihr diese Rolle schwer und die Konflikte eskalierten. Greta fühlte sich mit ihren Problemen (Mobbing in der Schule etc.) überfordert und alleingelassen.

Hier geht Greta nochmals in die Rolle ihrer Mutter: »Meine Tochter ist mir zu viel geworden, ich habe sie bevormundend erlebt und merke auch, dass sie mir überlegen ist, ich ertrage sie nicht mehr.« Dieser Satz in der Rolle als Mutter ist ein wichtiger *Wendepunkt* für Greta.

An diesem Punkt verlässt Greta die Rolle der Mutter und kommt wieder zu ihrem eigenen Stein zurück. Nochmals realisiert sie, wie wenig die Mutter sie verstehen konnte. Greta fühlt sich bis heute geplagt von Schuldgefühlen. Als Tochter war sie nicht gut genug gewesen. Nicht nur als Kind war sie die »zweite Wahl«, auch als Mädchen fühlte sie sich weniger wert. Die Zuwendungen der Mutter erlebte sie dysfunktional. Dieses frühe Selbstkonzept hat bis heute das Bild ihrer eigenen Weiblichkeit geprägt. Nun realisiert sie ihre reale Überlegenheit hinsichtlich lebenspraktischer Erfahrungen gegenüber der Mutter.

Das Bild der großen, nicht zu erreichenden Mutter ist zerbrochen, die Idealisierung bekommt heilsame Risse. Sie sieht gleichzeitig, dass sie viel von der Mutter übernommen hat und sich schwertut, mit ihr zu rivalisieren. Es bleibt vorerst eine Mischung aus Nachdenklichkeit und Trauer zurück, die sie zu diesem Zeitpunkt erst einmal annehmen kann.

7 Hauptanwendungsgebiete: Integrationsniveaus, Störungsbilder und Techniken

Psychodrama und Hauptanwendungsgebiete ist eine komplexe Fragestellung, da das Verfahren von Moreno sehr breit angelegt wurde und damit auch in seiner Anwendung äußerst vielseitig geworden ist.

Wie bereits kurz erwähnt ist Psychodrama ein Oberbegriff für das Verfahren Psychodrama, Soziometrie und Rollenspiel. Nimmt man einmal nur das Feld der Psychotherapie heraus, bleiben als Setting die Einzeltherapie, die Paartherapie, die Familientherapie, die Gruppentherapie und die Therapie des Einzelnen in der Gruppe.

Psychodrama ist bei allen Störungsbildern indiziert, spezifisch sind hingegen die struktur- und symptomorientierten Techniken, die gestaffelt appliziert werden (▶ Abb. 16, ▶ Abb. 17).

Diese Störungsbilder mit den dazugehörigen Techniken werden unten beschrieben. Vorausschicken möchten wir noch einmal das Modell der inneren Prozessarbeit, also den kreativen Zirkel, da er dem therapeutischen Behandlungsansatz zugrunde liegt (▶ Abb. 7).

7.1 Der kreative Zirkel

Störung, Symptom und Krankheit werden im Psychodrama als Blockade des inneren kreativen Prozesses verstanden (Krüger 2015; Schacht 2009; Bender und Stadler 2012). Krüger (2015) und Krüger und Stadler (2015) haben beschrieben, dass dies mit der Störung der Mentalisierungsfähigkeit einhergeht. Daher ist das primäre Ziel, den inneren kreativen (Selbst-)Heilungsprozess wieder in Gang zu bringen. Im Psychodrama geschieht dies durch die Wahl des passenden Arrangements und der passenden Interventionen.

Hintergrund der hier dargestellten Theorie ist, dass Kreativität dann abgerufen werden muss, wenn die Person/Rolle-Umwelt-Passung nicht stimmt. Entweder, weil das vorhandene Rollen-Repertoire nicht für die aktuelle Situation passt, z. B. in einer Übertragungssituation (»Ich behandle meinen Chef so wie meinen Vater und habe deswegen Ärger in der Firma«), oder weil die Situation neu ist, und die Person noch keine entsprechende Rolle generieren konnte (»Ich bin das erste Mal in Saudi-Arabien und weiß nicht, wie ich mich als Mann gegenüber den weiblichen Mitarbeiterinnen gegenüber verhalten sollte«). Wenn nun eine Person die innere Spontaneitätslage nicht erreicht, demnach auch nicht kreativ werden kann, obwohl es die Situation erfordern würde, können sinnvoll eingesetzte Psychodrama-Techniken dazu beitragen, dass der kreative Zirkel und damit die Selbstheilungskräfte wieder in Schwung kommen. Schacht (2009) geht soweit, dass er bestimmten Prozessphasen unterschiedliche Interventionen zuordnet: Eine Person in einer ambivalenten Haltung, ob sie sich von ihrem Ehemann trennen soll oder nicht, wird zu diesem Zeitpunkt anders unterstützt als die gleiche Person, wenn sie eine Entscheidung getroffen hat (▶ Abb. 7).

Psychodrama-Techniken kommen also zum Einsatz, um die Selbstheilungskräfte der Patienten wieder zu beleben. Da in diesem Kapitel eine Reihe von Störungsbildern anhand von konkreten Fallbeispielen dargestellt werden, stellen wir eine Übersicht über das störungsorientierte Arbeiten im Psychodrama an den Anfang.

7.2 Das psychodramatische Störungsmodell

Wie in den anderen Therapieverfahren auch wurde die psychodramatherapeutische Vorgehensweise lange Zeit vor allem über ausführliche Kasuistiken beschrieben. Als erste deutschsprachige Autoren haben

7.2 Das psychodramatische Störungsmodell

sich Reinhard Krüger (1997; 2015) und Michael Schacht (2003; 2009) um eine systematische und umfassende psychodramatische Störungsorientierung verdient gemacht. Einzelne Störungsbilder wurden von verschiedenen Autoren intensiver bearbeitet:

- Psychose: Bender 1982, 1986, 1996; Bender et al. 1981, 1991; Krüger 2001a, 2001b
- Sucht/Abhängigkeit: Krüger 1988, 2004; Spitzer-Prochazka 2012; Kern und Spitzer-Prochazka 2013
- Depression: Sturm 2009; Krüger 2012
- Angst: Grimmer 2007
- Kinder- und Jugendlichen-Therapie: Pruckner 2001; Aichinger und Holl 2010, 2011, 2013
- Traumafolgestörungen: Pruckner 2002; Krüger 2002; Stadler 2002; Ottomeyer 2004
- Borderline-Persönlichkeitsstörung: Hintermeier 2013

Einen Überblick über Störungsorientierung geben Bender und Stadler (2012), Stadler (2014) und Krüger (2015).

Krüger hat vor dem Hintergrund der Störungsorientierung 2009 (aktualisierte Version in: Krüger 2015, S. 32) ein Kreismodell vorgestellt, das die Grundbedürfnisse des Menschen, die Funktionen des Mentalisierens, die psychodynamischen Abwehrmechanismen und die Psychodrama-Techniken in Zusammenhang bringt. Er ordnet damit die Störungsbilder ihren vorrangig wirkenden Abwehrmechanismen zu, da sich diese im inneren kreativen Prozess als Blockade auswirken. Bender und Stadler (2012) und Stadler (2014) haben in ihrer Darstellung weniger die Abwehrmechanismen, sondern mehr die einzelnen Störungsbilder und Syndrome, z.T. auch in Form von Symptomdiagnosen nach dem ICD-10, in den Fokus gerückt. In Weiterentwicklung dieser Modelle schlagen wir ein störungsorientiertes Psychodramamodell vor, welches die Ebenen des *Integrations- oder Strukturniveaus nach OPD*, des *klinischen Störungsbildes*, der *soziokulturellen Rollenebene* sowie der *Psychodrama-Techniken* beinhaltet. Wir wollen unsere Systematik also einerseits an den Psychodrama-Techniken orientieren, andererseits an Rudolfs Modell der strukturbezogenen Therapie

7 Hauptanwendungsgebiete

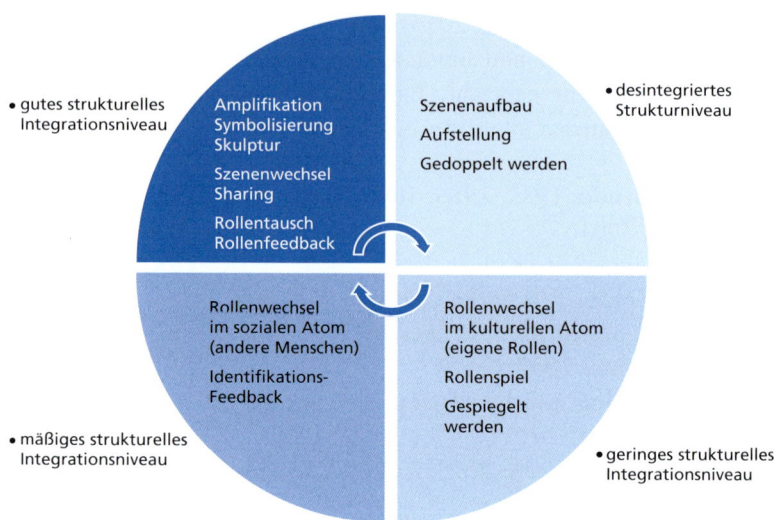

Abb. 16: OPD-Strukturniveaus und Psychodrama-Techniken

(Rudolf 2012) bzw. an den OPD als Referenzsystem. Dies soll hier schrittweise entwickelt werden.

Beginnen wir mit dem Schaubild, welches die Strukturniveaus nach dem OPD mit den Psychodrama-Techniken in Zusammenhang bringt (▶ Abb. 16).

Das Diagramm ist im Uhrzeigersinn zu lesen; außen stehen die Struktur- bzw. Integrationsniveaus, innen die dazugehörigen Psychodrama-Techniken. Die jeweils höhere Technik setzt entweder die vorangegangenen voraus oder beinhaltet diese (zu den einzelnen Techniken ▶ Kap. 5). Die Psychodrama-Techniken innerhalb der Tortenstücke sind im Aufbau auch im Uhrzeigersinn verstehbar. Bei den Integrationsniveaus muss man sich ebenfalls ein Stufenmodell vorstellen.

Derselben Logik folgt das nächste Schaubild (▶ Abb. 17). Hier stehen jetzt außen die Störungsbilder, innen bleiben die Techniken. Bei der Zuordnung der Störungsbilder stehen Rollentausch und Rollenfeedback ein Quadrant weiter unten als bei der Zuordnung nach Integrationsniveaus.

7.3 Psychodrama und die OPD-Strukturachse IV

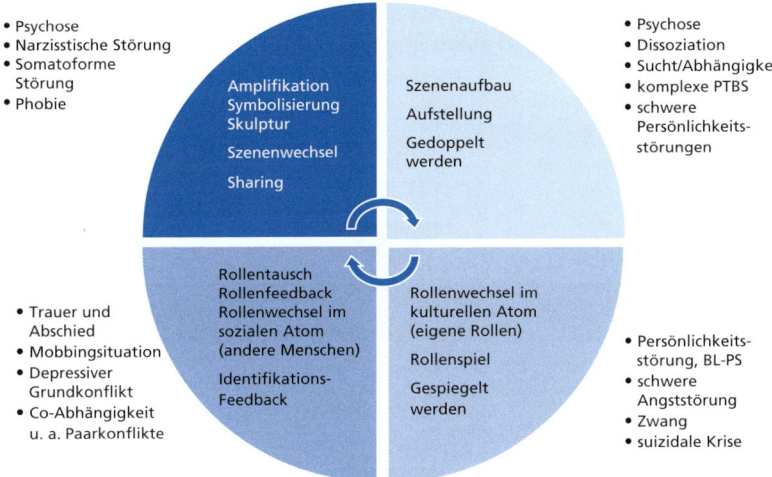

Abb. 17: Störungsbilder und Psychodrama-Techniken

7.3 Psychodrama und die OPD-Strukturachse IV

»Struktur bezieht sich auf das Selbst und seine Beziehungen zu den Objekten, genauer gesagt auf die Verfügbarkeit über psychische Funktionen in der Regulierung des Selbst und seiner Beziehung zu den inneren und äußeren Objekten.« (Arbeitskreis OPD 2007, S. 255).

Die OPD-Strukturachse (IV) unterscheidet dabei verschiedene Teilbereiche: Wahrnehmung, Regulierung, Kommunikation und Bindung (▶ Abb. 18). In der vorliegenden Abbildung ist erkennbar, mit welcher psychodramatischen Intervention auf der Technik- oder Arrangementebene welcher Teilaspekt des Patienten am besten exploriert und verbessert werden kann.

Die dunkel hinterlegten Balken stellen die OPD-Kategorien dar, in den helleren jeweils darunter sind die einzelnen OPD-Begriffe in größerer Schrift, die PD-Interventionen in kleiner Schrift dargestellt.

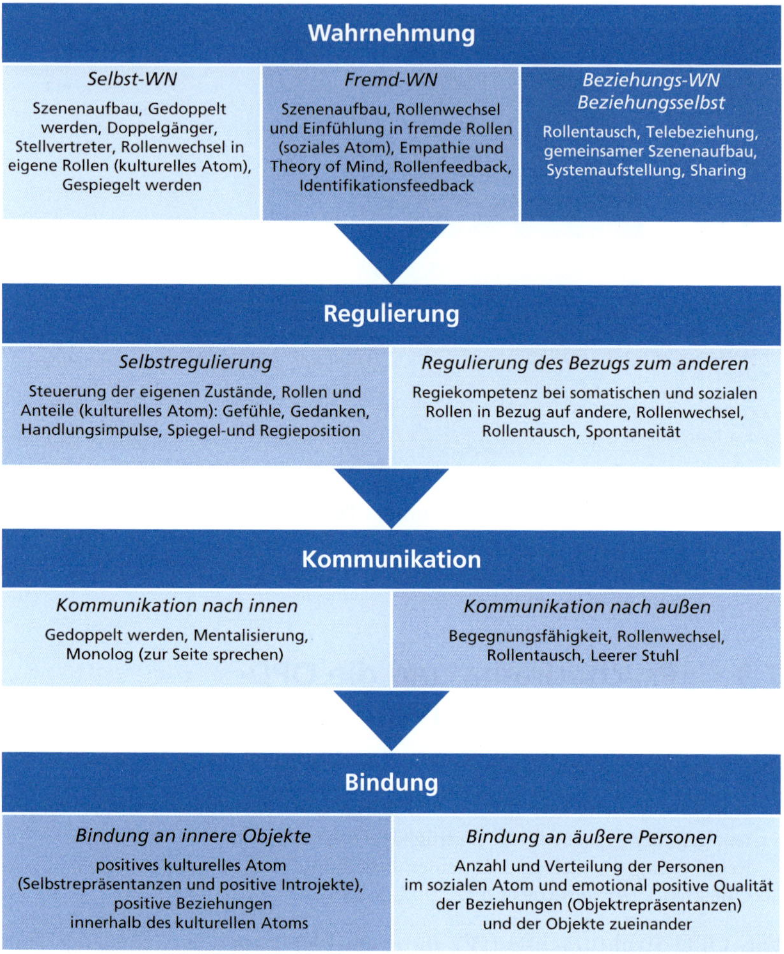

7 Hauptanwendungsgebiete

Wahrnehmung

Selbst-WN
Szenenaufbau, Gedoppelt werden, Doppelgänger, Stellvertreter, Rollenwechsel in eigene Rollen (kulturelles Atom), Gespiegelt werden

Fremd-WN
Szenenaufbau, Rollenwechsel und Einfühlung in fremde Rollen (soziales Atom), Empathie und Theory of Mind, Rollenfeedback, Identifikationsfeedback

Beziehungs-WN Beziehungsselbst
Rollentausch, Telebeziehung, gemeinsamer Szenenaufbau, Systemaufstellung, Sharing

Regulierung

Selbstregulierung
Steuerung der eigenen Zustände, Rollen und Anteile (kulturelles Atom): Gefühle, Gedanken, Handlungsimpulse, Spiegel- und Regieposition

Regulierung des Bezugs zum anderen
Regiekompetenz bei somatischen und sozialen Rollen in Bezug auf andere, Rollenwechsel, Rollentausch, Spontaneität

Kommunikation

Kommunikation nach innen
Gedoppelt werden, Mentalisierung, Monolog (zur Seite sprechen)

Kommunikation nach außen
Begegnungsfähigkeit, Rollenwechsel, Rollentausch, Leerer Stuhl

Bindung

Bindung an innere Objekte
positives kulturelles Atom (Selbstrepräsentanzen und positive Introjekte), positive Beziehungen innerhalb des kulturellen Atoms

Bindung an äußere Personen
Anzahl und Verteilung der Personen im sozialen Atom und emotional positive Qualität der Beziehungen (Objektrepräsentanzen) und der Objekte zueinander

Abb. 18: OPD-Achse IV Struktur und zugehörige Psychodrama-Interventionen und -Techniken im Einzelnen

7.4 Anwendungsbereiche – Fallbeispiele

Folgende Beispiele bilden eine Auswahl klinischer Fallbeispiele, die besonders anschaulich und bislang weniger häufig beschrieben wurden.

7.4.1 Stabilisierte Psychose

Der Patient, wir nennen ihn hier Udo, Mitte 30, entwickelte eine Psychose im Rahmen seines beruflichen Werdeganges. Anfangs stand die Behandlung der Psychose mit floriden psychotischen Ängsten, Halluzinationen und Verfolgungsängsten im Vordergrund. Er war voll berufstätig und sozial integriert. Nach etwa einem Jahr, bei guter Stabilität, tauchten mehr konflikthafte (neurotische) Themen auf. Er erlebte sich als zu gutmütig und konnte sich nicht durchsetzen. Diese Schwierigkeiten traten im Kontakt mit Familienmitgliedern wie auch mit Kollegen auf.

In der aktuellen Sitzung berichtete Udo von einem Konflikt mit seinem Kollegen Peter, von dem er sich bedrängt fühlte. Dieser hatte es sich mit allen »verscherzt«, da er zu impulsiven Ausbrüchen neigte. Er kam fast jeden Abend zu Besuch und ließ sich bekochen und bedienen. Udo hatte Mitleid mit Peter, aber auch ziemlichen Stress, da er sich für seine Prüfungen im Rahmen seiner Ausbildung vorbereiten wollte. In der Sitzung möchte Udo ausprobieren, wie er sich Peter gegenüber besser durchsetzen könnte.

Einrichtung der Szene auf der Tischbühne

Auf dem Tisch wurde die Wohnung schematisch dargestellt. Wichtig sind eine Figur A für Peter, den Gast, und zwei Figuren für die Rollenanteile B (Protest, kämpferischer Teil) und C (angepasster, konfliktvermeidender Teil) für Udo. In den Rollen A, B und C dialogisiert und wechselt Udo hin und her, um die Ambivalenz zu verdeutlichen. So lernt er, seine Kommunikation situationsadäquat anzupassen. Danach löst sich Udo wieder aus dem Spiel und reflektiert das Erlebte aus den verschiedenen Rollenanteilen (Rollenfeedback). Beim nächsten Mal konnte er von seinem Erfolg berichten, den Kollegen über seine Pläne informiert zu haben. Es sei ihm letztlich weniger schwergefallen als zuvor vermutet.

Dieses Fallbeispiel zeigt im Krankheitsverlauf einer Psychose die Möglichkeiten einer Konfliktbearbeitung in einer stabilen Phase. In der akuten Phase hingegen würden Szenenaufbau, Doppeln und Aufstellung angewendet.

Reflexion

Der Szenenaufbau wurde aufgrund des aktuell mäßigen (im psychotischen Zustand geringen) strukturellen Integrationsniveaus auf der Tischbühne gemacht. Der Patient explorierte sein soziales Atom in dieser Situation. Außer ihm stand eine Figur aus dem sozialen Atom, der Antagonist Peter, da. Zwei gegensätzliche innere Anteile für die Selbstrepräsentanzen werden gewählt, damit der Patient die beiden unvereinbaren Seiten getrennt darstellen und seinen inneren Konflikt externalisieren kann. Auf der Bühne lässt sich leichter bearbeiten, was im Inneren noch nicht bearbeitet werden kann. Der Rollenwechsel im sozialen Atom gelingt dem Patienten gut; er kann seine inneren Rollen gut ausdifferenzieren. Den Rollenwechsel im sozialen Atom »genießt« er, weil er dort die für ihn selbst zunächst schwer spürbare Aggression realisiert, ohne selbst innerlich in die Ambivalenz-Falle zu geraten.

7.4.2 Trauma und Beziehungstrauma in der Kindheit

Barbara, Mitte 40, kam schwer traumatisiert wegen jahrelanger Vergewaltigungen im Kindesalter durch den Vater in Therapie. Barbara war Papas »Liebling«, was sie als Double-Bind erlebte. Durch die Mutter erlebte sie zusätzlich Ablehnung und emotionalen Missbrauch. Der Vater missbrauchte die Patientin mit dem Wissen der Mutter über mehrere Jahre bis in die Adoleszenz. Dann starb er überraschend. Nach Schulabschluss verließ Barbara das Elternhaus und ging ins Ausland, was ihr ein Stück Selbstvertrauen gab. Nach ihrer Rückkehr lernte sie ihren späteren Mann kennen. Sie absolvierte eine Ausbildung im Pflegebereich. Hier kam es zu Mobbingsituationen. Sie kam wegen depressiver Verstimmungen, Konfliktschwierigkeiten, Selbsthass und Mobbing in mehrjährige Behandlung. Barbara wurde über ihre Diagnosen, einer chronisch-komplexen posttraumatischen Belastungsstörung, Persönlichkeitsstörung, Depressionen, somatopsychischer Symptome, und die Art der Therapie umfassend informiert. Die Therapie untergliederte sich in traumaspezifische Arbeitsformen zur Stabilisierung, zur Bildung eines sicheren Ortes, zur Triggeridentifizierung, zur Inneren-Kind-Arbeit etc. und in die Bearbeitung aktueller Themen.

Die therapeutische Arbeit mit den Traumainhalten bedurfte einer besonderen Strukturierung. In den Sitzungen war abgesprochen, dass am Ende der Stunde genug Zeit blieb, zwecks Stabilisierung weniger Belastendes besprechen zu können.

Als psychodramatische Trauma-Interventionen wurden Inszenierungen des traumatischen Geschehens zu Beginn einer Stunde geplant. Wir arbeiteten nach dem Modell der vier Arbeitsräume von Krüger (vgl. Krüger 2015). Dieses besteht aus dem Erzähl- und Beobachtungsraum, von wo die kontrollierte Schilderung des Traumas erfolgt; dem Interaktionsraum und Ort des Geschehens, den die Patientin nur zum Einrichten der Szene betreten muss; dem sicheren Ort, wo die Patientin sich Distanz verschaffen kann, und dem Informations- und Regieraum, in welchen die Patientin Erwartungen und Vorstellungen reflektiert. Die Patientin bekommt Zugang und Kontrolle zu ihren »eingefrorenen« Gefühlen.

Eine Sequenz von Barbara betraf das nächtliche Auftauchen des Vaters in ihrem Zimmer, eine Konfrontation mit dem Täter. Im Interaktionsraum stellte Barbara diese Szene auf. Barbara begab sich anschließend in den Erzählraum und schilderte die Geschehnisse. Am sicheren Ort platzierte sie einen großen Hund als hilfreiches Objekt.

Vom Beobachtungsraum blickte Barbara zum Interaktionsraum. Sie schilderte den Ablauf des Geschehenen und stoppte die Erzählung nach voriger Vereinbarung, sobald die Grenze des Erträglichen erreicht war. Dieser Punkt des Innehaltens und Beendens der Schil-

135

derung weiterer Inhalte wurde zum wiederkehrenden maßgeblichen Umschlagpunkt, um Kontrolle über das Geschehen zu bekommen.

Reflexion

Entscheidend an dieser Technik ist, aktiv in das Geschehen eingreifen zu können und den »Film« oder das Geschehene nicht mehr unkontrolliert ablaufen zu lassen. Es ist ein wesentlicher Unterschied vom Hier und Jetzt zum Dort und Damals. Die Gefühle des Ausgeliefertseins werden autonom begrenzt. Starke Emotionen werden aufgefangen und contained, wie z. B. Weinen, Wut oder dissoziative Zustände. Der Therapeut in der Traumatherapie hat zudem eine wichtige Funktion als Zeuge, womit die Erlebnisse evident werden, was einen mindernden Effekt auf die Spaltung und Verleugnungsmechanismen des Geschehenen bewirkt. Die Trauma-Bilder beschäftigen die Patientin weiterhin, die Kontrolle über sie und die innere Distanz lässt sich einfacher und aktiver herstellen. Es handelte sich um eine jahrelange Therapie.

7.4.3 Depressive Krise in Trennungssituation

Der 40-jährige Patient Anton kam wegen seiner Trennung, die ihn emotional sehr belastete. Er hatte sich ein Jahr zuvor von seiner Ehefrau getrennt. Sie waren über zehn Jahre zusammen gewesen und haben Kinder im Teenie-Alter. Seine Ehefrau beschrieb er als liebevolle Mutter, aber sie hatten keine befriedigende Partnerschaft mehr. Die Scheidungsphase stand bevor. Deshalb wünschte er sich Begleitung zwecks Rückblick und Unterstützung in der Neuorientierungsphase. Er litt unter depressiven Verstimmungen und Ängsten. Der Patient mit mäßig strukturellem Integrationsniveau nach OPD war phantasievoll, leidlich kritikfähig, litt unter mäßigen Impulsdurchbrüchen und hatte sonst gute Ressourcen.

Timeline: Szenen einer Ehe

Anton, Mitte 40, stellte eine Zeitlinie seiner Ehe auf. Die für ihn wesentlichen Stationen ihrer gemeinsamen Zeit ordnete er im Kreis an. Die Gesamtphase wurde mit einer Schnur markiert. Für die einzelnen Stationen suchte er Symbole, die er jeweils benannte. Anton ging von Station zu Station und nahm sich Zeit, in die verschiedenen Situationen einzutauchen.

Da waren zuerst die Kennenlernphase und die Heirat. Für seine Ehefrau und sich stellte er zwei Symbole auf. In dieser Phase war noch alles in Ordnung. Er fühlte die schöne Zeit miteinander, ließ gemeinsame Erinnerungen an Urlaube und die gemeinsame Freiheit als Paar in sich aufsteigen. Es folgte ein positiver Austausch mit der Ehefrau im Rollentausch. Die nächste Station war ihr gemeinsames Haus, das belastende Gefühle in ihm auslöste. Sätze wie: »Man muss ein Haus haben« und »Das gehört zum Leben« wurden durch seine Ursprungsfamilie, die viel Wert auf Tradition legte, geprägt. Im Hintergrund stellte er seine Eltern hinzu. Hier tauchte die Frage auf, ob es seine Art zu leben oder die seiner Eltern war. Es folgte die Phase mit den Kindern, die ihnen beiden sehr wichtig war. Er wählte weitere Stofftiere als Symbole. Die Familie stand zusammen.

In der Erinnerung vollzog er monologisierend die Veränderung, gruppierte die Kinder näher bei der Mutter. Es war der Beginn einer langsam schleichenden Entfremdung. Er erlebte, wie seine Partnerin wegdriftete und er sie an die Kinder »verlor«, sie distanzierte sich zunehmend. Für gemeinsame Reflektionen gab es wenig Raum, der Alltag dominierte das Geschehen. Antons Versuche, dies zu thematisieren, verhallten. Eine Schlüsselsituation fiel ihm ein. Anton tauchte in die Szene ein und schilderte seine Versuche, während eines Ausflugs mit seiner Ehefrau in Kontakt zu kommen, was misslang. Das folgende Gespräch mit der Ehefrau erfolgte im Rollentausch und bewirkte bezüglich der unterschiedlichen Vorstellungen mehr Klarheit in dieser Lebensphase.

An der nächsten Station der Zeitlinie beschäftigte sich Anton mit seinem inneren Rückzug, indem er einen inneren Monolog führte. Er sei sehr traurig und hatte Schuldgefühle, dass er es nicht geschafft hatte, die Familie zusammenzuhalten, aber auch die Wut, dass seine Frau sich nicht mehr auf ihn einlassen konnte. Es traf ihn hier zu sehen, dass die Familie auseinanderbrach und er den Kindern das zumuten musste. Enttäuschung, Schuldgefühle und Ratlosigkeit blieben zurück. Die letzte Station war die getrennte Familie mit der Ehefrau an einem Platz und ihm in Distanz an einem anderen, die Kinder in der Mitte. Dies wurde ein neuer Ausgangspunkt für ihn in der Therapie.

Reflexion

In dieser Aufstellung im Raum kommt das Thema Ausgrenzung auf, er fühlte sich ausgeschlossen und erlebte seine Frau hauptsächlich auf die Kinder fixiert. Ebenso bereitete es ihm Schwierigkeiten, die Veränderung der Ehe mit der durch die Kinder bedingten Triangulierung anzunehmen. Er geriet zusehends in Rollenkonflikte in der Beziehung zu seiner Ehefrau. Die Rolle als Ehemann und Liebhaber einerseits und die als Vater andererseits schienen kaum vereinbar. Letztlich blieb für Anton nur noch der Ausweg des Rückzugs und der Trennung. Im weiteren Verlauf wurden diese Themen auch in der therapeutischen Beziehung deutlicher und ließen sich thematisieren. Anton wirkte betont autonom und wusste meist sehr genau, worauf er von Mal zu Mal hinauswollte, was zum Reflektieren der Ursachen Anlass gab und ihn in Kontakt brachte mit der Vermeidung seiner bedürftigen Seite. Daraus erfolgte die Auseinandersetzung mit der eigenen Geschichte und der Darstellung der wichtigen Bezugspersonen in verschiedenen Rollenspielen, die die Szenen der Ehe besser nachvollziehbar machten. Anton hatte zu diesem Zeitpunkt bereits eine neue Partnerin. In der weiteren Therapie kamen Träume, Bedürfnisse und weitere Beziehungsvignetten, auch mit der neuen Partnerin im Alltag, zur Darstellung.

7.4.4 Depressive Entwicklung vor dem Hintergrund einer erschwerten Ablösung von den Eltern

Die Patientin Erika, Mitte 30, kam mit den Diagnosen eines mäßig bis gut strukturierten Integrationsniveaus nach OPD-Achse IV und einem depressiven Zustandsbild, was sich vor allem in ihren Schwierigkeiten, Konflikte zu lösen, zeigte. Sie litt besonders unter Schuldgefühlen wegen ihrer Eltern, die sie ihrer Meinung nach zu selten besuchte. Mit Ende zwanzig ertrug Erika die schwierige Beziehung zu den Eltern nicht mehr gut. Sie besuchte sie kaum mehr, da es meist sehr eintönig mit ihnen gewesen sei. Die Eltern waren schon in der Kindheit wenig auf sie bezogen, eher kühl und distanziert. Wenn sie mit der Mutter telefonierte, war es meist einsilbig. Sie hatte bislang keine feste Beziehung und dachte, dass dies möglicherweise mit den Eltern und ihrer Kindheit im Zusammenhang stehen könnte.

Nach einer vertieften psychodramatischen Anamnese und Diagnose befassten wir uns mit dem weiteren Vorgehen. Im sozialen Atom zeigte Erika eine positive Haltung zu ihrer Arbeit und hatte einige wichtige Freundinnen und Hobbys. Die Eltern standen etwas abseits und waren negativ besetzt. So richtete sich der Fokus der Therapie nach dem sozialen Atom vorerst auf die Beziehung zu den Eltern und insbesondere der Mutter. Die Beziehung zu ihr war bestimmt von großen Erwartungen, mit denen die Patientin nicht fertig werden konnte. Die Patientin pendelte zwischen Schuldgefühlen und Wut auf die Mutter hin und her.

Psychodrama-Arbeit mit Stühlen

Vor dem geschilderten Hintergrund entschieden wir uns für eine Aufstellung ihrer Familie. Wir nutzten Stühle auf der Spielbühne: einen für Erika, zwei für die beiden Eltern. Der Vater saß etwas im Hintergrund; mit ihm hatte sie es prinzipiell einfacher. Er schien bislang derjenige, der versuchte, zwischen Mutter und Tochter zu vermitteln. So konzertierten wir uns auf das Gespräch mit der Mutter. Zuerst einmal erfolgte eine Bestandsaufnahme der aktuellen Situation. Die Patientin stellte eine typische Gesprächssituation nach und im Rollentausch mit der Mutter zeigte sich wenig Interaktion. Beide schienen im Gespräch wenig anteilnehmend und interessiert aneinander. Erika traf in der Rolle der Mutter auf die ihr bekannte Monotonie. In ihrer Rolle kam sie kaum aus ihrer erwartungsfixierten Tochterrolle gegenüber der Mutter heraus. Erst durch das Spiegeln und das gemeinsame Beraten erkannte sie, wie beide, Mutter und Tochter, Schwierigkeiten im Kontakt miteinander hatten. Sie konnte erste Anregungen für die weitere Gesprächsführung mit der Mutter aufnehmen.

Reflexion

Die Patientin hatte etwas Reales und Neues in ihre Rollenstereotype hineingebracht. In der Rolle ihrer Mutter erlebte sie sich in sich gefangen. Die Mutter schien schon lange deprimiert. Erika spürte einerseits die Grenzen des Möglichen in der Beziehung zur Mutter, aber auch die tiefe Enttäuschung, dass nicht mehr Liebe, Wärme und Zuneigung möglich war. Dieses und die erschreckende Einsicht, diese nicht mehr bekommen zu können, sondern einen Weg jenseits ihrer Erwartungen finden zu müssen, lösten eine tiefe Trauer aus. Erika schrieb einen Brief an das innere verlassene Kind von damals, um dass sie bis heute trauert. Neben der Trauer kam auch Wut auf. Gleichzeitig nahm es ihr ein Stück ihrer belastenden Schuldgefühle, es nicht recht gemacht zu haben. Sie konnte nun offen auch die Enttäuschung und Trauer benennen und begann, sich mit der Realität neu auseinandersetzen. Sie entwickelte mehr angemessene Distanz zu den Eltern und begann diese deutlich realistischer zu sehen und ihre Erwartungen zurückzunehmen.

7.4.5 Essstörung

Christine, Mitte 30, litt bereits jahrelang zuerst an Anorexie und später an Bulimie, kombiniert mit einer Persönlichkeitsstörung mit mäßig strukturiertem Integrationsniveau nach OPD. Es bedurfte einer mehrjährigen Therapie.

Sie kam wegen schwerer Ess-Brech-Attacken, welche dem täglichen Spannungsabbau und der Emotionsregulation dienten. Der Hauptfokus ihres Lebens lag auf ihrer beruflichen Tätigkeit im Wirtschaftsbereich. Das soziale Umfeld beschränkte sich vor allem auf die Familie. Das veränderte sich im Verlauf der Therapie und letztlich gelang es Christine, eine Partnerschaft aufzubauen. Sie hatte erst Einzeltherapie und später auch Gruppenpsychodrama-Therapie, was zur Verbesserung ihres Selbstwertgefühls und ihrer sozialen Kompetenzen führte. Mit fortgeschrittener Therapie konnte sie die Ess-Brech-Attacken deutlich reduzieren.

Arbeit mit inneren Anteilen

Um das gemeinsame Essen bei einem bevorstehenden Wochenende mit ihrem Freund zu planen wurde mit Christine ein psychodramatisches Probehandeln durchgeführt. Wie könnte sie ihre Wünsche nach Gemeinsamkeit und ihr gleichzeitig strenges Essreglement besser managen? In der Surplus-Realität spielten wir ein imaginiertes gemeinsames Diner durch. Das Ziel dieses Spiels sollte Christine eine vorbereitende Entlastung hinsichtlich der Antizipation eines »normalen« gemeinsamen Essens verschaffen. Auf der Spielbühne richtete sie den Raum im Restaurant ein und platzierte ihren Freund sich gegenüber an einem Tisch. Sie wechselte in die Rolle ihres Freundes, nahm seine Sitz- und Körperhaltung ein und stellte ihn im Rollenwechsel kurz vor.

Sie selbst hatte es mit zwei schwer zu vereinbarenden Persönlichkeitsanteilen zu tun. Deshalb stellte sie zwei Stühle hinter sich auf, einen für den argwöhnischen-kritisch-ängstlichen und einen für den kooperativen Teil. Beide Anteile führte sie ein, indem sie auf den jeweiligen Stühlen in diesen Rollen monologisierte, und nahm danach wieder auf dem vorderen Stuhl am Tisch Platz. Dort studierte sie zuerst die Menükarte und analysierte die angebotenen Lebensmittel. Es machte sich der argwöhnisch ängstliche Anteil bemerkbar, auf dessen Stuhl sie dann wechselte: »Das kann ich nicht essen, ich weiß nicht, was da drin ist und außerdem ist es zu viel.«

Der kooperative Anteil versuchte sie zu beruhigen (Stuhlwechsel): »Das geht schon, es ist nicht so schlimm, du musst nicht alles essen.«

Dann gab sie ihre Bestellung auf (erneuter Stuhlwechsel), jenseits von ihren üblichen Vorstellungen (nur Salat oder Shakes etc.). Es gelang ihr, sich auf den Als-ob-Modus im Spiel einzulassen. Sie begann die Diskussion mit dem Kellner bei der Bestellung, von dem sie Varianten verlangte, z. B. Fleisch mit Reis statt mit anderen Beilagen.

Zwischenzeitlich kam wieder der argwöhnisch-ängstliche Teil zur Sprache, der viel zu monieren hatte (Stuhlwechsel): »Mach das nicht, der Kellner sagt dir nicht alles, du wirst später wieder 2 kg zugenommen haben.« Auch der kooperative Teil (Stuhlwechsel) wurde eingeladen nochmals zu sprechen und versuchte zu beruhigen: »Es ist ja nur dieses Wochenende, dann sieht es wieder anders aus.« Das Essen wurde serviert. Sie saß vor diesem »Berg« und beschrieb die Nahrung auf dem Teller detailgetreu, probierte aus und begann langsam zu essen und zu kauen. Es schmeckte ihr wider Erwarten gut und es wurde ihr klar, wie gern sie eigentlich essen mag. Aber der argwöhnisch ängstliche Teil machte sich mit negativen Kommentaren wieder bemerkbar.

Letztlich gelang es mit vielen Zwischenetappen, das Menu durchzuhalten und eine Vorstellung ihrer Kontrollmöglichkeiten über die Angst vor dem Essen zu bekommen. In dieser zeitlupenartigen Vorwegnahme des Ereignisses konnten eventuelle Krisen, aber auch die Lust am Essen und der Umgang mit den auftauchenden Gefühlen in Szene gesetzt werden. Die Erfahrung, die Angst zu beherrschen, war das Ziel dieser Therapiesitzung. Später konnte sie berichten, dass es auch auf der Reise weniger schlimm wurde als anfangs befürchtet.

Die Beschreibung dieser Szene ist eine Vignette einer langen Therapie und ein Beispiel der konkreten Auseinandersetzung mit dem Essen.

8 Settings

Das Kapitel 8 unterteilt sich in drei Abschnitte. Den ersten Teil, Kapitel 8.1, der sich mit dem Setting der psychodramatischen Arbeit mit Kindern und Jugendlichen beschäftigt, hat Alfons Aichinger verfasst. Der zweite Teil handelt von der Psychodrama-Therapie mit Erwachsenen und der dritte vom Paar- und Familiensetting.

8.1 Psychodrama mit Kindern und Jugendlichen

von Alfons Aichinger

Moreno hat wesentliche Anregungen für die Entwicklung des Psychodramas aus dem kindlichen Spiel gewonnen und in seiner frühen Schaffensperiode mit Kindern gearbeitet. Dennoch entwickelte er das Psychodrama als Therapieverfahren nur für Erwachsene. Da aber Kindern eine spezifische Darstellungs- und Verarbeitungsweise haben und deshalb auch eine eigene Methode benötigen, haben Aichinger (1987, 1993, 2011, 2012), Aichinger und Holl (1997, 2002, 2010) das Psychodrama für Kinder abgewandelt. Die wesentlichen Veränderungen sind:

1. Im Unterschied zu Erwachsenen reinszenieren und bearbeiten Kinder ihre Konfliktsituationen, ohne sich mit dem in den Szenen ver-

bundenen Gefühlen wie Ohnmacht und Trauer erneut auszusetzen. Im Symbolspiel, dem »Königsweg« der Kinder und zu den Kindern, stellen Kinder ihre innere Wirklichkeit dar, eignen sie sich an und gestalten sie um. Und dies auf eine Weise, nach der sie ihre belastenden Szenen lustvoll inszenieren und viel Spaß bei der Bearbeitung ihrer leidvollen Erfahrungen haben. Mit zwei hochtherapeutischen Kunstgriffen verschaffen sie sich Spaß in der Therapie (vgl. Fryzer 1995): Mit einer spezifischen Inszenierungsform, die sich wesentlich von der Art der Konfliktbearbeitung Erwachsener unterscheidet, dem Symbolspiel, können sie schwierige Situationen externalisieren und verfremdet darstellen und aus sicherer Distanz betrachten. Indem sie ihre belastenden Erfahrungen in eine andere Zeit (z. B. Urzeit), an einen anderen Ort (z. B. fremde Galaxien) und in andere Figuren (z. B. Heldenfiguren) legen, gewinnen sie Abstand zum Bedrängenden und Bedrückenden und können so ihre Gefühle regulieren. Die »heilende Kraft des kindlichen Spiels« (Zulliger) beruht nicht zuletzt auf dieser regulatorischen Eigenschaft. Außerdem erlaubt ihnen der Rollenwechsel und die Rollenumkehr, die sie spontan, von sich aus und ohne Anweisung des Therapeuten vollziehen, aus der Rolle des passiv Erleidenden in die Rolle des aktiv Gestaltenden und Wirkmächtigen zu kommen und so »die Perspektive des schöpferisch Tätigen« (Moreno 1969, S. 28) zu gewinnen.
2. Nimmt man diese ureigene Sprache der Kinder ernst, ist auch eine andere Form der Leitung verlangt. Im Unterschied zur Erwachsenentherapie spielen im deutschen Kinderpsychodrama die Therapeuten mit, wobei sie sich die Rollen von den Kindern übertragen lassen und aus therapeutischen Überlegungen heraus auch andere Rollen einnehmen.
Die Wiener Kinderpsychodramaschule hat hier eine andere Variante entwickelt, bei der der Spielleiter nicht mitspielt, am Rande der Spielbühne bleibt und strukturierend in das Spielgeschehen eingreift. Wenn die Kinder es wünschen, können aber ein oder mehrere Co-Leiter mitspielen (Pruckner 2001; Biegler-Vitek und Wicher 2014).
Auch die Interventionen müssen an dieser Fähigkeit der Kinder, im Symbolspiel ihre Erfahrungen lustvoll und mit allen Sinnen darzu-

stellen, anknüpfen. Daher intervenieren die Therapeuten vor allem aus den Rollen, die sie im Symbolspiel einnehmen. Strukturierende Interventionen können aber auch aus der Leiterebene getätigt werden.
3. Ein Protagonisten-zentriertes Psychodrama ist in Kindergruppen nicht möglich, da Kinder nur für kurze Zeit sich auf das Spiel eines Einzelnen einstellen und zugewiesene Rollen schwer durchhalten können. Sie werden schnell in die Dynamik des Spiels gezogen und möchten dann ihre eigenen Spielideen umsetzen. Daher kann nur gruppenzentriert gearbeitet werden.

8.1.1 Indikation

Die Psychodrama-Kindertherapie mit seinem störungsspezifischen Interventionskonzept kann als Breitbandverfahren zur Behandlung unterschiedlichster psychischer Störungen von Kindern im Alter von vier Jahren bis zur Pubertät angewandt werden.

Ob ein Kind Einzel- oder Gruppentherapie erhält, hängt jeweils von einer ausführlichen Diagnostik ab. In die diagnostischen Überlegungen müssen der aktuelle Zustand des Kindes, seine Ressourcen und Potenziale, aber auch sein Lebenskontext mit Familie und Netzwerken eingehen.

8.1.2 Gruppentherapie mit Kindern

Die besondere Bedeutung der Gruppe der Gleichaltrigen für die Persönlichkeitsbildung und Entwicklung des Kindes ist seit langem ein wichtiges Thema entwicklungspsychologischer Arbeiten. Sie unterstreichen die Bedeutung der Peergruppe als eine Sozialisationsinstanz, die in ihrer Wirksamkeit mit der Familie vergleichbar ist. Sie sehen die Beziehungen zu den Gleichaltrigen als eine zusätzliche Entwicklungsressource, als einen »entwicklungsfördernden Faktor« (Ahnert 2005, S. 349), und betrachten Gleichaltrige als »Entwicklungshelfer« (Seiffge-Krenke 2004, S. 121ff.).

8.1.3 Setting

Raum

Der Gruppenraum sollte Kindern genügend Bewegungsfreiheit gewähren. Die Ausstattung ist zu begrenzen, um Kinder auf ihre Fantasie und die Beziehung untereinander zu zentrieren. Bewährt haben sich Schaumstoffpolster, die sich gut zum Bauen eignen und die Kinder vor Verletzungen schützen, Kissen, verschiedenfarbige große und kleine Tücher zum Einrichten von Landschaften und zum Verkleiden, Seile, Schaumstoffröhren für Waffen und Baufixmaterial, das für Schätze, Futter- und Operationsmaterial etc. gut zu verwenden ist.

Zeit

Für Therapiegruppen sind wöchentliche Sitzungen von 60 Minuten, außer in den Ferien, zu empfehlen. Die Therapie erstreckt sich meist über ein Jahr mit ca. 40 Sitzungen. Von kürzerer Therapiedauer sind themenspezifische Gruppen, wie Gruppen für Kinder im Trennungs- und Scheidungskonflikt, für Kinder psychisch kranker Eltern oder für Kinder aus suchtbelasteten Familien (Aichinger 2011; Weiss 2010).

Größe und Zusammensetzung der Gruppe

Günstig sind Gruppen von höchstens sechs, bei Vorschulkindern sogar nur vier Kindern. Bei der Zusammenstellung sollten Kinder mit gleichem Entwicklungsstand ausgesucht werden, damit es um die Bewältigung gleicher Entwicklungsaufgaben geht und die gespielten Themen für alle Gruppenteilnehmer eine ähnliche Bedeutung haben.
  Damit die Kinder voneinander profitieren können, sind Kinder mit unterschiedlicher Symptomatik auszuwählen und es ist auf eine möglichst ausgewogene Zusammenstellung von gehemmten und aggressiven Kindern zu achten und, wenn es geht, auch auf eine ausgeglichene Mischung beider Geschlechter.
  Geleitet wird die Gruppe immer von einem gegengeschlechtlichen Therapeutenpaar, was das Ausspielen von Familienszenen begünstigt.

8.1.4 Ablauf einer Gruppentherapiesitzung

Jede Sitzung wird durch drei Phasen strukturiert: Die Erwärmungs-, die Spiel- und die Abschlussphase.

Erwärmungsphase

Bei Kindern ist diese Phase meist kurz. Ziel zu Beginn jeder Sitzung ist es, mit den Kindern ein gemeinsames Symbolspiel zu entwickeln.

1. Schritt: Einleitung der Gruppensitzung und Themenfindung

In einer Stuhlrunde fragen die Therapeuten die Kinder, welche Geschichte sie heute zusammen spielen möchten. Die verschiedenen Beiträge der Kinder versuchen sie dann mit den Kindern zusammen zu einem Symbolspiel zu entwickeln. Den Prozess der Konsensfindung müssen die Therapeuten begleiten und unterstützen. Ihn durchzustehen und nicht gleich den erstbesten Spielvorschlag aufzugreifen und den zum Spiel drängenden und herumzappelnden Kindern nachzugeben, ist oft der schwierigste Prozess der Gruppenstunde.

2. Schritt: Rollenwahl

Haben sich die Kinder auf ein gemeinsames Spielthema geeinigt, lassen die Therapeuten sie die Rollen, die sie im Spiel übernehmen möchten, wählen und kurz beschreiben. Danach entscheiden die Kinder gemeinsam, welche Rollen die beiden Therapeuten spielen sollen. Bei sehr chaotisch oder destruktiv sich verhaltenden oder sehr gehemmten Kindern hat es sich bewährt, wenn ein Therapeut die Rolle eines Hilfs-Ichs übernimmt, um z. B. als Assistenzarzt ein Kind in seiner Rolle als Chefarzt zu stützen und Halt zu geben.

3. Schritt: Aufbau der Szene

Nach der Rollenwahl richten die Therapeuten mit den Kindern zusammen den Ort der Handlung, die Spielbühne, ein. Wir ermuntern die Kinder auch, sich mit Tüchern und Hüten zu verkleiden, und fordern sie auf, mit Baufixelementen Requisiten herzustellen. Für diese Bauphase nehmen sich Kinder oft viel Zeit. Indem auch die Therapeuten mit bauen, sich verkleiden und Requisiten zusammenstellen, können sie Struktur für das Symbolspiel schaffen oder neue Spielhandlungen eröffnen.

Spielphase

Ist die »Spielbühne« aufgebaut, kann die Spielphase beginnen. Neben der Einstimmung ins Spiel und der Anstiftung durch das ernsthafte Mitspielen der Therapeuten kommt der halt- und sicherheitsgebenden Strukturierung in Kindergruppen große Bedeutung zu. Dieses pädagogisch-therapeutische Moment des Aushandelns von Grenzen und Absprachen ist der mühsamste Teil der Kinderpsychotherapie. Neben diesen strukturierenden Interventionen, die meist auf der Leiterebene erfolgen, gibt es spielerische Interventionen, deren allgemeine Indikation die Aktivierung und Förderung der Kreativität ist.

Die zentralen Psychodrama-Techniken, die jedoch im Kinderpsychodrama umgewandelt werden, verwirklichen gezielt die vier Grundbedürfnisse von Kindern, das Bedürfnis nach Selbstwerterhöhung, nach Bindung, nach Selbstwirksamkeit und Lustgewinn und die Funktionen des inneren Mentalisierens (Krüger 2015).

Wie die verletzten Grundbedürfnisse des Kindes im Kinderpsychodrama befriedigt und dadurch zentrale Resilienzfaktoren wie Selbstwert, Selbstwirksamkeit und Beziehungsfähigkeit entwickelt und gefördert werden können, soll im Folgenden aufgezeigt werden.

Aufbau von Selbstwert

Den Selbstwert zu stärken ist für diese Kinder ein wichtiger Schutzfaktor. Indem Kinder im Symbolspiel eine wertvolle, bedeutende Rolle wählen und die Therapeuten diese bewundernd spiegeln, können in der symbolischen Wunscherfüllung die in ihrem Selbstwert verunsicherten Kinder aufgewertet und gestärkt werden. Die Spiegelrolle bietet die Möglichkeit, Bewunderung auszudrücken, den »Glanz im Auge der Mutter« (Kohut 1971) zu zeigen und die »Kraft der liebevollen Blicke« (Petzold 1995, S. 21) zu nützen.

Damit Kinder sich wertvoll, liebenswert und einzigartig fühlen können, müssen die Therapeuten die Szene so ausgestalten, dass sie ihren Wert, ihren Liebreiz und ihr Können bewundern können. So kann der Therapeut als Tierforscher die Einzigartigkeit des Tigers bewundern, das in der Sonne glänzende Fell der Antilope, den unermesslichen Wert des Löwen. Als Dienerin kann die Therapeutin die Anmut der Prinzessinnen, ihre Reitkünste auf dem Araberpferd, der Therapeut als Knappe den Mut und die Fechtkunst der Ritter beim Turnier bestaunen, oder das Therapeutenpaar als Außerirdische die Tapferkeit, Schlauheit und Kampfkunst der Jediritter.

Auch kann ein Therapeut eine Bewunderungsrolle annehmen und als Reporter über die Heldentat berichten oder in einer Bewunderungsszene die Therapeutin als Präsidentin die Helden mit dem höchsten Tapferkeitsorden des Landes auszeichnen.

Stärkung des Selbstwirksamkeitsgefühls

Für Kinder aus belasteten Familien sind die dauernden Erfahrungen, keine ausreichende Kontrolle über die Umwelt ausüben können und ohnmächtig zu sein, sehr einschneidend. Dies kann zu einer negativen Selbstwirksamkeitserwartung und zur erlernten Hilflosigkeit führen. Daher ist es entscheidend, ihnen im Spiel die Gegenerfahrung der Selbstwirksamkeit zu ermöglichen. Um Selbstwirksamkeit möglichst körperlich zu erfahren, können die Therapeuten Szenen ausgestalten und Hindernisse und Herausforderungen einbauen. Wenn z. B. ein Kind einen Jagdhund auf dem Bauernhof spielen will, so kann der

Therapeut schon beim Szenenaufbau eine Fuchshöhle aufbauen und ein Fell für den fiktiven Fuchs hineinlegen. Im Spiel kann er sich dann in der Rolle des Bauern ärgern, dass dieser schon wieder Hühner gestohlen hat, und fragen, ob wohl sein kluger Hund die Fährte finde und ihn aus seinem Fuchsbau zerre. Und er kann dann, wenn der Junge das Spielangebot aufnimmt, das Geschick des Hundes bewundern, den Fuchs aufzuspüren und zu fangen. Damit der Junge körperlich noch mehr Wirksamkeit als Hund erleben kann, kann der Therapeut ihm anbieten, im schnellen Rollenwechsel kurz den Fuchs zu spielen, der vom starken Jagdhund bezwungen werde.

Bei einem ängstlichen, gehemmten Kind kann die Therapeutin in der Rolle eines stützenden Doppelgängers, z. B. als Copilotin, ihm helfen, die gewünschte Rolle des Flugkapitäns auszufüllen und die positive Erfahrung zu machen, eine große Boeing steuern zu können. Oder sie kann als Schneiderin ein unkontrolliertes Mädchen unterstützen, die Rolle eines Modells beim Spiel »Germany's Next Topmodel« so angemessen auszugestalten, dass die anderen Mädchen nicht wieder beklagen, dass es das Spiel zerstört habe.

Zur Förderung der Selbstwirksamkeit gehört auch die *Förderung der Selbststeuerung*. Um über die eigenen Gefühle Kontrolle und Selbstwirksamkeit zu erhalten, benötigen Kinder die Förderung ihrer Mentalisierungsfähigkeit. Gerade Stress- und Belastungssituationen haben die Mentalisierungsfähigkeit ihrer Eltern eingeschränkt. Ihre Affektspiegelung ist unangemessen, sodass das Kind sich nicht auf seine eigene Wahrnehmung verlassen kann und sich der Welt der Eltern anpasst.

Für Krüger (2015, S. 20) ist die Mentalisierungsförderung zentral. Psychodrama ist für ihn inneres Mentalisieren und psychische Selbstorganisation durch äußeres Spielen auf der Zimmer- oder Tischbühne. »Psychodrama nutzt therapeutisch die faszinierende Möglichkeit, durch äußeres psychodramatisches Spielen das innere Mentalisieren der Patienten zu differenzieren, zu erweitern und sinngebend zu Ende zu führen« (a. a. O., S. 58). Da Kinder häufig die Rolle tauschen, den Therapeuten die Rolle geben, die sie draußen haben, und selbst die Rolle einnehmen, die die Erwachsenen haben, können sie durch Externalisierung in den Therapeuten Angst und Ohnmacht erzeugen.

8.1 Psychodrama mit Kindern und Jugendlichen

Wenn diese sich auf die übertragenen Rollen richtig einlassen, können sie in einer konkordanten Identifizierung die in ihnen aufkommenden Gefühle der Wut, Trauer, Ohnmacht und Hilflosigkeit wahrnehmen und so das Kind verstehen. Dem Affektspiegelungsmodell (Fonagy und Target 1996) zufolge lernt das Kind erst aus den Reaktionen der Therapeuten, in welchem Gefühlzustand es sich befindet, welche Angst und Ohnmacht es selber hat, und diese Affekte zu regulieren.

Ein Beispiel mag zeigen, wie 8- bis 9-jährige Kinder aus Suchtfamilien ihre schlimmen Erfahrungen darstellen, wenn sie in der Nacht verwirrende und beängstigende Dinge erleben und sie ihrer eigenen Wahrnehmung nicht mehr trauen können, weil die Eltern am nächsten Morgen das Erlebte verharmlosen oder sich wie ausgewechselt geben.

> In einer Gruppenstunde einigen sich die Jungen auf das Thema »Schlossgespenster«. Das Therapeutenpaar soll Gäste spielen, die ein schönes Wochenende im Schloss verbringen möchten; die Jungen wollen tagsüber Bedienstete sein, des Nachts aber Schlossgespenster. Nach dem Aufbau der Szene und der Verkleidung beginnt das Spiel, als wir als Gäste nach einem guten Essen zufrieden ins Bett gehen. Um Mitternacht beginnt aber der Spuk. Wir werden von den unterschiedlichsten Gespenstern über Schreie, schreckliche rote Augen, Gegenstände, die durch den Raum fliegen, und Schläge zu Tode geängstigt. Wir spiegeln mentalisierend die Gefühle, die die Kinder zu Hause erleben, indem wir laut vor uns hinsprechen, wie schrecklich es ist, hilf- und wehrlos diesem Spuk ausgesetzt zu sein, vor Angst zu zittern, nur abwarten zu können, bis er zu Ende geht. Hoffentlich werde es bald Tag, da könne man ja kein Auge zu machen vor Angst. Am nächsten Morgen, als wir schlotternd von unseren schrecklichen Erfahrungen berichten, lachen die Bediensteten sie aus. Das hätten wir nur geträumt, die Nacht sei ganz ruhig gewesen, sie hätten ja sonst auch was hören müssen. Wieder spiegeln wir mentalisierend die Verwirrung, wie es einem ergeht, wenn das als Einbildung abgetan wird, was wir als schrecklich erlebt haben, und dass wir jetzt ganz unsicher werden, ob wir unserer Wahrnehmung trauen können, wenn andere dies als Täuschung hinstellen.

8 Settings

Förderung der Beziehungsfähigkeit

Eine wesentliche Indikation für Gruppentherapie besteht gerade für die Verhaltens- und Beziehungsstörungen, die auch auf den Mangel an sozialen Fähigkeiten zurückzuführen sind. Über Interventionen können die Therapeuten den Kindern Möglichkeiten eröffnen, dass sie in Beziehung zueinander treten, Solidarität und hilfreiche Beziehungen untereinander entwickeln und damit einen wichtigen Schutzfaktor aufbauen können. Denn je belastender die Familien- und Lebenssituation für Kinder ist, desto wichtiger wird die Fähigkeit, mit Gleichaltrigen Freundschaften zu entwickeln.

Um Kindern positive Beziehungserfahrungen zu ermöglichen, müssen die Therapeuten immer wieder Bedingungen schaffen, die ein Zusammenspiel, ein kooperatives Verhalten und gegenseitige Hilfe erfordern, wie z. B. bei einer gemischten Gruppe von Zehnjährigen, die eine Harry-Potter-Geschichte spielen wollen. Sie wählen die Rollen von Zauberschülerinnen, die Therapeutin soll eine Zauberlehrerin sein, die nur mit ihren Zaubertränken beschäftigt ist und die Gefahr nicht wahrnimmt, der Therapeut soll der Widersacher Voldemort sein, der in Schloss Hogwarts die böse Macht aufrichten möchte. Obwohl die Kinder besprechen, wie sie gemeinsam Voldemort unschädlich machen können, halten sie sich nicht an die Absprache, sondern jeder will ihn als erster mit seinem Superzauber besiegen. Da darüber ein Streit ausbricht, kommt die Therapeutin als Eule geflogen und berichtet, Voldemort habe einen neuen Abwehrzauber entwickelt, bei jedem Einzelzauber werde er noch stärker, nur durch einen gemeinsamen vierfachen Zauber könne er besiegt werden. Und ich spotte als Voldemort in meinem Versteck, diese Einzelgänger könnten mich nie und nimmer bezwingen. Schnell sprechen sich die Kinder ab, richten gemeinsam ihre Zauberstäbe auf mich, sprechen gemeinsam den Zauberspruch und entmachten mich mit dem Fesslungszauber.

Abschlussphase

Ziel dieser Phase ist es, die Spielhandlungen abzuschließen, den emotionalen Prozess abklingen zu lassen und eine kurze Rückschau auf das Spiel zu ermöglichen. Fünf bis zehn Minuten vor Sitzungsende beenden die Therapeuten mit einem Ritual die Spielphase. Die Kinder werden gebeten, ihre Rollen abzulegen und sich in einen Stuhlkreis zu setzen. Die sich anschließende Gesprächsphase ist im Vergleich zur Erwachsenentherapie viel kürzer. Da Kinder eine verbale Aufarbeitung ablehnen, äußern sie meist nur sehr kurz, was ihnen im Spiel gefallen hat. Die Therapeuten können in einem kurzen Rollenfeedback ein Mentalisierungsangebot geben, z. B. dass sie in ihren Rollen gespürt haben, wie schlimm es ist, ausgelacht zu werden. Und sie können neu Gewagtes von Kindern positiv hervorheben. Um nicht die Symbolebene, die Kinder schützt, aufzulösen, sollte kein Bezug zu ihrer realen Lebenssituation hergestellt werden, es sei denn, dass Kinder von sich aus darauf zu sprechen kommen, was aber eher selten vorkommt.

8.1.5 Einzeltherapie mit Kindern (Monodrama)

Auch in der Einzeltherapie wird die Anwärmphase (Entwurf der Geschichte, Rollenwahl und Aufbau der Szene), die Spiel- und Abschlussphase beibehalten (vgl. Aichinger 2012; Aichinger und Holl 2002). Da aber anders als in der Gruppentherapie andere Kinder und ein gegengeschlechtliches Therapeutenpaar fehlen, muss ein Kind im Monodrama zur Bearbeitung seiner Probleme auf Tier- und Menschenfiguren, Handpuppen oder Rollenspiel zurückgreifen. Dabei hat der Therapeut die schwierige Aufgabe, mehrere Rollen zu übernehmen.

Um für Kinder dieses innere Theater der Seele in einem Bühnenarrangement zu externalisieren, hat Aichinger (2012) die Teilearbeit mit Tierfiguren entwickelt. Für die Aufstellung des intrapsychischen Systems lässt der Therapeut das Kind zunächst für die Problemseite (z. B. für den Rückzug) ein Tier wählen. Dann darf es sich ein Tier für die Seite aussuchen, die durch das Problem nicht mehr zum Zug kommt (z. B. Freunde treffen), und zuletzt für sich selbst. Danach wählt das Kind Tiere für das Familiensystem oder auch für das System Schule. Anschließend befragt er, wie die Tiere zueinanderstehen und was sich ändern muss, dass alle Freunde werden können.

Die Auseinandersetzung und Integration mit den inneren Anteilen kann auch von der Teilearbeit mit Tierfiguren in ein Rollenspiel übergeleitet werden. So will z. B. ein ängstlicher 10-Jähriger nach zwei Spielstunden mit den Tierfiguren einen Superagenten spielen, der in einer *Mission Impossible* einen Bösewicht, der das Trinkwasser der ganzen Welt vergiften will, im letzten Moment überwältigt. Um ihm Selbstwirksamkeit und nicht Angst erleben zu lassen, übernimmt der Therapeut nicht nur die Rolle des Bösewichts, der sich überwältigen lässt, sondern bietet ihm auch an, sein Assistent zu sein, der ihn dann im Spiel bewundern, stützen und stärken kann.

8.1.6 Begleitende Familien- oder Elternberatung

Für Moreno sind psychische Störungen in erster Linie Beziehungsstörungen und immer im Umweltkontext zu sehen. Für ihn ist nicht die einzelne Person, sondern sein soziales Atom primärer Gegenstand von Diagnose und Therapie (1969). Da Kinder immer in größere soziale Strukturen eingebettet leben, muss die Therapie mit Kindern per se multi-systemisch und kontextorientiert sein.

Systematischer und regelmäßiger Einbezug der Eltern

Nimmt man auch hier die Sprache der Kinder ernst, bietet das Symbolspiel mit Tierfiguren oder Rollenspiel für Familien eine optimale Möglichkeit, aus einem genervten und freudlosen Miteinander herauszukommen und über eine Veränderung der Familienatmosphäre und der Beziehungen einen Kontext zu schaffen, der Weiterentwicklung erst ermöglicht. Im Familienspiel zeigen Kinder aus einem intuitiven Wissen des Körpers ganz oft Lösungen auf und geben Eltern Rollen, die diese in eine Haltung bringen, die Kinder für ihre Entwicklung benötigen.

Da das Spiel optimale Möglichkeiten bietet, Beziehungen zu stärken, ist es auch sehr geeignet bei Eltern mit Bindungsstörungen. Aber auch bei Eltern, die durch ihre Belastung oder psychische Krankheit nicht in der Lage sind, die innere Welt des Kindes wahrzunehmen und sich in die Gefühle und Gedanken des Kindes hineinzuversetzen. Über das Familienspiel können. Empathie und Feinfühligkeit entwickelt und positive Bindungserfahrungen ermöglicht werden.

Im ersten Familienspiel will Sarah, ein desorgansiert gebundenes Mädchen, eine junge Prinzessin spielen, die Mutter soll die Königin sein, der Therapeut der Diener. Nach dem Aufbau der Szenerie serviert der Diener der Königin und der Prinzessin am Morgen das Frühstück. Die Königin ist so bedürftig, dass der Diener kaum dazu kommt, die Wünsche der Prinzessin zu erfüllen. Danach reitet die Prinzessin aus und klettert dann an einer Felswand hoch, was die Mutter als Königin gar nicht registriert, da sie sich mit ihrem Handy beschäftigt. Um die Mutter mehr ins Spiel mit einzubeziehen, kommt der Therapeut als Diener, entschuldigt sich, dass ich die Königin in wichtigen Staatsgeschäften stören müsse, reiche ihr ein Fernrohr und frage sie, ob sie sich nicht sorge, der zarten Prinzessin könne an der steilen Felswand etwas zustoßen. Die Königin verneint, ihre Tochter sei doch geschickt, da müsse sie nicht aufpassen. Darauf zeigt Sarah ihr Bedürfnis nach Versorgung und Trost und stürzt als Prinzessin ab. Da die Königin auf das Unglück nicht reagiert, äußere ich meine Befürchtung, die Prinzessin könnte sich ernsthaft verletzt haben. Wir müssten uns schnell auf den Weg machen, sie zu retten. Als wir mit der Kutsche bei der am Boden liegenden Prinzessin ankommen, kitzelt die Mutter sie. Sarah steigt kurz aus dem Spiel aus und sagt:»Mama, ich bin doch verletzt!«. Die Mutter hört aber nicht auf zu kitzeln, obwohl Sarah sie wiederholt bittet, aufzuhören, da sie verletzt sei.

Im Spiel zeigt die Mutter einen misslungenen Tele-Prozess. Ihre Affektantwort ist, über Überstimulation das Kind vom »Als-ob«-Schmerz abzulenken. Daher versuche ich über ein korrigierendes Mentalisieren einen Wandel der interpersonellen Wahrnehmungen und des Bindungsverhaltens zu fördern.

Ich frage Sarah, aus der Rolle kurz aussteigend, welche Verletzungen die Prinzessin sich zugezogen habe, schildere dann die Verletzungen und spiegle den Schmerz, den sie erduldet. Da die Mutter diesen »Als-ob«- Schmerz immer noch nicht ernst nimmt – die Wunden als Kratzer abtut –, versuche ich, sie ihn eine Pflegehandlung mit einzubeziehen. Sie habe doch so heilsame Salben in ihrer Hausapotheke, ob sie diese nicht schnell holen könne, um den Schmerz der Prinzessin zu lindern, frage ich sie. Da sie auch dann nicht reagiert, korrigiere ich mich, natürlich sei dies Aufgabe des Dieners. Wo sie denn diese Heilsalbe aufbewahre? Im Nachttisch, antwortet sie. Ich eile zum Schloss und bringe die Salbe. Da sie keine Anstalten macht, die Wunde einzusalben, bitte ich sie, da ich raue Hände hätte, sie dagegen zarte, vorsichtig die Salbe über die Wunden an Beinen, Armen und Kopf zu streichen. Erst jetzt kann sie als Königin die Wunden, die ich ihr zeige, sanft einsalben, worauf Sarah strahlt. Sofort bestätige ich ihre gute Behandlung. Ob sie gesehen habe, wie sich das schmerzerfüllte Gesicht der Prinzessin entspannt habe. Ob sie diese weiter streicheln könne, damit durch die heilsame Berührung der Schmerz nachlasse.

Einbeziehung des sozialen Umfelds

Nach Moreno muss aber die Arbeit mit dem realen sozialen Atom über die Familie hinausgehen und die Lebenswelten von Kindern, wie den Kindergarten oder die Schule, mit einbeziehen. Eine solche weitere systemische Sicht vermeidet die Gefahr, Familien zu pathologisieren, und berücksichtigt auch neuere Erkenntnisse über den starken Einfluss der Netzwerke auf Kinder. Aggressive Kinder, die anderen Kindergartenkindern Angst machen und daher aus den gemeinsamen Spielen ausgeschlossen werden, oder Kinder, die in der Schule in eine Außenseiterposition geraten sind und gemobbt werden, müssen nicht nur in ihrer sozialen Kompetenz in einer Gruppentherapie gestärkt werden. Zusätzlich sollte über beziehungsfördernde Spiele im Kindergarten oder in der Schule (Aichinger 2011) ihre Integration in die Kindergartengruppe oder Klasse gefördert werden.

8.1.7 Einzel- und Gruppentherapie mit Jugendlichen

Auch Jugendliche brauchen eine eigene Methode, die ihrem Entwicklungsstand und ihren Entwicklungsaufgaben entspricht. Einerseits tun sie das Symbolspiel des Kinderpsychodramas als Kinderkram ab, andererseits möchten sie auch nicht wie Erwachsene problematische Szenen auf der Bühne reinszenieren und wünschen eine Distanzierung vom Bedrückenden.

Während für Kinder ein elaboriertes therapeutisches Konzept vorliegt, gibt es für Jugendliche nur wenige Veröffentlichungen mit unterschiedlichen Ansätzen: Jüngere Jugendliche, die noch gerne spielen möchten, aber nicht mehr dürfen, weil das Symbolspiel zu sehr mit der Kinderwelt verbunden ist, können durch eine weitere Verfremdung für das Symbolspiel gewonnen werden. Indem sie sich zunächst in berühmte Schauspieler verwandeln, die einen Film drehen, können sie als Filmschauspieler Heldinnen und Helden in Filmen wie *Mission Impossible*, *Twilight* oder *Piraten der Karibik* spielen. Möglich sind auch realitätsnähere Spiele wie *Germany's Next Topmodel*, *Grammy-Verleihung* für die beste Band, *Oscar-Verleihung* für die besten Schauspieler oder *Pokalverleihung* bei der Fußballweltmeisterschaft. Ältere Jugendliche neigen eher zu US-Fernsehserien, die sie – wieder in der doppelten Distanzierung – als Schauspieler drehen und spielen (diesen Ansatz hat der Autor mit Supervisanden entwickelt).

Einen wichtigen Zwischenschritt zu realitätsnäherem Spielen stellen Soziodramen dar. Im gruppenzentrierten Soziodrama (Kuchenbecker und Engelbertz 2005) werden Themen, die Jugendliche beschäftigen, verfremdet inszeniert, indem über von den Therapeuten vorbereitete oder von der Gruppe erstellte Situations- und Rollenkarten persönliche Themen der Jugendlichen verfremdet aufgegriffen werden. Inhaltlich beziehen sich diese Soziodramen auf die anstehenden Entwicklungsaufgaben der Jugendlichen, wie körperliche Veränderung oder Geschlechtsrolle.

Mit Adoleszenten ist im nächsten Schritt ein Protagonisten-zentriertes Soziodrama möglich, indem z. B. ein Kontakt zu Mädchen suchender Junge ein Discospiel vorschlägt und sich in neuem, ungewohntem Verhalten ausprobiert (Biegler-Vitek et al. 2004).

In der Einzeltherapie hat sich die Teilearbeit mit Tierfiguren bewährt (Aichinger 2012) mit dem Unterschied zur Arbeit mit Kindern, dass mit den Tieren nicht mehr gespielt wird, sondern mit ihnen über Aufstellungen weitergearbeitet wird. Auch bietet sich der Einsatz von anderen Intermediärobjekten wie Gestalten von Masken oder Entwerfen eines Comic-Heftes an (Stamenkovic-Strobel 2014).

8.2 Psychodrama mit Erwachsenen

8.2.1 Monodrama – Einzelsetting

Psychodrama im Einzelsetting ist ein Oberbegriff, der verschiedene praktizierte Formen beinhaltet: Monodrama, Psychodrama à deux und Psychodrama mit anwesendem Hilfs-Ich (vgl. Fürst 2004; Erlacher-Farkas und Jorda 1996). Der Hauptunterschied zwischen den ersten beiden Formen besteht darin, inwieweit der Therapeut in die Rollenspiele des Patienten direkt involviert ist. Im Monodrama im engeren Sinn spielt der Patient alle Hilfs-Ich-Rollen ausschließlich selbst, d. h., er spielt allein (Schaller 2016). Im Psychodrama à deux übernimmt auch der Therapeut Rollen. Bei der Form des Psychodramas zu dritt ist ein weiteres Hilfs-Ich neben Patient und Therapeut anwesend. Es hat sich der Begriff Monodrama als Oberbegriff für all die Formen des Einzelsettings eingebürgert (Stadler 2014).

Inwieweit der Therapeut dabei mitspielt, ist einerseits eine Frage der therapeutischen Haltung und der therapeutischen Persönlichkeit, andererseits eine Frage des Integrationsniveaus (OPD) des Patienten. Therapeuten, die Rollen des und für den Patienten übernehmen, signalisieren dem Patienten, dass sie bereit sind, sich aktiv auf den inneren Prozess des Patienten einzulassen. Sie zeigen, dass sie bereit sind, die Protagonistenrolle, aber auch die Rollen der Antagonisten empathisch zu erspüren. Dies kann für Patienten ein sehr wichtiges Signal sein. Gleichzeitig hat dies eine Indikationsgrenze: Menschen mit Strukturdefiziten halten es nicht gut aus, wenn die Position des Therapeuten vakant ist; sie verlieren dann den Halt. Der Therapeut kann aber nur eine Rolle gleichzeitig aktiv bedienen, entweder er hat die Therapeutenrolle inne oder er ist im Rollenwechsel mit dem Patienten bzw. einer seiner anderen Rollen. Besonders relevant ist dies bei der Stühlearbeit oder anderen Formen auf der Zimmerbühne. Der Therapeut, der Rollen des Patienten aktiv mitspielt, erhält zusätzliche Informationen aus der Rolle. Einfühlung steigert sich durch Embodiment (Storch et al. 2015).

Einige Therapeuten wie z. B. Rojas-Bermudez (1970), Yablonski (1992) oder Krüger (2015) übernehmen in der Regel selbst Rollen im

Dialog mit dem Patienten, z. T. auch die Rolle des Antagonisten. Die Frage, ob das sinnvoll ist, wird kontrovers diskutiert. Neben der oben bereits genannten Frage spielt dabei eine Rolle, ob es zu erschwerten Übertragungen seitens des Patienten kommt; dies entspricht nicht unserer Erfahrung. Übertragungen sind mehr oder minder unbewusst und Teil der Therapie und somit erwünscht. Sie geben wesentlichen Aufschluss über die Beziehungsgestaltung des Patienten und werden zum gegebenen Zeitpunkt Thema. Die auftauchenden Beziehungsmuster lassen sich aus der Metaperspektive von Therapeut und Patient gemeinsam betrachten. Die Abklärung im Gespräch zuvor stellt sicher, in welcher Form der Therapeut zur Verfügung stehen kann. Je höher und integrierter die nach OPD definierte Struktur des Patienten, desto besser gelingt es dem Patienten, die vom Therapeuten übernommenen Rollenanteile (Hilfs-Ich) von seiner Funktion als Therapeut zu unterscheiden (vgl. OPD 2006).

Der Ablauf eines Protagonisten-zentrierten Spiels in der Einzeltherapie erfolgt ähnlich wie das Protagonistenspiel in der Gruppe und besteht aus Erwärmung, Entscheidung für ein Thema, Einrichtung einer Bühne und Szenenaufbau, Spiel der Szene mit Hilfe der Psychodrama-Techniken, Rollenfeedback und Sharing.

8.2.2 Indikation für das Monodrama

Eine Einzeltherapie ist generell dann indiziert, wenn Patienten zu Beginn des therapeutischen Prozesses noch sehr instabil sind. Ausgeprägte Blockaden oder Angstzustände, hohe Kränkbarkeit und Sensibilität, schwere dissoziative Störungen und oder schwere Traumatisierungen, akut psychotische Zustandsbilder sprechen für das Einzelsetting.

8.2.3 Tischbühne und Zimmerbühne

Monodramatisch kann mit den Patienten grundsätzlich in zwei Settings gearbeitet werden: auf einer Tischbühne oder auf dem Boden, der Zimmerbühne. Krüger nennt diese beiden Bühnenformen die *metaperspektivisch-symbolisierende Bühne* und die *somato-psychische Bühne*.

Die Tischbühne liefert als Effekt die Metaperspektive automatisch mit; der Patient sieht sich aus der Spiegelposition, da er außerhalb seiner Szene steht. Die Szene ist auf einem Tisch mit *Intermediärobjekten* oder *Symbolen* aufgebaut. Auch für den Patienten selbst steht in der Regel ein Symbol oder Objekt, z. B. eine Holzfigur.

Die Zimmerbühne ist hingegen alltagsnäher, da der Patient sich die Personen auf Stühlen besser vorstellen kann. Im Fall des Rollenwechsels kann er sich besser einfühlen, als wenn die Szene »nur« mit Hilfe von Figuren auf einem Tisch dargestellt wird.

Selbstverständlich gibt es fließende Übergänge, z. B. die Arbeit mit Symbolen an einer Timeline auf der Zimmerbühne. Auch kann auf der Tischbühne gestartet werden und dann eine kurze Sequenz herausgenommen werden, die auf der Zimmerbühne intensiver belebt wird. Auch hier ist es im Wesentlichen eine Indikationsfrage: wie viel Intensität brauchen die Patienten (z. B. bei depressiver Symptomatik), ist die Zimmerbühne besser geeignet; brauchen sie ein Cool Down oder einen Überblick (z. B. bei Traumafolgestörungen), ist die Tischbühne die besser geeignete.

Arrangements auf der Tischbühne

Arbeit mit Bildern, Intermediärobjekten oder Symbolen

Die Arbeit mit Postkarten und Bildern ist im Einzelsetting praktikabel für die Befindlichkeitsklärung oder bei der Themensuche. Die Bilder regen an und ein Postkartenbild lässt sich danach auf der Zimmerbühne in Szene setzen, z. B. eine einsame Bank in einem Park. Die Patientin sucht für die Bank einen Platz im Raum. Sie vollzieht einen Rollenwechsel mit der Bank und kann so diesen Selbstanteil explorieren. Auch mit ihr als einer Besucherin dieser Bank lässt sich ein Rollenwechsel durchführen. Hier kann ein Monolog als Besucherin der Bank beginnen (Rollenspiel). Die Therapeutin kann die Patientin dabei unterstützen. Ein weiterer Rollenwechsel kann z. B. mit einem Baum im Park stattfinden. Das Unvorhergesehene und Unerwartete bahnt sich seinen Weg von innen nach außen. Ein Patient erspürte die Ruhe in der Rolle der Bank und z. B. in der Rolle des Besuchers die Bank als kleine Insel im Alltag. In der Phase des Monologisierens und Reflektierens in der einen oder anderen Rolle würde Krüger von »Mentalizing« auf der Bühne sprechen (Krüger 2015; Krüger und Stadler 2015). Nach einem kognitiv emotionalen Aha-Moment im Prozess, einer Katharsis, wird das Spiel in gemeinsamer Übereinkunft zwischen Patient und Therapeut beendet. Nach dem Ende der Aktionsphase folgen das Rollenfeedback und die Integration hinsichtlich der jetzigen Erkenntnisse. Bei Bedarf kann ein Spiel in der nächsten Sitzung eine Fortsetzung finden.

Für die Arbeit mit dreidimensionalen Symbolen auf der Tischbühne eignen sich grundsätzlich alle Arten von Symbolen, mit denen auf dem Tisch gespielt werden kann: mehr abstraktere Gegenstände wie Holzkegel, Steine, Tücher, oder mehr konkrete wie Schlümpfe, Holz- oder Plastiktiere und Playmobilfiguren. Bei der Auswahl sind das Strukturniveau und der Auftrag des Patienten zu beachten.

Soziales und soziokulturelles Atom als Zeichnung und Aufstellung

Das *Soziale Atom* auf dem Tisch dient der Exploration der relevanten Beziehungen. Man startet klassischerweise mit einem Blatt Papier und zeichnet konzentrische Kreise. Auf dem innersten Kreis befindet sich der Patient und ordnet die Verwandten und Bekannten auf den umliegenden Kreisen an. Das Hauptkriterium ist die emotionale Nähe zueinander. In einem nächsten Schritt lässt sich das Papierarrangement auf die Tischbühne bringen. Dazu werden Figuren, z. B. Puppen oder Bauklötze, auf dem Tisch angeordnet, um die wichtigsten Beziehungskonstellationen herauszuarbeiten. Der Patient übernimmt die Rolle der jeweiligen Person, indem er mit dem Finger auf die Figur tippt und aus dieser Rolle spricht und sie vorstellt. Er verschafft sich einen Überblick über die Personen in seinem Beziehungsnetz. Überraschende Momente ergeben sich durch die Figuren selbst oder ihrer Position zueinander. Eine Variante ist in Abbildung 19 zu sehen: ein *soziokulturelles Atom*.

Hier wurden die Personen (soziales Atom) und Gefühle (kulturelles Atom) einander zugeordnet ohne das Ordnungselement der konzentrischen Kreise. Dadurch wurden der Patientin Muster in ihren Bezie-

8 Settings

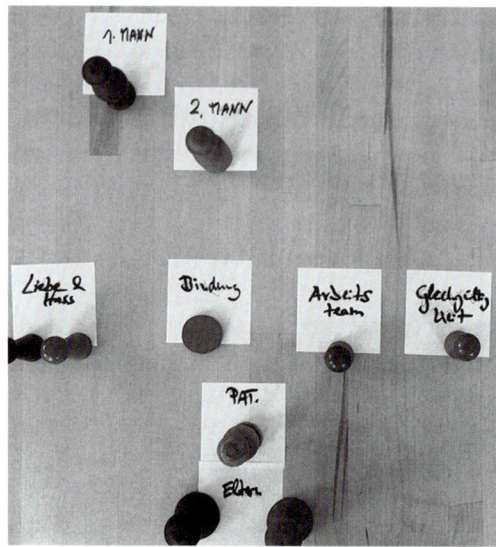

Abb. 19: Soziokulturelles Atom mit Intermediärobjekten auf der Tischbühne

hungen deutlicher. Eine Patientin kam mit ambivalenten Gefühlen in die Stunde. »Ich bin heute mit sehr gemischten Gefühlen hergekommen, einerseits gern, aber andererseits hatte ich keine Lust«. Die Gefühle (Lust – keine Lust) ließen sich mit Intermediärobjekten auf der Tischbühne aufstellen.

Arrangements auf der Zimmerbühne

Timeline

Eine weitere Arbeit im Einzelsetting ist die Biografie-Arbeit (lineare Biografie oder Timeline). Mit Schnur, Tüchern, Zetteln und verschiedenen Figuren kann eine Lebenslinie auf der Zimmerbühne ausgelegt werden (▶ Abb. 20). Dieses Arrangement ermöglicht einen Überblick über die bedeutsamsten Lebensstationen. Der Patient wählt entweder seine Biografie von Beginn an oder einzelne Ausschnitte, die ihm besonders wichtig erscheinen. Eine Vertiefung weiterführender Themen lässt sich

8.2 Psychodrama mit Erwachsenen

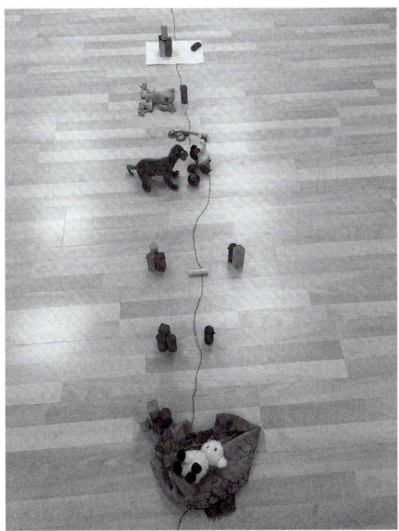

Abb. 20: Arbeit mit der Timeline

aus den Stationen der Biografie ableiten, Unverarbeitetes besser sichten und auch Zukunftsvisionen lassen sich konkretisieren. Die Symbole stehen für Personen und Lebewesen wie z. B. der Hund, negative wie positive Ereignisse, Gegenstände wie Schmuck oder Tagebuch oder Stofftiere oder Dinge aus der Natur. Die Tücher illustrieren in unterschiedlichen Farben gewisse Lebensabschnitte oder andere Inhalte.

Thematisch lassen sich mit der Timeline zeitübergreifend weitere Themen fokussieren wie z. B. Szenen einer Ehe, Leistungsdruck, Entwicklung von Konflikten in einem Lebensbereich etc., um die Ursachen von Störungen zu verstehen, zu verarbeiten und Veränderungen einzuleiten. Jedes gelöste Problem mobilisiert neue Ressourcen und ist ein Gewinn für die Lebensqualität.

Mit suchtkranken Menschen können zwei Linien gelegt werden: die Linie des Lebens mit den Ereignissen und die Suchtlinie mit den entsprechenden Suchtausprägungen (»Absturz«, Klinikaufenthalt, Suchtdruck, Rehabilitationsphase, Suchtmittelmengen etc.).

Stühlearbeit

Eine weitere Option besteht im Transfer des sozialen Atoms auf die somato-psychische oder Zimmerbühne mit *Stühlen* im Raum. Stühle können auch ohne die Vorarbeit mit dem sozialen Atom eingesetzt werden. Wird eine Stühlearbeit in Erwägung gezogen, empfiehlt es sich immer schon Stühle in der Nähe stehen zu haben, um eine Person einladend auf die Anteile des Konflikts hinzuweisen (Auf einen Stuhl deutend: »Stellen Sie sich vor, dass dort Ihre Mutter sitzt ...«). Das Interesse wird auf den Stuhl gelenkt und die innere Vorstellung stark angeregt. Wurde auf der Tischbühne mit dem Arbeiten gestartet, werden diejenigen Figuren ausgewählt, die beim Patienten besonderes Interesse wecken, z. B. weil sie heftige Gefühle auslösen (z. B. Sehnsucht nach der Mutter). Diese Figur wird für den Patienten erlebnisnäher, wenn er sich auch körperlich in ihre Rolle einfühlen kann. Der Therapeut lädt den Patienten ein sich vorzustellen, seine Mutter säße auf dem Stuhl, und er kann sie jetzt direkt ansprechen. Der Szenenaufbau ist damit schon vollzogen und der Patient kann direkt in die Interaktion gehen.

Im Rollenwechsel mit der Mutter setzt sich der Patient auf den Stuhl und nimmt die Haltung der Mutter ein. Er führt sie kurz mit Alter sowie einigen Charakterisierungen ein. (»Ich bin Anja, die Mutter von Barbara. Von Beruf bin ich ... Mein Verhältnis zu Barbara ist ...«). In der Rolle des Patienten kann der Therapeut helfen, das Gespräch im Fluss zu halten, indem er z. B. den letzten Satz hier aus der Rolle der Mutter wiederholt. Es folgt ein mehrfacher Rollentausch bis sich der Patient »genügend« mit der Rolle der Mutter auseinandergesetzt hat. In diesen Dialogen werden Emotionen aktiviert und der Therapeut ist besonders gefragt, den Patienten zu unterstützen. Alle Rollen werden zuerst vom Patienten übernommen, bevor der Therapeut die Rolle einnehmen kann. Das ist wichtig, um die Patientenperspektive zu wahren. Oft reicht schon die Beschäftigung mit einer Figur, die einen Patienten auf der Grundlage des »Mentalisierens« (Krüger 2015, S.20) zu Reflexionen und neuen Erkenntnissen anregt.

Auch für die Exploration der Ego-States eignet sich die Arbeit mit Stühlen, dies insbesondere bei traumatischen Störungen oder Patienten mit Persönlichkeitsstörungen. Bei Trauma-Patienten sind verschiedene traumaassoziierte Anteile symbolisierbar, z. B. der dissoziative Anteil, das vernachlässigte Kind, der Selbsthass sowie mehr ressourcenorientierte Anteile. Bei Persönlichkeitsstörungen lassen die Persönlichkeitsanteile (destruktiv süchtige, selbstverletzende oder bedürftige Anteile) genauer identifizieren. Diese Anteile werden benannt, exploriert und mit Gegenständen auf den Stühlen besetzt. In beiden Fällen ist die Arbeit mit verschiedenen Stühlen entlastend und hilfreich für den Patienten, da die Anteile nebeneinander sichtbar gemacht werden und im Hier und Jetzt präsent sind. Die Anteile müssen nicht mehr innerlich bekämpft werden, was Energie und Kraft kostet. Dies führt zu verbesserter Integration der sichtbar gemachten Anteile bei Spaltungsphänomenen. Bei traumatisierten Patienten sollte kein Rollentausch mit den Täterrollen vollzogen werden.

8.2.4 Psychodrama in der Gruppe

Im Kapitel 5 wurde ausführlich auf die Kernelemente psychodramatischer Therapie in der Gruppe eingegangen. Daher wird an dieser Stelle nur noch auf die Indikationsfragen eingegangen.
  Es gibt störungsspezifische Gruppen, z. B. für Patienten mit Essstörungen, Traumata und Sucherkrankungen, und andere, die hinsichtlich der Störungen durchmischt sind; dann stehen themenspezifische Fragestellungen im Vordergrund, wie z. B. die Bearbeitung interpersoneller Probleme und Beziehungsstörungen in ihren unterschiedlichen Variationen. Hinsichtlich anderer Kriterien wie Geschlecht und Alter können die Gruppen mehr homogen oder heterogen zusammengesetzt sein. Patienten nutzen, bevor sie ambulante Gruppen in Anspruch nehmen, häufig Einzeltherapie, um Vertrauen und Selbstvertrauen aufzubauen, dann gelingt der Kontaktaufbau in der Gruppe leichter. Formalitäten der Gruppenteilnahme werden mit dem Patienten vereinbart. Dazu gehören die verbindliche Teilnehme, Regelung von Abwesenheiten in Absprache mit allen Gruppenteilnehmern und des Ausstiegs aus der Gruppe. Mit Beginn der Gruppe werden die Gruppenregeln besprochen, allen voran die Schweigepflicht der Gruppenteilnehmer so-

wie möglichst in der Ich-Form zu sprechen und die aktive Bereitschaft Themen einzubringen. In einer Psychodramagruppe ist die Spielfreudigkeit zu Beginn unterschiedlich ausgeprägt, somit kommt dem Erwärmungsteil eine besondere Bedeutung zu.

Besonders geeignet ist das Psychodrama auch für Supervisionen. Der Therapeut spielt seinen Patienten und erlebt durch die szenische Darstellung und seine Rolleneinfühlung bereits vor der Reflexion einen wesentlichen Zugewinn an Erkenntnis über sich und seinen Patienten.

8.3 Psychodrama mit Paaren und Familien

Beim Psychodrama mit Paaren und Familien gibt es zwei Varianten: alle Beteiligten sind anwesend oder es handelt sich um eine Arbeit mit einem Teil des Systems. Hier soll in erster Linie auf den Aspekt eingegangen werden, wenn alle Beteiligten anwesend sind. Der Vollständigkeit halber sei verwiesen auf die so genannten psychodramatischen Familienaufstellungen, wo eine Person das gesamte System der Familie aus seiner Sicht aufstellt (Stadler und Kress 2018), und auf die Arbeit mit Paaren im Monodrama (Stadler 2014).

Ist eine Paartherapie indiziert, bieten sich psychodramatisch gute Möglichkeiten auf der Bühne bzw. den Bühnen, etwas zu veranschaulichen. Bleckwedel (2008) und Bracke (2010) haben sich mit dem Thema psychodramatischer Paartherapie beschäftigt.

Ein Paar und zwei Bühnen

Ist das Paar sehr verstrickt, bietet es sich zunächst an, dass jeder seine Szene auf jeweils einer Bühne zeigt (Szenenaufbau). Damit entstehen zwei Parallelbühnen, welche die Wirklichkeit der beiden Partner zum Ausdruck bringen. Die eigene Aufstellung kann erläutert werden oder der Partner kann Fragen zum jeweils anderen Szenario stellen. Soll das soziale Umfeld dabei mehr fokussiert werden, ist es hilfreich, zwei soziale Atome darzustellen: meine Welt, deine Welt. Geht es jedoch mehr um die innere Welt, helfen zwei kulturelle Atome, z. B. zur Frage der jeweiligen Rollen im Paarsetting (Fels in der Brandung, Liebhaber, Romantiker, Müllwegbringer, Koch etc.). Die sozialen bzw. kulturellen Atome werden verglichen, Konfliktfelder oder ergänzende Bereiche und Schnittmengen werden so schnell entdeckt.

Nähe und Distanz

Eine einfache, aber wirkungsvolle aktionssoziometrische Übung ist das Sichtbarmachen von Nähe- und Distanzwünschen. Hierzu bestimmt einmal der eine Partner, dann der andere, wie nah man sich kommen darf bzw. wie weit man weggehen soll.

Rollentausch und Rollenfeedback

Einer der stärksten Wirkfaktoren ist die Technik des Rollentauschs miteinander, damit werden den Partnern bereits neue Perspektiven eröffnet. Ein Rollentausch deeskaliert und fördert die Empathie. Dies sollte aber nur dann zum Einsatz kommen, wenn dafür die Bereitschaft von beiden Seiten vorliegt. Nachdem das Paar mehrfach miteinander die Rollen getauscht hat, ist es am Ende wichtig, dass sie sich Feedback aus den Rollen geben.

Ambivalenz

Ein Klassiker bei schwierigen Paarkonstellationen ist die Ambivalenz bezüglich der Beziehung bei einem oder beiden Partnern. »Ich weiß nicht, ob ich mich trennen möchte oder ob ich doch mit ihm zusammen bleiben will ...«. Kann das Paar damit in der Paarberatung offen umgehen, ist manchmal schon viel gewonnen, auch oder gerade wenn noch keine Entscheidung getroffen ist. Die Ambivalenz wird mit Hilfe von zwei Stühlen für die beiden Seiten der Ambivalenz pro Partner sichtbar gemacht. Je nachdem, welches Argument oder welche Befindlichkeit gerade vorgetragen wird, wird der entsprechende Stuhl einge-

8 Settings

nommen. »Einerseits möchte ich mich trennen« und »andererseits habe ich Angst, allein zu sein«; »einerseits liebe ich ihn« und »andererseits könnte ich gerade mit xy durchbrennen ...«. Manchmal werden so gemeinsame Abhängigkeits- oder Blockademuster anschaulich versteh- und erlebbar: Wenn A auf dem »Bleiben-Stuhl« sitzt, rutscht B auf den »Trennungsstuhl«.

Ressourcenatom

Gezielt auf Ressourcensuche macht sich ein Paar oder eine Familie, wenn gemeinsam Werte oder Ressourcen in einem Ressourcenatom gesammelt werden. Abwechselnd werden von allen beteiligten Karten oder Symbole in das gemeinsame Atom dafür gelegt, was sie gemeinsam stark macht, gemeinsam Freude bereitet oder sie gemeinsam auszeichnet.

Paargruppe

Mit Paaren kann auch in einer Gruppe psychodramatisch gearbeitet werden. Dies entspricht im Wesentlichen dem Arbeiten, wie es in Kapitel 5 beschrieben wurde, mit einer wichtigen Besonderheit: Wenn mit Paaren in der Gruppe gearbeitet wird, dürfen die Partnerin oder der Partner nicht die *eigene* Rolle in der Aufstellung oder im Spiel des *anderen* übernehmen. Eine andere Person aus der Gruppe übernimmt diese Rolle in der Aufstellung oder dem Spiel. Wenn Frau Meier aufstellt, ist Herr Meier Zuschauer, während Herr Löw die Rolle von Herrn Meier in der Aufstellung von Frau Meier übernimmt.

9 Wissenschaftliche und klinische Evidenz

9.1 Überblick

Überblicksarbeiten (Kipper 1978; Kellermann 1987; Wieser 2004, 2007; Bergmann 2012, 2014; Bergmann und Elliot 2014) fassen die Ergebnisse zur Wirksamkeit des Psychodramas zusammen. Es gibt in den letzten Jahren Studien, die den wissenschaftlichen Goldstandard (randomisierte kontrollierte Studien) erfüllen und signifikante Zusammenhänge von Symptomverbesserungen durch Psychodrama-Therapie belegen. Dazu gehören die Studien von Dehnavi et al. (2015) zur sozialen Phobie, die von Karatas (2011) zu Konfliktlösungsstrategien bei auffälligem aggressivem Verhalten, die von Hu et al. (2010) zur Verbesserung sozialer Faktoren und Reduzierung von Symptomen bei Psychosen aus dem schizophrenen Formenkreis, die von Qu et al. (2000) zur Verbesserung der Negativsymptomatik bei schizophrenen Patienten und die von Abedi Therani (2014) zur Reduzierung der Angstsymptomatik bei schizophrenen Patienten. Auch Wieser (2004, 2007) beschreibt in seinen Überblicksarbeiten neun randomisierte klinische Studien aus den ICD-10-Kapiteln F10–19 (Sucht und Abhängigkeit), F20–29 (Psychose), F30–39 (affektive Störungen), F40–48 (neurotische, Belastungs- und somatoforme Störungen) und mit Einschränkungen bei F70–79 (Intelligenzstörungen), die signifikant positive Effekte erbrachten. Wie bei den anderen Psychotherapieverfahren sind die Anzahl von kontrollierten Studien mit Vergleichsgruppen und die Anzahl naturalistischer Studien deutlich größer. Es handelt sich dabei um quantitative, qualitative und Mixed-Method-Untersuchungsdesigns (vgl. Hintermeier 2011). In den Studien wurde das Psychodrama mit den unterschiedlichsten Methoden untersucht. Neben den klassischen quantitativen Fragebogenverfahren wurden weiter die Interpretative Phänomenologische Analyse (IPA, Dima und Bucuta 2016), die Qualitative Inhaltsanalyse (vgl. Mayring 2008), die Grounded Theory (vgl. Kastner 2011), die Helpful Aspects of Therapy (Elliot 1993; Elliot et al. 2001), das Helpful Aspects of Morenian Psychodrama Content Analysis System (HAMPCAS, Cruz et al. 2011) und die Clinical Outcomes in Routine Evaluation – Outcome Measurement (CORE-OM, Evans et al. 2002) verwendet. Die Autoren Evans et al. (2000, 2002, 2012) stellten das Konzept der praxisbasierten Evidenz neben die evidenz-basierte Praxis; sie zeigen dabei sehr gute Ergebnisse (Barkham und Mellor-Clark 2003; Barkham et al. 2006).

Das Psychodrama war bereits Anfang der 1930er Jahre des letzten Jahrhunderts in den USA eines der ersten anerkannten Psychotherapieverfahren; Moreno war der erste, der in den 1940er Jahren von Gruppenpsychotherapie sprach. Psychodrama ist heute in Österreich (seit 1996), in der Schweiz (seit 2009), in Ungarn (seit 2001) und ebenso durch die European Association of Psychotherapy (seit 2005) wissenschaftlich anerkannt. In Deutschland durchläuft Psychodrama aktuell das Anerkennungsverfahren durch den *Wissenschaftlichen Beirat Psychotherapie* (WBP) im Rahmen eines von der Arbeitsgemeinschaft humanistische Psychotherapie (AGHPT) eingereichten Antrags. Für die Anerkennung hat Bergmann einen aktuellen Überblick zusammengestellt (vgl. Kriz 2012).

2011 und 2016 erschien je ein Sammelband mit empirischen Arbeiten (Stadler und Wieser 2011; Stadler et al. 2016b) in welchem Artikel zur Grundlagenforschung, Forschungsinstrumente und Methoden, der therapeutischen Arbeit mit Kindern und Jugendlichen sowie mit Erwachsenen, dem störungsorientierten Psychodrama sowie der Psychodramaforschung in Fort- und Weiterbildung, Training und Supervision publiziert wurden. In dem 2011er Band beschreibt Tschuschke die Ergebnisse der so genannten PAGE-Studie (Projekt Ambulante Gruppenpsychotherapie Evaluation, Tschuschke 2011). In dieser Studie untersuchte er die Wirksamkeit psychodramatischer sowie psychodynamischer Gruppentherapie.

»Die Ergebnisse der PAGE-Studie weisen ambulante gruppenpsychotherapeutische Behandlungen, wenn sie von professionellen Behandlern mit guter bis sehr guter praktischer Erfahrung als Psycho- und Gruppenpsychotherapeuten durchgeführt werden, als sehr effektiv aus; dies – im Hinblick auf die psychische Belastung – bei einem chronifizierten Behandlungsklientel. Die Effektstärken liegen im Mittel bei [...] 1.01 (psychodramatische Gruppen: GAF: 1.35, Therapieziele: 1.60, IIP: 0.50, GSI: 0.57); sie rangieren damit über dem in der Literatur berichteten Effektstärke-Durchschnitt von Psychotherapie, der generell zwischen 0.85 und 1.00 liegt.« (Tschuschke 2011, S. 54).

Im Folgenden werden einzelne Studien zu bestimmten Störungs- und Krankheitsbildern vorgestellt.

9.2 Psychosen

Bereits Moreno (1993) und in jüngster Zeit Krüger (2001a, 2001b, 2015) sowie Bender und Stadler (2012) haben zur Behandlung von Psychosen Kasuistiken publiziert. Bender (1982, 1986, 1996) und Bender et al. (1981, 1991) haben eine Reihe von Studien zur Wirksamkeit des Psychodramas bei schizophrenen Patienten vorgelegt.

In einer Vergleichsstudie mit 22 psychiatrischen Patienten bei einer nur zweimonatigen Behandlungsdauer stellen Bender et al. (1979) fest, dass für die Psychodramagruppe im Vergleich zur Kontrollgruppe (Freizeitgruppe) »günstigere Ergebnisse in der Besserung einiger klinisch relevanter Persönlichkeitsdimensionen vorliegen, wie auch in der Besserung der Gesamtpsychopathologie, im Erreichen der Therapieziele und der positiven Beurteilung der Therapie« (Bender et al. 1979, S. 641; Bender 1986). Ein weiteres Ergebnis der Untersuchung war, dass psychotische und neurotische Patienten gut zusammen in einer Gruppe behandelt werden können (vgl. Bender et al. 1981; Bender 1982).

Hu et al. (2010) untersuchten in einer randomisierten, kontrollierten Studie mit 86 Patienten den therapeutischen Effekt der Psychodrama-Therapie zur Verbesserung sozialer Faktoren und zur Reduzierung von Symptomen bei Psychosen aus dem schizophrenen Formenkreis. Beide Gruppen erhielten eine psychiatrische und pflegerische Standardbehandlung; die Experimentalgruppe (N = 44) zusätzlich Psychodrama-Therapie. Jeweils 40 Patienten wurden mit der *Scale of Social Function in Psychosis Inpatients (SSPI)* und der *Brief Psychiatric Rating Scale (BPRS)* zu zwei Zeitpunkten untersucht; die Daten wurden einer Varianzanalyse, einer stufenweisen Regressionsanalyse und einer Kovarianzanalyse unterzogen.

Die Ergebnisse erbrachten folgendes: Die Varianzanalyse ergab, dass die Psychodramabehandlung einen starken Effekt auf die sozialen Funktionen hat (F = 28.057 ~ 59. 419, P 0.01), jedoch keinen starken auf die BPRS-Werte; hier hatte die Dauer der Behandlung den stärksten Effekt. Die BPRS-Werte, das Geschlecht und die Psychodrama-Therapie hatten jedoch einen signifikanten Vorhersagewert auf die psychiatrische Symptomabnahme (Beta-Wert = -0.269, 0.244, 0.685, P 0.01). Nach Extrapolierung des Einflusses der Werte Soziale Funktion und BPRS, Behandlungsdauer und Geschlecht, waren die Mobilität, die Kommunikation und die sozialen Fertigkeiten in der Behandlungsgruppe größer als in der Kontrollgruppe, (P 0.01). Auch wenn der BPRS-Wert vor der Behandlung und das Geschlecht als Faktoren herausgerechnet wurden ergab sich, dass die Abnehme der psychiatrischen Symptomatik (BPRS) in der Behandlungsgruppe größer war als in der Kontrollgruppe (P 0.05). Die Autoren kommen zu dem Schluss, dass Psychodrama-Therapie die sozialen Funktionen und die psychotischen Symptome schizophrener Patienten verbessern kann.

Qu et al. (2000) untersuchten in ihrer randomisierten, kontrollierten Studie 60 hospitalisierte, chronisch schizophrene Patienten zur Frage der Verbesserung der Negativsymptomatik durch Psychodramabehandlung. Beide Gruppen à 30 Probanden erhielten die psychiatrische Standardmedikation und die Behandlungsgruppe bekam zusätzlich einen dreimonatigen Kurs in Psychodrama. Die therapeutische Wirksamkeit wurde evaluiert mit der *Scale for the Assessment of Negative Symptoms (SANS)* und der *Scale for the Assessment of Positive Symptoms (SAPS)*, jeweils vor und nach der Behandlung (Prä und Post). Die *Negativ*symptomatik ging signifikant zurück bei der mit Psychodrama behandelten Gruppe (insgesamt von 42.50 ± 19.00 auf 32.33 ± 16.84, Affektverflachung von 6.57 ± 4.94 auf 4.57 ± 4.01, Sprachlosigkeit von 4.60 ± 3.70 auf 3.07 ± 3.00, Antriebslosigkeit von 9.77 ± 4.34 auf 8.50 ± 4.23, Freudlosigkeit von 10.30 ± 4.56 auf 7. 30 ± 4.40, Aufmerksamkeitsdefizit von 2.73 ± 2.06 auf 2.07 ± 2.59 P0.01). In beiden Gruppen wurde kein Effekt auf die *Positiv*symptomatik festgestellt. Die Autoren stellen fest, dass die Kombination von medikamentöser Behandlung und Psychodrama-Therapie die Negativsymptomatik verbessern und das regressive Verhalten reduzieren kann, die zwischenmenschlichen Beziehungen verbessert und allgemein die soziale zwischenmenschliche Anpassung wachsen lässt.

Abedi Therani (2014) untersuchte die Auswirkungen von Psychodrama-Therapie auf die Reduzierung der Angstsymptomatik bei 26 männlichen, chronisch schizophrenen Patienten. Die Studie war ebenfalls randomisiert und kontrolliert; in jeder Gruppe waren jeweils 13 Männer. Beide Gruppen erhielten die übliche psychiatrische medikamentöse Standardbehandlung (Neuroleptika) und wurden zu Beginn evaluiert mit einer Selbsteinschätzungsskala zur Angst. Die Behandlungsgruppe erhielt 20 Sitzungen Psychodrama-Therapie. Nach der Behandlung wurde die Evaluation wiederholt. Durch die Psychodramabehandlung gingen die Gesamtwerte und die affektiven Angstwerte signifikant zurück; vor allem der emotionale Angstwert ging deutlich zurück ($P < 0.05$), aber nicht der Subwert zur physisch empfundenen Angst. Die Autoren stellen die Hypothese auf, dass die Psychodrama-Therapie so effektvoll war, dass sich die emotionalen Angstwerte so deutlich verbesserten, dass sie die Gesamtangstwerte reduzierten, obwohl die Behandlung keine Auswirkung auf die somatische Seite der Angst hatte.

9.3 Depressive Störungen

Sturms (2009) Studie zu Behandlung einer rezidivierend depressiven Patientin

Sturm hat eine Einzelfallstudie einer rezidivierend depressiven Patientin mit psychosomatischem Syndrom und akzentuierten narzisstischen Anteilen (ICD-10 F33.1) vorgestellt. Diese wurde als Grundlage für das Wissenschaftskolloquium in der Schweiz bei der Charta verwendet und hat u. a. zum Erfolg der Anerkennung des Psychodramas in der Schweiz beigetragen. Im Rahmen dieser Falldarstellung wurde die Psychodrama-Therapie systematisch und umfassend über drei Jahre von Beginn bis zur abschließenden Katamnese-Erhebung erläutert. Die Grundlage des Theoriemodels geht auf Krüger (2002) zurück. In dem Verlauf gelingt es, die komplexen Zusammenhänge der inneren Bühne der Patientin auf sechs äußere Bühnen zu übertragen. Unter anderem kamen folgende Interventionen zum Einsatz: das Problem- und Ressourcenatom, das soziale Atom, die Spiegeltechnik, die Familienskulptur und die psychodramatische Lebenslinie. In der Kasuistik wird die Bearbeitung des auslösenden und des genetischen Konflikts ebenso wie die Inszenierung des bedeutsamen Initialtraums dargestellt. Nach einigen Einzelsitzungen wird die Therapie um die Gruppentherapie u. a. zwecks Vertiefung interpersoneller Konflikte ergänzt.

Rezaeians (1997a) Studie zur Effektivität des Psychodramas hinsichtlich Verhaltensänderungen bei depressiven Patienten (reaktive Depression)

Im Rahmen dieser randomisierten, kontrollierten Studie wurden 54 depressive Männer ausgewählt und in drei Gruppen mit je 18 Teilnehmern unterteilt. Es wurden zwei psychologische Tests, das *Beck Depression Inventar* (BDI) und der *Sacks & Levy Sentence Completion Test* (SLSCT) eingesetzt. Alle drei Gruppen wurden nach der Eingangsdiagnostik über einen Zeitraum von vierundzwanzig Wochen behandelt, die erste Gruppe mit Psychodrama-Gruppentherapie, die zweite Gruppe mit konventioneller psychiatrischer Therapie und die dritte Gruppe mit einer Kombination aus beiden. Alle drei Gruppen hatten bei der Messung vor der Behandlung ähnliche SLSCT-Werte. Bei der Post-Messung schnitt die Gruppe mit *Psychodramagruppentherapie* (1) und die Gruppe mit *Kombinationstherapie* (3) *signifikant besser* ab als die rein psychiatrisch behandelte Gruppe (2). Die *Psychodramagruppentherapie* ist in der Verringerung von Depressionswerten *signifikant effektiver* als die rein psychiatrische Behandlung, auch wenn alle drei Gruppen eine signifikante Verbesserung durch die Behandlung zeigen. Außerdem zeigte sich kein signifikanter Unterschied bei den Mittelwerten nach der Behandlung zwischen der Psychodramagruppe (1) und der Kombinationsgruppe (3). Die Ergebnisse zeigen, dass Psychodrama-Therapie wirkt, ökonomischer ist und lokal durchführbar. Die Psychodrama-Gruppentherapie zeigte einen signifikanten Einfluss auf die inneren Einstellungen depressiver Patienten mit positiven Effekten auf familiäre und sexuelle Probleme wie auch auf interaktive Funktionen und das Selbst. Im Verhalten zeigen sich oft direkt nach den Gruppensitzungen signifikante Veränderungen. Das Psychodrama, welches Interaktionen und Beziehungen der Gruppenteilnehmer fokussiert, ermöglicht einen Umgang mit schweren Gefühlen wie Hoffnungslosigkeit. Eine Erklärung dafür ist, dass die Psychodrama-Therapie eine Atmosphäre fördert, die dazu ermutigt, frei und offen Gefühle zu äußern. Psychodrama kreiert Situationen, in welchen depressive Patienten neue Erfahrungen machen und sich verbessern können.

Rezaeian (1997b) zur Nützlichkeit des Psychodramas in der Behandlung depressiver Patienten

Auch im Rahmen dieser randomisiert-kontrollierten Studie wurden 54 depressive Männer ausgewählt und in drei Gruppen mit je 18 Teilnehmern unterteilt. Das Durchschnittsalter betrug 21,53 Jahre (SD 4.41). Es wurden zwei psychologische Tests, das *Beck Depression Inventar (BDI)* und das *Minnesota Multiphasic Inventory (MMPI)* vor und nach der Behandlungsphase eingesetzt. Alle drei Gruppen wurden nach der Eingangsdiagnostik über einen Zeitraum von vierundzwanzig

Wochen behandelt, die Gruppe (1) mit Psychodrama-Gruppentherapie (60 Sitzungen), die Gruppe (2) mit konventioneller psychiatrischer Therapie (30 Visiten) und die Gruppe (3) mit einer Kombination aus beiden (60 psychodramatische Sitzungen und 30 Visiten). Letztlich erwies sich Psychodrama-Gruppentherapie als sehr effektive Therapie für depressive Patienten, wies aber nur signifikante Unterschiede zu der konventionell psychiatrisch behandelten Gruppe auf. Die *Kombination* von Psychodrama-Gruppentherapie und der psychiatrischen Behandlung (3) war die Gruppe, welche am besten abschnitt, sich aber nicht signifikant von der »nur« mit Psychodrama behandelten Gruppe (1) unterschied.

9.4 Depressive Störungen und Angststörungen

Gessmann (2011) untersucht in seinem empirischen Beitrag die Wirksamkeit psychodramatischer Gruppentherapie bei Neurosepatienten (ICD-10 F3, F4) im Vergleich zu einer unbehandelten Vergleichsgruppe (kontrollierte Vergleichsstudie). In diesem Forschungsprojekt wurden schwerpunktmäßig acht F3- und F4-Patienten erfasst, die im Verlauf von fünfzig Therapiestunden signifikante Veränderungen im Vergleich zu parallelisierten Gruppen aufwiesen. Die Psychodramagruppentherapie sollte neben Symptomreduktion auch Veränderungen im Persönlichkeitsbereich wie auch im sozialen Verhalten bewirken und nachweisbar sein. Neben subjektiv beschriebenen Veränderungen wurden psychodiagnostische Tests, wie das *Freiburger Persönlichkeitsinventar (FPI-R)* mit 138 Items, der *Stressverarbeitungsbogen (SVF)* und *Minnesota Multiphasic Personality Inventar (MMPI-K)* für psychische Störungen eingesetzt. Die Gruppe war hinsichtlich ihrer Ergebnisse sehr erfolgreich. Alle acht Teilnehmer bewerteten in der Nachbefragung die Therapie für sich hinsichtlich privater und beruflicher Beziehungen als sehr zufriedenstellend, ebenso die Verbesserung ihrer Akzeptanz, Durchsetzungs- und Abgrenzungsfähigkeit, Selbstbewusstsein und Selbstwertgefühle, mehr innere Gelassenheit und Stressresistenz. Durch das spezielle Gruppenverfahren werden besondere Persönlichkeitseigenschaften angeregt, die der neurotischen Symptomatik entgegenwirken. Mit den neurotischen Patienten ließen sich psychodramatische Interventionen von Beginn an umfassend einsetzen wie die Applikationen von Rollenspiel und Rollentausch. In der Kontrollgruppe ließ sich kein statistisch relevanter Effekt nachweisen.

9.5 Angst

9.5.1 Soziale Phobie

Dehnavi et al. (2015) untersuchten 210 Adoleszente zwischen 13 und 14 Jahren an einer weiterführenden Schule, um die Effektivität des Psychodramas zur Reduzierung sozialer Phobie zu erheben. Die 30 Kinder und Jugendlichen mit den höchsten Werten auf der *Liebowitz Social Anxiety Scale for Children and Adolescents* wurden ausgewählt und durch Zufall zwei Gruppen zugeordnet, der Experimental- und der Kontrollgruppe (jeweils 15). Die Kontrollgruppe erhielt keine Behandlung; die Experimentalgruppe bekam zweimal die Woche sechs Wochen lang eine 2-stündige Psychodramabehandlung. Die Studie konnte einen signifikanten Rückgang der Symptome der Sozialen Phobie bei der Experimentalgruppe gegenüber der Kontrollgruppe belegen. Die Follow-Up-Untersuchung nach zwei Monaten zeigte die Stabilität der erreichten Ergebnisse. Die Interaktionen in der Gruppe, das Sprechen über die Probleme in der Gruppe sowie das Erarbeiten angemessener Problemlösungen waren die hilfreichen Faktoren der Psychodrama-Therapie.

9.5.2 Mathematikangst

Auch um Jugendliche, wenn auch etwas ältere, geht es bei der explorativen Studie von Gstrein (2016) zur Wirksamkeit der Psychodrama-Therapie bei Schülern mit Angst vor Mathematik. Insgesamt fünf Schüler einer Oberschule zwischen 17 und 19 Jahren nahmen über drei Monate an zehn 90-minütigen Psychodrama-Gruppensitzungen teil. Eingesetzt wurden der *Personal Questionnaire (PQ)* (Elliot et.al 1999) nach jeder Gruppensitzung, die *Selbstwirksamkeitsskala-Mathematik* zu drei verschiedenen Messzeitpunkten (1. Gruppensitzung, 10. GS und letzte GS), zwei quantitative Messinstrumente und das *Client Change Interview (CCI)* (Elliot et al. 2003) am Ende. Die geschilderten Problembereiche äußerten sich in hohen Belastungen vor den Tests, der Beeinträchtigung des Arbeitsgedächtnisses, einem geringen Selbstwertgefühl und mangelnder Motivation. Die Ergebnisse im *Client Change Interview* wiesen alle in eine positive Richtung mit besseren Leistungen und einer veränderten Haltung in Mathematik, eines verminderten Stresslevels im Examen und keinen Blackouts mehr.

9.6 Essstörungen

Die große Fallstudie von Prosen (2015) mit 196 Gruppensitzungen über einen Verlauf von sieben Jahren beschäftigt sich mit Psychodramabehandlung von Patienten mit Essstörungen im stationären Setting in einem psychiatrischen Universitätsspital. Es wurden sämtliche Essstörungsdiagnosen miteinbezogen, wie Anorexia nervosa, Bulimie, Binge-Eating und nicht näher spezifizierte Essstörungen. Es wurden die Beziehungen der Patienten zu ihren Primärfamilien, dem Erkennen und Erforschen von Emotionen in der Gegenwart und der Beschäftigung im Prozess mit der Essstörungsbehandlung untersuch. Die besondere Bedeutung der Bindungstheorie für Erwachsene, nicht nur in familiären Zusammenhängen, wird hervorgehoben. Die Patienten wurden stationär über eine Dauer von ca. vier bis fünf Monaten im Rahmen eines multimodalen Behandlungssettings mit wöchentlich einstündigen Psychodramagruppen behandelt. Zielsetzung war die Befähigung der Patienten, an ihren Problemen zu arbeiten, die mit ihren Essstörungen zusammenhingen. Die Ergebnisse der 196 Gruppensitzungen wurden anhand der Hauptthemen in den Gruppen erfasst (Prosen 2015). Es gab insgesamt 133 protagonistenzentrierte Spiele (pzS), davon handelte der größere Teil von den Beziehungen zu den Mitgliedern der Primärfamilie (75 pzS), davon allen voran der Beziehung zur Gesamtfamilie (46 pzS = 56,4 %), als zweites der Vater-Tochter-Beziehung (14 pzS), es folgt die Mutter-Tochter-Beziehung (9 pzS) und die Beziehung zu den Geschwistern (6 pzS). Weitere Themen waren der Umgang mit Emotionen (20 pzS), dem Behandlungsprozess (13 pzS) und der Beziehung zum Partner (8 pzS). Die Themen der 20 gruppenzentrierten Spiele (gzS) waren imaginierte Rollen (6 gzS), Gruppenbeziehungen (4 gzS) und Grenzen und Verantwortung (4 gzS). 43 Gruppensitzungen fanden ohne Psychodramaaktion statt; an 42 davon wurde ein Gruppenmitglied verabschiedet, und an einem war ein Gruppenmitglied verstorben. Die Fortschritte der Gruppenmitglieder zeigten sich in größerer Spontaneität und einem größeren eigenen Rollenrepertoire als Hilfs-Ichs. Aus der thematischen Kategorisierung ergibt sich eine reliable Abbildung persönlicher wie weiterer wesentlicher Themen von Patienten mit Essstörungen. Mit dieser Auflistung könnte zukünftig eine tendenziell genauere Auswahl der Themen für Patienten mit Essstörung in der Psychodrama-Therapie eingesetzt werden.

9.7 Traumafolgestörungen

Lind et al. (2006) zeigten in einer naturalistischen Pilotstudie (Prä, Post und Follow-up) Effekte von Psychodrama-Therapie in der Gruppenarbeit mit Flüchtlingen. Renner et al. (2008) replizierten und ergänzten die Studie von Lind et al. (2006) zur Wirksamkeit psychodramatischer Gruppentherapie mit Flüchtlingen. Die Gruppentherapie mit 32 Patienten (3 Gruppen) bewirkte hochsignifikante Verbesserungen der klinischen Symptomatik (*Brief Symptom Inventory*). Die Effektstärke betrug d = 1,65. Die Ergebnisse belegen, dass für traumatisierte Asylbewerberinnen und Flüchtlinge Gruppentherapie vermehrt als hochwirksame und ökonomische Alternative zur Einzeltherapie in Erwägung gezogen werden sollte. 83 % der Klienten verzeichneten signifikante Verbesserungen; etwa ein Drittel galt als genesen. Alle befragten Klienten zeigten signifikante Verbesserungen der subjektiven Befindlichkeit. Aus den Ergebnissen kann abgeleitet werden, dass für traumatisierte Asylwerber und Flüchtlinge Psychodrama-Gruppentherapie als hoch wirksame Alternative zur Einzeltherapie eingesetzt werden kann.

135 Klienten (102 Frauen und 33 Männer) zwischen 17 und 72 nahmen an der Explorationsstudie von Renner (2009) zur Wirksamkeit von Psychodrama im Einzel- und Gruppensetting teil. Das *Brief Symptom Inventory* zeigt deutliche Symptomveränderungen im Therapieverlauf; auch z.T. in der 6-Monats-Katamnese. Es wurde in allen Stichproben eine statistisch hoch signifikante Symptomreduktion erreicht (Effektstärken deutlich über 1,00).

Scheuffgen et al. (2016) haben Psychodrama-Therapie in einer Einrichtung für traumatisierte Jungen mit sexuell übergriffigem Verhalten evaluiert. Die Studie wurde in einer Facheinrichtung für Jugendliche, die wegen sexuell übergriffigem Verhaltens untergebracht waren, durchgeführt. Die zehn untersuchten Jugendlichen waren zwischen 8 und 14 Jahren alt. Meist liegen diesem Verhalten der Jugendlichen eigene Traumatisierungen verschiedenster Art zugrunde. Die Jugendlichen wurden in zwei Gruppen aufgeteilt. Der therapeutische Schwerpunkt war Gruppenarbeit mit Psychodrama. Für die Jüngeren dauerte die Therapie eine Stunde und war mehr spieltherapeutisch ausgerichtet und bei den älteren betrug die Dauer neunzig Minuten, und es wurden mehr protagonistenzentrierte Spiele durchgeführt. Begleitend fanden teamübergreifend psychodramatische Einzeltherapien statt. Die vorliegenden Traumatisierungen der Jugendlichen wurden vorrangig mit Stabilisierungsübungen, Verbesserung der Selbst-Objekt-Wahrnehmung und Ich-Stärkung behandelt. Zusätzlich wurden Ziele wie Verantwortungsübernahme und Opferempathie angestrebt. Seit 2010 wird durch die Gesellschaft für Therapieevaluation und Qualitätssicherung (TEQS) der therapeutische Prozess im Halbjahresrhythmus begleitet, so dass die Therapie ständig angepasst werden konnte. Dazu werden die Teilnehmer von dem TEQS-Mitarbeiter mithilfe eines standardisierten Instruments zu den Bereichen *Aktuelle Belastung durch negative Lebensereignisse* (11 Items), *Problematisches Verhalten während der Hilfemaßnahme* (14 Items) und *Stärken und Ressourcen* (13 Items) befragt (Scheuffgen et al. 2016). Zusätzlich kommt der Youth Self Report (YSR) und die Child Behavior Checklist (CBCL) zum Einsatz. Zum Abschluss wurde ein vorstrukturiertes Interview mit fünf Fragen zum Einsatz von Psychodrama-Therapie eingesetzt, die nach einem deduktiven inhaltlichen Vorgehen (Mayring 2008) ausgewertet werden.

In den TEQS-Skalen zeigte sich vor allem in der Selbsteinschätzung eine deutliche Abnahme der aktuellen Belastung. In der Auswertung der poststationären Psychodrama-Therapie wurden positive wie negative Aspekte benannt. Die positiven Aspekte bezogen sich auf Vertrauensaufbau und freie Themenwahl im Rollenspiel. Die Autoren setzten sich ebenso mit den negativen Aspekten auseinander und ließen diese als Anregung in ihr Behandlungskonzept einfließen. Dazu gehörte die Anpassung der Psychodrama-Therapie an die Bedürfnisse dieser speziellen Patienten mit einer altershomogeneren Zusammensetzung der Gruppen (8–11 und 12–14 Jahre) und einer längeren Phase der Vertrauensbildung sowie einer besseren Mischung aus freien und strukturierten Themen des Rollenspiels.

9.8 Strukturelle Störungen

Trinkel und Nindler beforschten eine ambulante Psychodrama-Gruppenpsychotherapie mit 5 Teilnehmern über sechs Monate. Basis des Forschungsprojektes waren das *Brief Symptom Inventory (BSI)* mit 53

Items und die Kurzform der *Symptom Check Liste* (SCL 90-R). Die Diagnosen umfassten folgende Diagnosegruppen: F32.3, F33.23, F41.0, F43.2, F60.6 und F60.7 nach ICD-10. Die Patienten wiesen Symptomdiagnosen und strukturelle Störungen auf. In Anlehnung an das Instrument der *Operationalisierten Psychodynamischen Diagnostik* (OPD) und dem daraus abgeleiteten psychodramatischen Strukturmodell nach Schacht (2009) wird der phasenhafte Aufbau der Gruppe beschrieben. Dazu gehört die Förderung dreier Ebenen der Entwicklung: 1. psychosomatischer Strukturen mit Interventionen, die eine verbesserte Selbstfürsorge unterstützen, 2. psychodramatischer Kompetenzen, einhergehend mit der Wahrnehmung eigener Gefühle, Abgrenzung und Ressourcen, und 3. soziodramatischer Rollenkompetenzen mit Rollenspiel und Erweiterung von Rollenkompetenzen. Im Gruppenverlauf kamen gestaffelt psychodramatisch-störungsspezifische und entwicklungsfördernde Interventionen zum Einsatz. Die Forschungsergebnisse führten bei vier Patientinnen zu positiven Veränderungen. Die Funktion als Role-Giver verbesserte die Selbstwertregulation ebenso wie vermehrter Mut zur Begegnung. Eine bessere Abgrenzungsfähigkeit wurde beobachtet und durch Befragung evaluiert. Dieses klinische Forschungsdesign bestätigte den Autorinnen den gestaffelten Einsatz psychodramatischer Interventionen in der Arbeit mit Patienten mit strukturellen Störungen.

Hintermeier beschreibt in ihrem Buch zu der psychodramatischen Behandlung von Persönlichkeitsstörungen (2016b) eine ganze Anzahl an Fallbeispielen.

9.9 Sucht und Abhängigkeit

Mann und Janis (1968) haben die Effekte von emotionalen Rollenspielen auf das Suchtverhalten von Rauchern in einer randomisierten klinischen Studie untersucht. Die Experimentalgruppe durchlief aktiv emotionale Rollenspiele, während die Kontrollgruppe nur die Bandaufnahmen solcher Rollenspiele hörten. Das Rollenspiel beinhaltete, dass sie über eine Stunde einen Patienten spielen sollten, der an Lungenkrebs erkrankt ist. Durch die emotionalen Rollenspiele gab es im Gegensatz zu der Kontrollgruppe signifikante Effekte ($p < .05$). Das heißt, das Rollenspiel wirkt besser als die bloße verbale Warnung und das passive Zuhören; dies galt zwei Wochen nach dem Rollenspiel und ebenso noch nach 18 Monaten. Zwei Wochen später ging der Konsum bei beiden Gruppen zurück, 18 Monate danach war der Konsum der Kontrollgruppe wieder angestiegen.

Wood et al. (1979) verglichen 101 alkoholkranke Teilnehmer einer Psychodramagruppe mit Teilnehmern einer Kleingruppentherapie (ohne Psychodrama); die Therapien wurden jeweils viermal die Woche à drei Stunden durchgeführt. Die Erhebungsinstrumente waren die *Comrey Personality Scales*, die Kurzform des *Minnesota Multiphasic Personality Inventars* (MMPI), das *State-Trait-Anxiety Inventory* (A-State Skala). Zwar wurde kein signifikanter Unterschied in Bezug auf die Prognose nach der Therapie festgestellt, aber diejenigen, welche die Psychodramagruppe durchlaufen hatten, berichteten anschließend über mehr Vertrauen, emotionale Stabilität und Aktivität.

Waniczek et al. (2005) führten eine naturalistische, retrospektive Follow-Up-Untersuchung durch (1 bis 4 Jahre später); sie zogen auch eine Vergleichsgruppe heran. Positiv fiel die hohe Abstinenzrate von 72,9 % auf und die hohe generelle Lebenszufriedenheit im Vergleich zu den anderen Gruppen. Dabei betrug die Rücklaufquote der Frage- und Dokumentationsbögen 64 %.

Kooraki et al. untersuchten in ihrer Studie 2012, wie effektiv Psychodrama bei der Behandlung von Internetsucht bei weiblichen Probandinnen ist. Eine Gruppe von 36 Versuchspersonen wurde randomisiert auf zwei Gruppen, die Experimental- und die Kontrollgruppe verteilt. Erstere erhielt zehn Psychodramatrainings. Die Erhebung (prä, post und follow-up nach einem Monat) mithilfe des *Yong's Internet Addiction Test* und des *Social Skills Inventory* ergab einen signifikanten Unterschied zwischen Experimental- und Kontrollgruppe. Sowohl die Social Skills nahmen signifikant zu als ($p < 0.001$) auch die Internetsucht ab ($p < 0.001$) im Verhältnis zur Kontrollgruppe. Als wirksame Faktoren wurden die Interaktionen unter den Gruppenmitgliedern, das Darlegen eigener Probleme vor anderen und das Entdecken von Lösungen genannt.

9.10 Konfliktlösungsstrategien bei aggressivem Verhalten Adoleszenter

Das Ziel der von Karatas (2011) durchgeführten randomisierten, kontrollierten Studie ist die Untersuchung von Psychodrama-Gruppeneffekten auf Jugendliche bezüglich ihrer Konfliktlösungsstrategien. Die Zielgruppe waren Hochschulstudenten mit hohen Aggressionsleveln und niederen Problemlösungsstrategien. Es wurden drei Gruppen gebildet, eine Experimentalgruppe, eine Placebo-Gruppe und eine Kontrollgruppe. Jede Gruppe bestand aus 12 Personen, 6 Männer und 6 Frauen. Die Experimentalgruppe erhielt einmal wöchentlich eine Psychodramabehandlung, die zwischen 90 und 120 Minuten dauerte; die Maßnahme lief zehn Wochen. Das Untersuchungsinventar wurde vor und nach der Behandlung sowie zwölf Wochen nach der Behandlung eingesetzt. Die Daten wurden analysiert mit *Kruskal-Wallis-, Mann-Whitney-U-* und *Wilcoxon-Test*. Die Ergebnisse zeigten, dass das Aggressionslevel der Studenten der Experimentalgruppe im Vergleich zur Placebo- und der Kontrollgruppe signifikant abnahm und die Problemlösungsstrategien stiegen. Dies konnte selbst zwölf Wochen nach der Behandlung noch festgestellt werden.

9.11 Prävention, Unterstützung und Schutz bei Gewalt gegen Kinder, Jugendliche und Frauen (DAPHNE)

Testoni et al. (2012; 2013) beforschten das EMPOWER-Projekt, ein DAPHNE-Programm der EU mit den beteiligten Ländern Italien, Österreich, Portugal, Bulgarien, Rumänien und Albanien. Ziel der DAPHNE-Programme war Gewaltprävention und Opferschutz. Mit dem von Testoni et al. (2012, 2013) untersuchten Teil-Projekt EMPOWER im Rahmen von DAPHNE III sollte das Bewusstsein der Frauen im Umgang mit der von Müttern auf Töchter tradierten Unterordnung unter Männer geschärft werden. Die Grundlage der nicht-klinischen Studie zum Thema häuslicher Gewalt hat den Anspruch, genderspezifische Muster junger Frauen zu analysieren. Präventionsmaßnahmen und Unterstützungs- bzw. Schutzmechanismen und deren Wirkungen wurden speziell untersucht.

Die innovative Strategie von EMPOWER bestand im Einsatz soziodramatischer Techniken, welche sich besonders eigneten internalisierte weibliche Stereotypien zu untersuchen. Daneben wurde das Storytelling als Methode eingesetzt. Inhaltlich ging es um die Mitverantwortung der Opferrolle, die an die Töchter weitergegeben wurde. (Testoni et al. 2012, S. 209). Ein weiteres Ziel des EMPOWER-Projektes war die Analyse der Täterintrojekte. Das Projekt ermöglichte den Frauen durch Psychodrama ihre Rollen neu zu definieren, die sie unbewusst internalisiert hatten. Mit mehr Bewusstheit begannen sie unabhängiger ihren Weg der Beziehungsgestaltung zu wichtigen Anderen zu entwickeln. Durch Soziodrama, Storytelling und psychoedukative Maßnahmen sollten die außerfamiliären Netzwerke der Frauen gestärkt werden. Um die Forschungshypothesen zu überprüfen, wurde eine experimentelle Gruppe mit Studentinnen an der Universität Padua und eine Kontrollgruppe mit Studentinnen in Trento ohne Empowerment-Programm untersucht. Für die Evaluierung des Projektes wurden drei Tests eingesetzt, das *Spontaneity Assessment Inventory (SAI-R)* von Kipper und Shemer (2006), das *Beck-Depression-Inventar* in der 2. Version (BDI II, 1996) und das *Clinical Outcomes in Routine Evalua-*

tion Outcome Measure (CORE-OM, 2002). Die hier präsentierten Resultate bestätigen die Ausgangshypothese, dass sich das Ausmaß seelischer Erkrankungen und Depressionen bei steigendem Spontaneitätslevel tendenziell reduziert (Testoni et al. 2012, S. 217).

9.12 Kasuistiken aus dem klinischen Bereich

Durch den Masterstudiengang Psychodrama in Österreich liegen aus den letzten Jahren eine ganze Reihe von Studien vor. Hintermeier (2016a) hat sich die Mühe gemacht, die 82 Masterthesen aus den Jahren 2005 bis 2015 systematisch zu untersuchen und zu sortieren nach Störungsbildern und Settings. Weitere Kasuistiken finden sich in den laufenden Ausgaben der Zeitschrift für Psychodrama und Soziometrie (ZPS) und zahlreiche reflektierte Fallbeispiele sind zu lesen in den beiden Lehrbüchern von Bender und Stadler (2012) sowie Krüger (2015).

10 Institutionelle Verankerung

Das Psychodrama ist auf verschiedenen Ebenen institutionell verankert. Europäisch gibt es die Federation of European Psychodrama Training Organisations (FEPTO, www.fepto.eu). Hierbei handelt es sich um einen Zusammenschluss von Psychodrama-Fort-, Weiter- und Ausbildungsorganisationen und -Instituten. Sie vertreten einen gemeinsamen Trainingsqualitätsstandard. Im Rahmen der FEPTO gibt es verschiedene Arbeitsgruppen, eine davon ist der Arbeitskreis Forschung (Research Committee der FEPTO). Er ist zusammengesetzt aus Praktikern und Wissenschaftlern, die sich mit speziellen Forschungsfragen beschäftigen; die Teilnahmevoraussetzung ist hier keine institutionelle Zugehörigkeit, sondern vor allem das Interesse an und das Engagement für psychodramatische Forschungsfragen. Eines der gegenwärtigen Ziele ist die Outcome-Forschung sowie die stärkere Verankerung der Psychodrama-Forschung in der Aus- und Weiterbildung bzw. deren praktische Anwendung.

Daneben gibt es den internationalen Verband, die International Association for Group Psychotherapy and Group Processes (IAGP, www.iagp.com). Während die FEPTO als Mitglieder ausschließlich die Aus- und Weiterbildungsinstitute hat, liegt der Fokus der IAGP auf der Gruppe und ihren Dynamiken. Die Sektion Psychodrama ist hierbei eine Sektion neben anderen wie z. B. der Sektion Gruppendynamik oder Familientherapie. Die IAGP ist offen für Einzelmitglieder. Alle drei Jahre veranstaltet die IAGP einen großen Kongress, der auch von Nicht-Mitgliedern besucht werden kann.

Für die Einhaltung des deutschen Qualitätsstandards psychodramatischer Weiterbildung (Psychodrama-Praktiker, Psychodrama-Leiter, Psychodrama-Therapeut, Psychodrama-Supervisor) verbürgt sich der

Deutsche Fachverband für Psychodrama (DFP, www.psychodrama-deutschland.de), der Weiterbildungsinstitute akkreditiert. Daneben gibt es eine Reihe psychodramatischer Angebote und Anbieter, die Fortbildungsseminare vorhalten, jedoch nicht den DFP-Richtlinien unterliegen.

Als humanistisches Verfahren ist das Psychodrama auch in der deutschen Arbeitsgemeinschaft Humanistische Psychotherapie (AGHPT, www.aghpt.de) vertreten, die sich um einheitliche Qualitätsstandards der humanistischen Verfahren bemüht und ein integratives Vorgehen bzgl. der Aus- und Weiterbildung vorantreibt. Über die AGHPT ist 2012 ein Antrag an den Wissenschaftlichen Beirat Psychotherapie gestellt worden, mit dem um die wissenschaftliche Anerkennung des humanistischen Gesamtverfahrens und damit auch der Psychodrama-Therapie nachgesucht wird.

In Österreich sind der Österreichische Arbeitskreis für Gruppentherapie und Gruppendynamik (ÖAGG, www.oeagg.at) und die Psychodrama-Fachsektion (www.psychodrama-austria.at) als Verbände zuständig.

Für die deutschsprachige Schweiz ist das Psychodrama Helvetica (www.pdh.ch) der entsprechende qualitätssichernde Verband.

11 Informationen zu Aus-, Fort- und Weiterbildung

Psychodrama wird seit Morenos Zeiten in vielen Ländern auf der Welt als Verfahren für Beratung, Coaching, Psychotherapie und Supervision gelehrt. In Ländern wie z. B. USA, Indien, Österreich, Portugal, Rumänien, Bulgarien, Ungarn ist es auch ein Studiengang an Universitäten und Fachhochschulen. In zahlreichen anderen Ländern kann es im Rahmen von Fort- und Weiterbildungen erlernt werden.

Angebote in Deutschland

Gegenwärtig gibt es acht vom DFP akkreditierte Weiterbildungsinstitute, die curricular aufgebaute Psychodrama-Weiterbildungen anbieten:

Moreno Institut Edenkoben/Überlingen gGmbH
Geschäftsführung: Christian Stadler
Sekretariat: Notburgastr. 6, D-80639 München
www.moreno-psychodrama.de

Moreno Institut Stuttgart gGmbH
Geschäftsführung: Dorothea Ensel
Gebelsbergstraße 9, D-70199 Stuttgart
www.morenoinstitut.de

Psychodrama-Institut für Europa – Landesverband Deutschland e. V.
Geschäftsstelle: Julia Pischetsrieder
Ordulfstraße 15, D-22459 Hamburg
www.psychodrama-soziometrie.de

Psychodramaforum Berlin
Geschäftsführung und Leitung: Gabriele Stiegler
Giesebrechtstraße 11, D-10629 Berlin
www.psychodramaforum.de

Szenen – Institut für Psychodrama
Geschäftsführung: Stefan Flegelskamp und Andrea Winkler
Barbarossastr. 7, D-50674 Köln
www.szenen-institut.de

ISI – Institut für Soziale Interaktion
Geschäftsführung: Paul Gerhard Grapentin
Bei der Christuskirche 4, D-20259 Hamburg
www.isi-hamburg.org

Rheinland Institut
Geschäftsführung: Ernst Diebels
Jägerhofstraße 98, D-42219 Wuppertal
www.psychodrama-institut-rheinland.de

Institut für Psychodrama Dr. Ella Mae Shearon GbR
Geschäftsführung und Leitung: Bernadette Buthe und Thomas Masselink
Pestalozzistr. 15, D-30451 Hannover
www.psychodrama-ems.de

Die curricularen Weiterbildungen werden von manchen Instituten überregional angeboten, z. B. von den beiden Moreno Instituten Edenkoben/Überlingen und Stuttgart und von dem Psychodrama-Institut für Europa. Die aktuellen Angebote finden sich auf den oben angegebenen Homepages der Institute.

Die Psychodrama-Weiterbildung differenziert sich in verschiedene Weiterbildungsgänge, je nach dem beruflichen Arbeitsfeld verfolgen sie unterschiedliche Ziele, haben einen unterschiedlichen Umfang und auch unterschiedliche Abschlüsse. In der Regel besteht die curriculare Weiterbildung aus einer Grund- und einer Oberstufe (Basis und Vertiefung); der Großteil der Weiterbildung wird in Stammgruppen absolviert, der kleinere Teil in erweiternden Theorie- und Anwendungsseminaren sowie Supervision im Einzel- und Gruppensetting.

Die psychodramatische Weiterbildung bezieht sich heute überwiegend auf eine Kombination von Einzel- und Gruppenverfahren. Sie steht im Kanon mit anderen humanistischen Verfahren. Das Moreno Institut Edenkoben/Überlingen hat ein eigenes Angebot für die therapeutische Arbeit im Einzelsetting (*Monodrama-Therapeut*) entwickelt, das so genannte *Monodrama-Curriculum*, und bietet dieses in Kooperation mit anderen Instituten in verschiedenen Regionen in Deutschland an. Nähere Informationen zu Umfang, Startterminen, Kosten, Teilnahmevoraussetzungen etc. können direkt bei dem Weiterbildungsinstitut erfragt werden.

Spezielle Weiterbildungsgänge zum Psychodrama-Kinder- und Jugendtherapeuten sowie zum *Psychodrama-Educator* bieten augenblicklich die beiden Moreno Institute Edenkoben/Überlingen und Stuttgart sowie das Institut Szenen in Köln an; Angebote zum Suchttherapeuten und zum psychodramatischen Supervisor werden von verschiedenen DFP-Instituten in Kooperation mit anderen bzw. mit Fachverbänden vorgehalten.

Angebote in Österreich

In Österreich ist das Psychodrama eine vom Gesundheitsministerium anerkannte Therapierichtung. Die Ausbildung erfolgt im Fachspezifikum Psychodrama, das von der Fachsektion Psychodrama im Österreichischen Arbeitskreis für Gruppentherapie und Gruppendynamik (ÖAGG) in Kooperation mit der Donauuniversität Krems angeboten wird. Auch an der Universität Innsbruck kann die Psychodramaausbildung absolviert werden. Seit 2005 wird die Ausbildung an der Donauuniversität Krems als Universitätslehrgang geführt, der mit dem akademischen Abschluss Master of Science (M.Sc.) bzw. Akademische/r Psychotherapeut/in (ohne Studienberechtigung) endet. Die Mindestdauer des Lehrgangs beträgt 8 Semester. Nach erfolgreicher Absolvierung des Curriculums einschließlich der wissenschaftlichen Abschlussarbeit kann die Graduierung zum/zur Psychodrama-Psychotherapeuten/-in erfolgen und um die Eintragung in die Liste der Psychotherapeuten des Gesundheitsministeriums angesucht werden.

Neben der Psychotherapieausbildung gibt es weitere psychodramatische Aus- und Weiterbildungsangebote in den Bereichen Aufstellungsarbeit, Rollenspielleitung, Psychodramatheater, Sexualtherapie, Kinder- und Jugendlichentherapie.

Weitere Informationsmöglichkeiten bieten folgende Kontaktadressen:

ÖAGG/Fachsektion Psychodrama
Sekretariat: Lenaugasse 3, A-1080 Wien
www.psychodrama-austria.at

Donau-Universität Krems
Dr.-Karl-Dorrek-Straße 30, A-3500 Krems
www.donau-uni.ac.at/psymed

Institut für Psychosoziale Intervention und Kommunikationsforschung (PsyKo)
OR Mag. Christoph Bedenbecker
Mag. Wolfgang Egger, Hannelore Schöpf
Schöpfstr. 3, A-6020 Innsbruck
www.uibk.ac.at/psyko

Lehrgang Psychodramatische Organisationsaufstellung
Roswitha Riepl
www.roswitha-riepl.at

Ausbildung RollenspielleiterIn
Maria Stockinger
psychodrama-beratung.at/rollenspiel.html

Lehrgang Psychodramatheater
Maria Th. Schönherr, MSc, DSAin
psychodrama-beratung.at/theater.html

Weiterbildungscurriculum für Kinder- und Jugendlichentherapie
www.psychodrama-austria.at/psychodramatherapie/kinder-jugendli‐
chentherapie.html

Weiterbildungscurriculum für Sexualtherapie
www.psychodrama-austria.at/psychodramatherapie/sexualtherapie.‐
html

Angebote in der Schweiz

Auch in der Schweiz wird Psychodrama als Verfahren gelehrt. 2009 wurde die Weiterbildung in Humanistischer Psychotherapie mit Schwerpunkt Psychodrama dort in die *Charta für Psychotherapie* aufgenommen. Die Charta versteht sich als Dachverband, der dafür sorgt, dass in der Schweiz die methodische Vielfalt von psychotherapeutischen Verfahren erhalten bleibt und die Richtlinien zur Qualitätssicherung der Ausbildung eingehalten werden. Auch von der Föderation Schweizer Psychologen (FSP) und der Schweizerischen Gesellschaft für Psychiatrie und Psychotherapie (SGPP) ist dieser Lehrgang anerkannt. Die sog. »integrale Weiterbildung« in der Fachrichtung Humanistische Psychotherapie mit Schwerpunkt Psychodrama verläuft berufsbegleitend zur klinischen Praxis, die mindestens zwei Jahre lang in einer psychiatrischen, medizinischen, psychotherapeutischen oder psychosozialen Einrichtung absolviert werden muss. Sie führt bei Psychologen/-innen zum Fachtitel »eidgenössisch anerkannte/r Psychotherapeut/-in«, bei Medizinern zum Fachtitel für »Psychiatrie und Psychotherapie FMH«.

Bis spätestens 2018 müssen alle Institute, die Psychotherapie-Lehrgänge anbieten, sich vom Schweizerischen Akkreditierungsrat AAQ definitiv anerkennen lassen. Die Assoziation Schweizer PsychotherapeutInnen ASP (deren Mitglied auch die Charta ist) wird einen methodenübergreifenden Lehrgang zur Akkreditierung einreichen. Das Psychodrama gehört mit acht weiteren Verfahren zu diesem Projekt durch das Institut ODeF in Genf.

In der Deutschsprachigen Schweiz wird dieser Lehrgang beim Institut für Psychodrama und Aktionsmethoden (ipda) in Kooperation mit den Moreno Institut Edenkoben/Überlingen durchgeführt.

Weitere Informationsmöglichkeiten bieten folgende Kontaktadressen:

Institut für Psychodrama und Aktionsmethoden (ipda)
Leiter Lehrgang Psychodrama-Psychotherapie: Roger Schaller
Südstrasse 55, c/o Stiftung Battenberg, CH-2504 Biel/Bienne
www.ipda.ch

Institut ODeF
Directeur de formation en Psychodrame: Norbert Apter
65, rue de Lausanne, CH-1202 Genève
www.odefimap.ch

Institut für Psychodrama, Soziometrie und Rollenspiel.ch (ipsr)
www.ipsr.ch

Psychodrama Helvetia (PDH), Interessenverband Psychodrama Schweiz
Präsident: Lothar Janssen
Giesshübel-Office, Edenstraße 20, CH-8045 Zürich
www.pdh.ch

Literatur

Abedi Tehrani H (2014) Effectiveness of Psychodrama on Reduction of Anxiety among Male Schizophrenic Patients. The Neuroscience Journal of Shefaye Khatam 2(3): 64-64.
Ahnert L (2005) Entwicklungspsychologische Erfordernisse bei der Gestaltung von Betreuungs- und Bildungsangeboten im Kleinkind- und Vorschulalter. In: Sachverständigenkommission. Zwölfter Kinder- und Jugendbericht. Band 1. München: S. 9-54.
Aichinger A (1987) Psychodrama-Gruppentherapie mit Kindern. In: Petzold H, Ramin G (Hrsg.) Schulen der Kinderpsychotherapie. Paderborn: Junfermann. S. 271-293.
Aichinger A (1993) Zurück zum Ursprung. Abweichungen von der klassischen Psychodramamethode in der therapeutischen Arbeit mit Kindergruppen. In: Bosselmann R, Lüffe-Leonhardt E, Gellert M (Hrsg.) Variationen des Psychodramas Meezen: Limmer. S. 220-239.
Aichinger A (2011) Resilienzförderung mit Kindern. Kinderpsychodrama. Band 2. Wiesbaden: Springer VS.
Aichinger A (2012) Einzel- und Familientherapie mit Kindern. Kinderpsychodrama. Band 3. Wiesbaden: Springer VS.
Aichinger A, Holl W (1997) Psychodrama-Gruppentherapie mit Kindern. Mainz: Matthias-Grünewald.
Aichinger A, Holl W (2002) Kinder-Psychodrama in der Familien- und Einzeltherapie, im Kindergarten und in der Schule. Mainz: Matthias-Grünewald.
Aichinger A, Holl W (2010) Gruppentherapie mit Kindern. Kinderpsychodrama. Band 1 (2. Aufl.) Wiesbaden: Springer VS.
Aichinger A, Holl W (2013) Einzel- und Familientherapie mit Kindern: Kinderpsychodrama. Band 3. Wiesbaden: Springer VS.
Alexander F, French TM (1980) Psychoanalytic therapy. Principles and applications. University of Nebraska Press.
Allen GA, Fonagy P (2009) Mentalisierungsgestützte Therapie. Stuttgart: Klett-Cotta.
Ameln Fv, Gerstmann R, Kramer J (2005) Psychodrama. Heidelberg: Springer.
Ameln Fv, Kramer J (2014) Psychodrama: Grundlagen. (3. Aufl.) Heidelberg: Springer.

American Psychiatric Association (2000) Diagnostic and Statistical Manual of Mental Disorders. DSM-IV-TR. (4th ed.) Washington DC: American Psychiatric Association.
Anzieu D (1986) Analytisches Psychodrama mit Kindern und Jugendlichen. Paderborn: Junfermann.
Arbeitskreis OPD (Hrsg.) (2006) Operationalisierte Psychodynamische Diagnostik OPD-2. Das Manual für Diagnostik und Therapieplanung. Bern: Hans Huber.
Arntz A, Genderen Hv (2010) Schematherapie bei Borderline-Persönlichkeitsstörung. Weinheim: Beltz.
Balint M (1993) Die Urformen der Liebe und die Technik der Psychoanalyse. München: dtv.
Barkham M, Mellor-Clark J (2003) Bridging evidence-based practice and practice-based evidence: developing a rigorous and relevant knowledge for the psychological therapies. Clinical Psychology & Psychotherapy 10 (6): 319-327.
Barkham M, Mellor-Clark J, Connell J, Cahill J (2006) A core approach to practice-based evidence: A brief history of the origins and applications of the CORE-OM and CORE System. Counselling & Psychotherapy Research 6(1): 3-15.
Barrera ME, Maurer D (1981a) Recognition of Mother's Photographed Face by the Three-Month-Old Infant. Child Development, 52(2): 714-716.
Barrera ME, Maurer D (1981b) The Perception of Facial Expressions by Three-Months-Old Infant. Med.gov 52 (1): 203-206.
Barz E (1988) Selbstbegegnung im Spiel. Einführung in das Psychodrama. Zürich: Kreuz Verlag.
Bateson G (1985) Ökologie des Geistes: Anthropologische, psychologische, biologische und epistemologische Perspektiven. Frankfurt a. M.: Suhrkamp.
Beck AT, Steer RA, Brown GK (1996) Manual for the Beck Depression Inventory – BDI II. San Antonio.
Becker J (2008) Psychodrama und Neurobiologie – Eine Begegnung. Zeitschrift für Psychodrama und Soziometrie 7(1): 22-37.
Bender W (1982) Gruppentherapie (Psychodrama) bei schizophrenen Patienten. In: Helmchen H, Linden M und Rüger U (Hrsg.) Psychotherapie in der Psychiatrie. Berlin: Springer, S. 116-123.
Bender W (1986) Psychodrama mit Psychosepatienten. Gruppenpsychotherapie und Gruppendynamik 21: 307-317.
Bender W (1996) Psychodramatische Methodik in der Behandlung und Rehabilitation von psychiatrischen Patienten. In: Schizophrenie. Beiträge zur Forschung, Therapie und psychosozialem Management (Mitteilungsorgan der gfts) 11: 5-14.

Bender W, Braunisch N und Kunkel G (1991) Psychodrama mit Psychose-Patienten. In: Vorwerg M, Alberg T (Hrsg.) Psychodrama. Leipzig: Johann Ambrosius Barth, S. 114-119.
Bender W, Eibl-Eibesfeldt B, Lerchl-Wanie G, Zander KJ (1981) Psychodramatherapie mit Neurose- und Psychose-Patienten unter Einsatz von Videofeedback. Psychotherapie, Psychosomatik und medizinische Psychologie 31: 125-131.
Bender W, Stadler C (2012) Psychodramatherapie. Grundlagen, Methodik und Anwendungsgebiete. Stuttgart: Schattauer.
Bergmann J (2014) Über die Wirksamkeit humanistischer Psychotherapie. In: L. Hartmann-Kottek (Hrsg.) Gestalttherapie – Faszination und Wirksamkeit. Eine Bestandsaufnahme. Gießen: Psychosozial-Verlag. S. 325-348.
Bergmann J, Elliott R (2014) Die Wirksamkeit der Humanistisch-Experienziellen Psychotherapie. In W. Eberwein & M. Thielen (Hrsg.) Humanistische Psychotherapie. Theorien, Methoden, Wirksamkeit. Gießen: Psychosozial-Verlag. S. 241-266.
Bergson H (1921) Schöpferische Entwicklung. Jena: Diederichs.
Berne E (1970) A review of Gestalt Therapy Verbatim. American Journal of Psychiatry 126 (10): 164.
Berne E (2002) Spiele der Erwachsenen. Psychologie der menschlichen Beziehungen. (16. Aufl.) Reinbek: Rowohlt.
Biegler-Vitek G, Riepl R, Sageder T (2004) Psychodrama mit Kindern und Jugendlichen. In: Fürst J, Ottomeyer K, Pruckner H (Hrsg.) Psychodramatherapie. Wien: facultas. S. 306-325.
Biegler-Vitek G, Wicher M (Hrsg.) (2014) Psychodrama-Psychotherapie mit Kindern und Jugendlichen. Wien: facultas.
Blakemoore S, Frith U (2006) Wie wir lernen. Was die Hirnforschung darüber weiß. München: DVA.
Bleckwedel J (2008) Systemische Therapie in Aktion. Kreative Methoden in der Arbeit mit Familien und Paaren. Göttingen: Vandenhoeck & Ruprecht.
Bloch S, Crouch E (1985) Therapeutic Factors in Group Psychotherapy. Oxford: Oxford University Press.
Boeckh A (2014) Gestalttherapie und Psychodrama. Zeitschrift für Psychodrama und Soziometrie 13(2): 261-274 DOI: 10.1007/s11620-014-0247-8.
Bowlby J (2010) Frühe Bindung und kindliche Entwicklung. München: ERV.
Bracke V (2010) Psychodrama mit Paaren – (wie) geht das während der stationären psychosomatischen Rehabilitation? Zeitschrift für Psychodrama und Soziometrie 9 (1): 107-127 DOI 10.1007/s11620-010-0064-7.
Brisch KH (2015) Bindungsstörungen. Von der Bindungstheorie zur Therapie. (13. Aufl.) Stuttgart: Klett Cotta.
Buber M (1982) Das Problem des Menschen. Heidelberg: Lambert Schneider.
Buer F (1989a) Die Philosophie J.L Morenos – die Grundlage des Psychodrama. Int. Therapie 15 (2): 121-140.

Buer F (Hrsg.) (1999) Morenos therapeutische Philosophie. (3. Aufl.) Opladen: Leske + Budrich.

Burmeister J, Fürst J (2000) Diagnostik im therapeutischen Psychodrama. In: Laireiter AR (Hrsg.) Diagnostik in der Psychotherapie. S. 193-204. Wien: Springer.

Butcher JN, Dahlstrom WG, Graham JR, Tellegen A, Kaemmer B, Engel RR (2000) Minnesota Multiphasic Personality Inventory. MMPI-2. Göttingen: Hogrefe.

Clarkin JF, Yeomans FE, Kernberg OF (2001) Psychotherapie der Borderline-Persönlichkeit. Manual zur Psychodynamischen Therapie. Stuttgart: Schattauer.

Crawford RJM (1989) Follow Up of Alcohol and Other Drug Dependents Treated with Psychodrama. New Zealand Medical Journal April (102:866): 199.

Cruz AS, Dias Sales CM, Moita G, Alves P (2016) Towards the Development of Helpful Aspects of Morenian Psychodrama Content Analysis System (HAMPCAS). In: Stadler C, Wieser M, Kirk K (Hrsg.) Psychodrama. Empirical Research and Science 2. Psychodrama. Empirische Forschung und Wissenschaft 2. Wiesbaden: Springer VS. S. 57-67.

Dehnavi S, Asadallahi I, Hadadi Z, Rahmatian F (2015) The Effectiveness of Psychodrama in the Reduction of Social Anxiety Disorder among Male Adolescents. The AYER, 2(0): 273-278.

Dima G, Bucuta MD (2016) The Method of Interpretative Phenomenological Analysis in Psychodrama Research. In: Stadler C, Wieser M, Kirk K (Hrsg.) Psychodrama. Empirical Research and Science 2. Psychodrama. Empirische Forschung und Wissenschaft 2. Wiesbaden: Springer VS. S. 69-81.

Dollase R (1976) Soziometrische Techniken. Techniken der Erfassung und Analyse zwischenmenschlicher Beziehungen in Gruppen. Weinheim: Beltz.

Dornes M (2011) Der kompetente Säugling. Frankfurt a. M.: Fischer.

Eberwein W (2009) Humanistische Psychotherapie. Quellen, Theorien und Techniken. Stuttgart: Thieme.

Elliott R (1993) Helpful Aspects of Therapy Form. (http://www.experiential-re¬searchers.org/instruments/elliott/hat.html, Zugriff am 26.01.2016).

Elliott R, Mack C, Shapiro DA (1999) Simplified Personal Questionnaire Procedure. (http://www.experiential-researchers.org, Zugriff am 26.01.2016).

Elliott R, Slatick E, Urman M (2001) Qualitative Change Process Research on Psychotherapy: Alternative Strategies. In: Frommer J, Rennie D (Eds.) The Methodology of Qualitative Psychotherapy Research. Lengerich: Pabst Science.

Erlacher-Farkas B, Jorda C (Hrsg.) (1996) Monodrama. Heilende Begegnung. Vom Psychodrama zur Einzeltherapie. Wien: Springer.

Ermann M (2011) Die Intersubjektive Wende. Aktuelle Entwicklungen in der Psychoanalyse. Fortbildungsveranstaltung Thomas-Morus-Akademie Bensberg, 17.9.2011.

Euler S (2014) Mentalisierungsbasierte Therapie (MBT) als integratives Behandlungskonzept für die Psychotherapie von Persönlichkeitsstörungen. Psychiatrie und Neurologie. (https://www.google.ch/?gws_rd=ssl#q=04-MBT+Therapie+Basel, Zugriff am 16.11.2015).

Evans C (2012) The CORE-OM (Clinical Outcomes in Routine Evaluation) and its Derivates. Integrating Science and practice 2(2): 12-15.

Evans C, Connell J, Barkham M, Margison R, McGrath G, Mellor-Clark J, Audin K (2002) Towards a standardized brief Outcome Measure: Psychometric Properties and Utility of the CORE-OM. British Journal of Psychiatry. 180: 51-60.

Evans C, Mellor-Clark J, Margison F, Barkham M, Audin K, Connell J, McGrath G (2000) CORE: Clinical Outcomes in Routine Evaluation. [Review]. Journal of Mental Health 9 (3): 247-255.

Fangauf U (1999) Moreno und das Theater. In: Buer F. (Hrsg.) Morenos therapeutische Philosophie. Opladen: Leske und Budrich. S. 96-115.

Fellner RL (2015) Neuroplastizität – gezielt das Gehirn verändern. Blogeintrag. (http://www.psychotherapiepraxis.at/pt-blog/neuroplastizitaet/, Zugriff am: 08.11.2015).

Figusch Z (2014) The J. L. Moreno Memorial Photo Album. Lulu Press.

Fleury H, Hug E (2008) Morenos co-unconscious – contributions from neuroscience. (http://www.sedes.otg.br/Departamentos/Psicodrama/moreno_counconscious.pdf, Zugriff am 24.07.2015).

Folke W (2002) Vom Wert der Werte – die Tauglichkeit des Wertbegriffs als Orientierung gebende Kategorie menschlicher Lebensführung. Eine Studie aus evangelischer Perspektive. Münster: Lit.

Fonagy P, Gergely G, Jurist EL, Target M (Hrsg.) (2004) Affektregulierung, Mentalisierung und die Entwicklung des Selbst. Stuttgart: Klett Cotta.

Fonagy P, Target M (1996) Playing with Reality. International Journal Psychoanalysis 77: 217-233.

Frank JD (1961) Die Heiler. Wirkungsweisen psychotherapeutischer Beeinflussung. Stuttgart: Klett-Cotta.

Franke F, Fiscella M, Sevelev M, Roska B, Hierlemann A, da Silveira RA (2016) Structures of neural Correlation and How They Favor Coding. Neuron 89(2): 409-422.

Freud S (1982) Studienausgabe Ergänzungsband. Frankfurt a M: Fischer.

Fromm E (1980) Ihr werdet sein wie Gott. Hamburg: Rororo.

Fryszer A (1995) Das Spiel bleibt Spaß. Psychodrama 8: 169-187.

Geisler F (1984) Der religiöse Mensch. Graduierungsarbeit. Solingen.

Geisler F (1994) Morenos Wurzeln in der jüdischen Religion. Skripten zum Psychodrama (9). Stuttgart.

Geisler F (1999) Judentum und Psychodrama. In: Buer F (Hrsg.) Morenos therapeutische Philosophie. Opladen: Leske + Budrich. S. 49-73.

Gerrig RJ, Zimbardo PG (2008) Psychologie. München: Pearson Addison-Wesley.

Gessmann H-W (2011) Empirischer Beitrag zur Prüfung der Wirksamkeit psychodramatischer Gruppenpsychotherapie bei NeurosepatientInnen (ICD-10: F3, F4). In: Stadler C, Wieser M (Hrsg.) Psychodrama – Empirische Forschung und Wissenschaft. Wiesbaden: Springer VS. S. 185-199.

Grawe K (2005) Empirisch validierte Wirkfaktoren statt Therapiemethoden. Report Psychologie 7/8: 311.

Grawe K, Donati R, Bernauer F (1994) Psychotherapie im Wandel. Göttingen: Hogrefe.

Grimmer K (2007) Psychodrama bei Angststörungen – Überlegungen und Techniken zur Therapie von Angststörungen. Masterthese Donau Universität Krems.

Grimmer K (2013) Die psychodramatische Doppelgängertechnik und die Entwicklung von Sicherheit gebenden ›inneren elterlichen Rollen' – ›guten Elternintrojekten' – bei Angststörungen. Zeitschrift für Psychodrama und Soziometrie 12 (2): 189-199. DOI 10.1007/s11620-013-0194-9.

Gstrein D (2016) Effectiveness of Psychodrama Group Therapy on Pupils with Mathematics Anxiety. In: Stadler C, Wieser M (Hrsg.) Psychodrama. Empirical Research and Science 2. Wiesbaden: Springer VS. S. 197-215.

Haselbacher H (2004) Die Instrumente des Psychodramas. In: Fürst J, Ottomeyer K, Pruckner H (Hrsg.) Psychodramatherapie. Wien: Facultas. S. 208-221.

Hautzinger M, Bailer M, Worall H, Keller F (1994) Beck Depressionsinventar. Bern: Hans Huber.

Hautzinger M, Keller F, Kühner C (2010) Das Beck Depressionsinventar II. Deutsche Bearbeitung und Handbuch zum BDI II. Frankfurt a. M.: Pearson Assessment & Information.

Heckhausen H (1989) Motivation und Handeln. Berlin: Springer.

Heimann P (1950) On Counter-Transference. International Journal of Psychoanalysis 31: 81-84.

Hellinger B (2013) Ordnungen der Liebe. (10. Aufl.) Heidelberg: Carl Auer.

Hintermeier S (2010) Die Bedeutung von gelingender Begegnung in der psychodramatherapeutischen Arbeit mit Borderline-PatientInnen. Zeitschrift für Psychodrama und Soziometrie 9 (2): 309-324.

Hintermeier S (2016a) Psychodramaforschung in Form von Masterthesen – ein Überblick über Themen und Methoden der ersten 8 Jahrgänge der Masterthesen der Universitätslehrgänge Psychodrama Psychotherapie des ÖAGG. In: Stadler C, Wieser M, Kirk K (Hrsg.) Psychodrama. Empirical Research and Science 2. Psychodrama. Empirische Forschung und Wissenschaft 2. Wiesbaden: Springer VS. S. 297-322

Hintermeier S (2016b) Psychodrama-Psychotherapie bei Persönlichkeitsstörungen. Wien: facultas.

Holmes P (1992) The inner world outside. Object relations theory and psychodrama. London: Routledge.

Holodynski M (2004) Die Entwicklung von Emotionen und Ausdruck. Zentrum für Interdisziplinäre Forschung der Universität Bielefeld Mitteilungen 3: 1-16.

Hu L, Li J, Shi D et al. (2010) Effect of psychodrama therapy on the social function of patients with schizophrenia. Journal of Qilu Nursing 19. (http:/¬/en.cnki.com.cn/Article_en/CJFDTOTAL-QLHL201019009.htm, Zugriff am 30.06.2015).

Hutter C, Schwehm H (2012) J.L Morenos Werk in Schlüsselbegriffen. Wiesbaden: Springer VS.

Illbrink-de-Vissier J (2013) Soziometrie – Heilen durch Verbindung. In: Stadler C (Hrsg.) Soziometrie. Messung, Analyse, Darstellung und Intervention in sozialen Beziehungen. Wiesbaden: Springer VS. S. 83-100.

Jeschek P, Ruhs A (1980) Institutionelle Psychotherapie – Institutionelles Psychodrama. Gruppenpsychotherapie und Gruppenanalyse 15: 330-347.

Kächele H (2005) Korrigierende emotionale Erfahrungen – ein Lehr- und Lernprozess. Plenarvortrag auf den Lindauer Psychotherapiewochen. www.lptw¬.de.

Kandel E (2006) Psychiatrie und Psychoanalyse und die neue Biologie des Geistes. Frankfurt a. M.: Suhrkamp.

Karataş Z (2011) Investigating the effects of group practice performed using psychodrama techniques on adolescents' conflict resolution skills. Kuram ve Uygulamada Eğitim Bilimleri 11(2): 609-614.

Karenberg A (2014 und 2015) DGPPN Kongress Berlin: Vorträge und Literatur und Film in der Psychotherapie.

Kast V (2011) Trotz allem: Liebe. Eröffnungsvortrag am 17. April 2011 im Rahmen der 61. Lindauer Psychotherapiewochen 2011. (www.lptw.de).

Kastner G (2011) Vom Blick aus dem Muster zum Blick auf das Muster. Grounded theory und Psychodrama. In: Stadler C, Wieser M (Hrsg.) Psychodrama. Empirische Forschung und Wissenschaft. Wiesbaden: Springer VS. S. 173-183.

Kellermann PF (1987) Outcome Research in Classical Psychodrama. Small Group Behavior 18 (4): 459-469.

Kern S, Spitzer-Prochazka S (Hrsg.) (2013) Das Drama der Abhängigkeit. Eine Begegnung in 16 Szenen. Wiesbaden: Springer VS.

Kipper DA (1978) Trends in the Research on the Effectiveness of Psychodrama: Retrospect and Prospect. Group Psychotherapy, Psychodrama & Sociometry 31: 5-18.

Kipper DA, Shemer H (2006) The Revised Spontaneity Assessment Inventory (SAI-R): Spontaneity, well-being, and stress. Journal of Group Psychotherapy, Psychodrama & Sociometry, 59(3): 127-136.
Klein U (2014) »Wat den een sein Uhl, is den anneren sein Nachtigall ...« Zum Verhältnis von Psychodrama, Systemtheorie und Systemischer Familientherapie. Zeitschrift für Psychodrama und Soziometrie 13(2): 179-191.
Klein U (2015) Zur Neurophysiologie des psychodramatischen Spiegelns. »Rin in die Kartoffeln – raus aus die Kartoffeln« oder vom Pendeln zwischen Involviertheit und Distanziertheit. Zeitschrift für Psychodrama und Soziometrie 14(2): 201-211.
Kohut H (1971) Narzissmus – Eine Theorie der Behandlung narzisstischer Persönlichkeitsstörungen. Frankfurt a. M.: Suhrkamp.
Könniker C (2006) Wer erklärt den Menschen? Frankfurt am Main: Fischer.
Koerdt-Brüning B (2014) Die heilsame Szene – methodenübergreifende Therapie mit Psychodrama und Katathym Imaginativer Therapie (KIP) – Ein Fallbeispiel. Zeitschrift für Psychodrama und Soziometrie 13(2): 249-260.
Kooraki M, Yazdkhasti F, Ebrahimi A, & Oreizi HR (2012) Effectiveness of psychodrama in improving social skills and reducing internet addiction in female students. Iranian Journal of Psychiatry and Clinical Psychology 17 (4): 279-88.
Kriz J (2011) »Humanistische Psychotherapie« als Verfahren. Ein Plädoyer für die Übernahme eines einheitlichen Begriffs. Psychotherapeutenjournal 10 (4): 332-338.
Krotz F (1992) Interaktion als Perspektivverschränkung. Psychodrama 5: 301-324.
Krüger RT (1988) Der Weg der Heilung in der Psychotherapie mit Alkoholkranken. Gruppenpsychotherapie und Gruppendynamik 24: 66-81.
Krüger RT (1997) Kreative Interaktion. Tiefenpsychologische Theorie und Methoden des klassischen Psychodramas. Göttingen: Vandenhoeck & Ruprecht.
Krüger RT (2001a) Psychodrama in der Behandlung von psychotisch erkrankten Menschen – Praxis und Theorie. Gruppenpsychotherapie und Gruppendynamik 17: 254-273.
Krüger RT (2001b) »Das Lachen in die Psychiatrie bringen!?« – Entwicklung von Raum und Zeit in der Psychotherapie von psychotisch erkrankten Menschen. In: Kruse G, Gunkel S (Hrsg.) Psychotherapie in der Zeit – Zeit in der Psychotherapie. S. 49-73. Hannover: Hannoversche Ärzte-Verlags-Union.
Krüger RT (2002a) Psychodrama als Aktionsmethode in der Traumatherapie und ihre Begründung mit den Konzepten der Rollentheorie und der Kreativitätstheorie. Zeitschrift für Psychodrama und Soziometrie 1 (2): 117-146 DOI 10.1007/s11620-002-0016-y.
Krüger RT (2004) Zwei Seelen in der Brust haben – Theorie und Praxis der störungsspezifischen Psychodramatherapie mit suchtkranken Menschen. Zeit-

schrift für Psychodrama und Soziometrie 4 (2), 161-193. DOI 10.1007/s11620-004-0017-0.
Krüger RT (2010) Der Durchgang durch die gegenseitige neurotische Allergie in längeren Paarbeziehungen. Zeitschrift für Psychodrama und Soziometrie 9 (1), 83-92 DOI 10.1007/s11620-010-0076-3.
Krüger RT (2012) Kreativität als Mittel der Heilung in der störungsspezifischen Einzeltherapie einer schwer depressiven Patientin. Zeitschrift für Psychodrama und Soziometrie 11 (2): 297-310. DOI 10.1007/s11620-012-0150-0.
Krüger RT (2014) Was hat Moreno zur Entwicklung der Psychotherapie beigetragen? Mentalisieren durch psychodramatisches Spiel. In: von Ameln F & Wieser M (Hrsg.) Moreno revisited – Ein schöpferisches Leben. Wiesbaden: Springer VS. S. 225-240
Krüger RT (2015) Störungsspezifische Psychodramatherapie. Göttingen: Vandenhoeck & Ruprecht.
Krüger RT, Stadler C (2015) Mentalisieren durch psychodramatisches Spielen – Zur therapeutischen Wirkung des Psychodramas. Zeitschrift für Psychodrama und Soziometrie 14(2): 301-310. DOI 10.1007/s11620-015-0287-8.
Kuchenbecker M, Engelbertz G (2005) Lebendigkeit und Lust – Soziodrama mit Jugendlichen und jungen Erwachsenen. In: Wittinger T (Hrsg.) Handbuch Soziodrama. Wiesbaden: VS. S. 65-82.
Kulenkampff M (1991) Das Soziale Netzwerk Inventar – SNI. Psychodrama 4 (2): 173-184.
Lammers K (2004) Allgemeine Techniken im Psychodrama. In: Fürst J, Ottomeyer K, Pruckner H (Hrsg.) Psychodrama-Therapie. Wien: Facultas. S. 222-243.
Leroy B (1987) Die Sephardim. München: Nymphenburger Verlagshandlung.
Leutz GA (1986) Psychodrama. Theorie und Praxis. Berlin: Springer.
Lewis M, Saarni C (Hrsg.) (1985) The Socialization of Emotions. New York: Plenum.
Lichtenberg J (1985) Response: In Search of the Elusive Baby. Psychoanal. Inquiriy 5: 621-648.
Lind M, Renner W, Ottomeyer K (2006) Die Wirksamkeit psychodramatischer Gruppentherapie bei traumatisierten Migrantinnen – eine Pilotstudie. Zeitschrift für Psychotraumatologie und Psychologische Medizin 4: 75-91.
Malatesta CZ, Haviland JM (1985) Signals, Symbols and Socialization. In: Lewis M & Saarni C, The Socialization of Emotions Springer: New York. S. 89-116.
Mann L, Janis IL (1968) A Follow-Up Study on the Long-Term Effects of Emotional Role Playing. Journal of Personality and Social Psychology 8 (4, Pt.1): 339-342.
Marineau RF (1989) Jacob Levy Moreno 1889-1974. Father of Psychodrama, Sociometry and Group Psychotherapy. London: Tavistock /Routledge.

Maslow A (1968) Letter to the editor. LIFE Magazine. New York: Life Publishing Company.
May A, Draganski B, Busch V, Schuierer G, Bogdahn U, Gaser C (2004) Lernbedingte transiente Strukturänderung im adulten Gehirn. Akt Neurol.
Mayring P (2008) Qualitative Inhaltsanalyse – Grundlagen und Techniken. (10. Aufl.) Weinheim: Beltz.
Mead GH (1934) Mind, Self and Society. Chicago: University of Chicago Press.
Mense S (1995) Neuroplastizität und chronischer Schmerz. In: Ruperto Carola (Hrsg.) Unispiegel. (http://www.uni-heidelberg.de/uni/presse/rc9/3.html, Zugriff am 15.11.2015).
Mentzos S (1992) Psychose und Konflikt. Zur Theorie und Praxis der analytischen Psychotherapie psychotischer Störungen. Göttingen: Vandenhoeck & Ruprecht.
Moreno JL (1918) Die Gottheit als Autor. Daimon H 3-21.
Moreno JL (1924; 1970) Das Stegreiftheater. Potsdam: Kiepenheuer.
Moreno JL (1937) Interpersonal Therapy and the Psychopathology of Interpersonal Relations. Sociometry I/1-2: 9-76.
Moreno JL (1947) Note on ‹Models' of Reality. Sociatry I/1: 128.
Moreno JL (1950) The sociometric approach to social case work. Sociometry XIII/2: 172-175.
Moreno JL (1966) Die Psychiatrie des 20. Jahrhunderts als Funktion der Universalia Zeit Raum, Realität und Kosmos. Referat auf dem 2. Internationalen Kongress für Psychodrama 1966 in Barcelona.
Moreno JL (1969) Psychodrama. Band 3. Beacon: Beacon House.
Moreno JL (1974; 1996) Die Grundlagen der Soziometrie. Wege zur Neuordnung der Gesellschaft. (4. Aufl.) Opladen: Leske + Budrich.
Moreno JL (1981) Soziometrie als experimentelle Methode. Petzold H (Hrsg.) Paderborn: Junfermann.
Moreno JL (1985) Psychodrama. Volume I. 7th ed. Beacon New York: Beacon House.
Moreno JL (1989) Psychodrama und Soziometrie. Essentielle Schriften. Hrsg. von Fox J. Köln: Edition Humanistische Psychologie.
Moreno JL (1973; 1988; 1993; 2008) Gruppenpsychotherapie und Psychodrama. Einleitung in die Theorie und Praxis. Stuttgart: Thieme.
Moreno JL (2011) The Autobiography of J.L. Moreno. The North-West Psychodrama Association Edition Lulu Press.
Moreno JL, Moreno Z (1969) Psychodrama III. Beacon NY: Beacon House.
Moreno JL, Moreno Z (1970) Origins of Encounter and Encounter Groups. Psychodrama and Group Psychotherapy Monographs 45. Beacon NY: Beacon House.
Musalek M (2014; 2015) Anton-Proksch-Institut DGPPN Kongress Wien Kino Film und Psychiatrie Symposium. Berlin: Freitag 28.11.2014.

Nelson E, Panksepp J (1998) Brain substrates of infant-mother attachment, contributions of opioids, oxytocin, and norepinephrine. Neuroscience and Biobehavioral Reviews, 22: 437-452.

Ottomeyer K (2004) Psychodrama und Trauma. In: Fürst J, Ottomeyer K, Pruckner H (Hrsg.) Psychodrama-Therapie. Ein Handbuch. Wien: Facultas. S. 348-362.

Panksepp J, Herman BH, Vilberg T, Bishop P, De Eskinazi FG (1980) Endogenous Opioids and Social Behaviour Neuroscience Rewiew 4: 473-487.

Peichl J (2007) Innere Kinder, Täter, Helfer & Co. Ego-State-Therapie des traumatisierten Selbst. Stuttgart. Klett-Cotta.

Perls F (2002) Gestalttherapie in Aktion. Stuttgart: Klett Cotta.

Petzold H (Hrsg.) (1981) Analytisches Psychodrama. Band I. Das Psychodrama als Methode in der Psychoanalyse. Paderborn: Junfermann.

Petzold H (Hrsg.) (1984) Analytisches Psychodrama. Band II. Analytisches Psychodrama mit Kindern und Jugendlichen. Paderborn: Junfermann.

Petzold H (1995) Die Kraft liebevoller Blicke. Paderborn: Junfermann.

Ploeger A (1983) Tiefenpsychologisch fundierte Psychodramatherapie. Stuttgart: Kohlhammer.

Pritz A (2001) Heterogene versus homogene Gruppenzusammensetzung. In: Tschuschke V (Hrsg.) Praxis der Gruppenpsychotherapie. Stuttgart: Thieme. S. 206-208.

Prochaska JO, DiClemente CC (1982) Transtheoretical Therapy toward a more Integrative Model of Change. Psychotherapy: Research & Practice, 19: 276-288.

Prochaska JO, Velicer WF (1997) The Transtheoretical Model of Health Behavior change. American Journal of Health Promotion, 12: 38-48.

Prosen S (2016) Psychodrama in the group of patients diagnosed with eating disorders. In: Stadler C, Wieser M (Hrsg.) Psychodrama. Empirical Research and Science 2 Wiesbaden: Springer VS. S. 131-141.

Pruckner H (2001) Das Spiel ist der Königsweg der Kinder – Psychodrama, Soziometrie und Rollenspiel mit Kindern. Köln: inScenario.

Pruckner H (2002) »Du sollst nicht fragen, das Kind will nicht reden«. Psychodramatherapie mit traumatisierten Kindern. Zeitschrift für Psychodrama und Soziometrie 1 (2), 147-176.

Qu Y, Li Y, Xiao G et al. (2000) The efficacy of drama therapy in chronic schizophrenia. Chinese Journal of Psychiatry, 04. (http://en.cnki.com.cn/Article_en/CJFDTOTAL-ZHMA200004018.htm, Zugriff am 30. 07.2015).

Rabung S, Wieser M, Thomas A, Testoni I, Evans C (2016) Psychometric Evaluation of the German Version of the Revised Spontaneity Assessment Inventory (SAI-R). In: Stadler C, Wieser M, Kirk K (Hrsg.) Psychodrama. Empirical Research and Science 2. Psychodrama. Empirische Forschung und Wissenschaft 2. Wiesbaden: Springer VS. S. 25-39.

Reddemann L (2014) Imagination als heilsame Kraft. Zur Behandlung von Traumafolgen mit ressourcenorientiertem Arbeiten. (18. Aufl.) Stuttgart: Klett Cotta.

Renner W, Lind M, Ottomeyer K (2008) Psychodramatische Gruppentherapie bei traumatisierten Migrantinnen – neue Ergebnisse einer Evaluationsstudie. Zeitschrift für Psychotraumatologie, Psychotherapiewissenschaft, Psychologische Medizin 6(1): 89-97.

Renner W (2009) Psychodrama im Einzel- und Gruppensetting (Evaluationsbericht). Innsbruck: ÖAGG.

Rezaeian MP, Mazumdar S, Sem AK (1997a) The Effectiveness of Psychodrama in Changing the Attitudes Among Depressed Patients. Journal of Personality and Clinical Studies 13 (1-2): 19-23.

Rezaeian MP, Sem AK, Mazumdar DP S (1997b) The Usefulness of Psychodrama in the Treatment of Depressed Patients. Indian Journal of Clinical Psychology 24 (1): 82-88.

Richter HE (2012) Patient Familie. Entstehung, Struktur und Therapie von Konflikten in Ehe und Familie. Gießen: Psychosozial Verlag.

Riegels V (2014) Integration von Psychoanalyse und Psychodrama – Teufelszeug oder Segen? Ein Plädoyer für den Segen. Zeitschrift für Psychodrama und Soziometrie 13(2): 231-244.

Rizzolatti G, Sinigaglia C (2008) Empathie und Spiegelneurone: Die biologische Basis des Mitgefühls. Frankfurt a. M.: Suhrkamp.

Rohde-Dachser C (2014) Psychodrama und Psychoanalyse. Interview mit Christa Rohde-Dachser. Zeitschrift für Psychodrama und Soziometrie 13(2): 225-229.

Roth G, Strüber N (2014) Wie das Gehirn die Seele macht. (3. Aufl.) Stuttgart: Klett-Cotta.

Rudolf G (2012) Strukturbezogene Psychotherapie: Leitfaden zur psychodynamischen Therapie struktureller Störungen. (3. Aufl.) Stuttgart: Schattauer.

Ruhs A (1991) Psychodramatische Gruppenanalyse. In: Pieringer W, Egger J (Hrsg.) Psychotherapie im Wandel. Wien: WUV. S. 101-105.

Satir V (2015) Selbstwert und Kommunikation: Familientherapie für Berater und zur Selbsthilfe. Stuttgart: Klett Cotta.

Scategni W (1994) Das Psychodrama. Zwischen alltäglicher und archetypischer Erfahrungswelt. Solothurn: Walter.

Schacht M (2003) Spontaneität und Begegnung. Köln: Inszenario Verlag.

Schacht M (2004) Entwicklungstheoretische Skizzen. In: Fürst J, Ottomeyer K, Pruckner H (Hrsg.) Psychodrama-Therapie. Wien: Facultas. S. 114-127.

Schacht M (2009) Das Ziel ist im Weg. Störungsverständnis und Therapieprozess im Psychodrama. Wiesbaden: Springer VS.

Schacter DL (2001) Wir sind Erinnerung. Gedächtnis und Persönlichkeit. Reinbek Hamburg: Rowohlt.

Schaller R (2014) Rollenspiel in Verhaltenstherapie und Psychodrama. Zeitschrift für Psychodrama und Soziometrie 13(2): 211-223.

Schaller R (2016) Stellen Sie sich vor, Sie sind... Das Ein-Personen-Rollenspiel in Beratung, Coaching und Therapie. (2. Aufl.) Bern: Hogrefe.

Scherr F (2013) Jacob Levy Moreno im Flüchtlingslager Mitterndorf a. d. Fischa – eine Spurensuche. In: Wieser M, Stadler C (Hrsg.) Jacob Levy Moreno. Mediziner, Soziometriker und Prophet – Eine Spurensuche. Wiesbaden: Springer VS. S. 3-126.

Scheuffgen K, Pniewski B, König A (2016) Evaluation der Psychodramatherapie in einer Einrichtung für traumatisierte Jungen mit sexuell übergriffigem Verhalten. In: Stadler C, Wieser M (Hrsg.) Psychodrama. Empirical Research and Science 2. Wiesbaden: Springer VS. S. 179-196.

Schlechtriemen T (2013) Morenos Soziogramme. Wie soziale Gruppenstrukturen grafisch dargestellt und analysiert werden können. In: Stadler C (Hrsg.) Soziometrie. Messung, Darstellung, Analyse und Intervention in sozialen Beziehungen. Wiesbaden: Springer VS. S. 101-120.

Schlippe Av, Schweitzer J (2007) Lehrbuch der systemischen Therapie und Beratung. (10. Aufl.) Göttingen: Vandenhoeck & Ruprecht.

Schmitz-Roden U (1999) Moreno und Bergson. Therapeutische Philosophie und induktive Metaphysik. In: Buer F (Hrsg.) (1999) Morenos therapeutische Philosophie. 3. Auf. Opladen: Leske + Budrich. S. 75-93.

Schneider P (1999) Sigmund Freud. München: dtv.

Schneider-Düker M (1989) Role as a Unit of Observation in Psychodrama-Research. International Journal of Small Group Research 5: 119-130.

Schroeder M (2006) Value Theory. In: Zalta EN (Hrsg.) Stanford Encyclopaedia of Philosophy.

Seiffge-Krenke I (2004) Psychotherapie und Entwicklungspsychologie. Berlin: Springer.

Sölle D (1997) Mystik und Widerstand – »Du stilles Geschrei«. Hamburg: Hoffmann und Campe.

Spitzer-Prochazka S (2012) Auf kargen Bühnen. Fünf Jahre Psychodrama mit einer Gruppe von alkoholkranken Männern. Zeitschrift für Psychodrama und Soziometrie 11 (2): 281-295.

Sproll S (2011) Ein kurzes Outcome-Maß zur routinemäßigen Datenerhebung im Kontext von Evidence-Based Practice und Practice-Based Evidence in der Psychotherapie – Übersetzung und psychometrische Eigenschaften des deutschen CORE-OM. Wien, Universität Konstanz: Unveröffentlichte Diplomarbeit.

Stadler C (1999) Zur Problematik des »Täter-Opfer-Rollentauschs«. Psychodrama im Licht der Traumatherapie. Überlingen: Moreno Institut.

Stadler C (2002) Von Sicheren Orten und Inneren Helfern. Zeitschrift für Psychodrama und Soziometrie 1 (2): 177-186.

Stadler C (Hrsg.) (2013a) Soziometrie. Messung, Darstellung, Analyse und Intervention in sozialen Beziehungen. Wiesbaden: Springer VS.
Stadler C (2013b) Posttraumatische Belastungsstörung und Suchterkrankung. Doppeldiagnose, Komorbidität und Behandlungsimplikationen. Zeitschrift für Psychodrama und Soziometrie 11 [Suppl. 1]: 73-90.
Stadler C (2014) Psychodrama. München: Ernst Reinhardt.
Stadler C (2017) Ich bin Viele. Psychotherapie mit Ich-Anteilen. Die Vielfalt verstehen und entwickeln. München: ERV.
Stadler C, Kern S (2010) Psychodrama. Eine Einführung. Wiesbaden: Springer VS.
Stadler C, Kress B (Hrsg.) (in Vorb.) Praxishandbuch Aufstellungsarbeit. Wiesbaden: Springer Reference.
Stadler C, Spitzer-Prochazka S, Kern E, Kress B (2016a) Act creative! Effektive Tools für Beratung, Coaching, Psychotherapie und Supervision. Stuttgart: Klett Cotta.
Stadler C, Spörrle M (2008) Das Rollenspiel. Versuch einer Begriffsbestimmung. Zeitschrift für Psychodrama und Soziometrie 7(2): 165-188.
Stadler C, Wieser M (2011) (Hrsg.) Psychodrama. Empirische Forschung und Wissenschaft. Wiesbaden: VS Verlag.
Stadler C, Wieser M, Kirk K (Hrsg.) (2016b) Psychodrama. Empirical Research and Science 2. Psychodrama. Empirische Forschung und Wissenschaft 2. Wiesbaden: Springer VS.
Stamenkovic-Strobel M (2014) Monodrama mit jugendlichen Mädchen: »Ich bin kein Psycho!«. In: Biegler-Vitek G, Wicher M (Hrsg.) Psychodrama-Psychotherapie mit Kindern und Jugendlichen. Wien: facultas. S. 237-260.
Stern D, Boston Change Study Group (2001) Die Rolle des impliziten Wissens bei der therapeutischen Veränderung. Psychotherapie, Psychosomatik und Medizinische Psychologie 51: 147-152.
Stierlin H (1976) Das Tun des Einen ist das Tun des Anderen. Eine Dynamik menschlicher Beziehungen. Frankfurt a. M.: Suhrkamp.
Stierlin H (1982) Delegation und Familie Beiträge zum Heidelberger familiendynamischen Konzept. Frankfurt a. M.: Suhrkamp.
Storch M, Cantieni B, Hüther G, Tschacher W (2015) Embodiment. Die Wechselwirkung von Körper und Psyche verstehen und nutzen. (2. Aufl.) Bern: Hans Huber.
Stumm G, Pritz A (2009) Wörterbuch der Psychotherapie. (2. Aufl.) New York: Springer Verlag.
Sturm I (2009) »Elisabeth« – Drehbuch für die Präsentation einer Kasuistik. Zur Anerkennung des Psychodramas in der Schweiz. Zeitschrift für Psychodrama und Soziometrie 8 (1): 120-140.
Testoni I, Armenti A, Ronconi L, Cottone P, Wieser M, Verdi S (2012) Daphne European Research Project: Italian Validation of Hypothesis Model (SAI-R,

CORE-OM and BDI-II). Interdisciplinary Journal of Family Studies XVII (1): 207-218.

Testoni I, Groterath A, Guglielmin MS, Wieser M (2013) Teaching against Violence. Reassessing the Toolbox. Teaching with Gender. European Women's Studies in International and Interdisciplinary Classrooms. Utrecht: ATGender.

Treadwell TW (2014) J.L. Moreno: the pioneer of the group encounter movement: the forerunner of web-based social media revolution. In: v Ameln F, Wieser M (Hrsg.) Jacob Levy Moreno revisited – Ein schöpferisches Leben. Wiesbaden: Springer VS. S. 95-106.

Treadwell TW, Leach E, Stein S (1993) The Social Networks Inventory: A diagnostic instrument measuring interpersonal relationships. Small Group Research 24(2): 155-178.

Trinkel G, Nindler A (2011) Psychodramatische Gruppentherapie bei strukturellen Störungen. In: Stadler C, Wieser M (Hrsg.) Psychodrama – Empirische Forschung und Wissenschaft. Wiesbaden: Springer VS. S. 185-199.

Tschuschke V (Hrsg.) (2001) Praxis der Gruppenpsychotherapie. Stuttgart: Thieme.

Tuckman B (1965) Developmental sequence in small groups. Psychological Bulletin 63 (6): 384-99.

VBKÖ (2015) Moreno. »Das Theater von Morgen«. Kritik zu J.L. Morenos Stegreiftheater in der Maysedergasse. In: Neuigkeits-Welt-Blatt, Wien vom 27. April 1924 (http://www.vbkoe.org/geschichte-2/jacob-levy-moreno/?lang=en, Zugriff am 10.08.2016).

Waniczek S, Harter K-E, Wieser M (2005) Evaluation von Psychodramatherapie bei Abhängigkeitsstörungen. Psychotherapie Forum, 13(1): 12-16.

Watkins JG, Watkins HH (2012) Ego-States – Theorie und Therapie. Ein Handbuch. (3. Aufl.) Heidelberg: Carl Auer.

Weaver ICG, Champagne FA, Brown SE, Dymov S, Sharma S, Meaney MJ, Szyf M (2005) Reversal of Maternal Programming of Stress Responses in Adult Offspring through Methyl Supplementation: Altering Epigenetic Marking Later in Life. The Journal of Neuroscience 25 (47): 11045-11504.

Weiss G (2010) Kinderpsychodrama in der Heil- und Sozialpädagogik. Stuttgart: Klett-Cotta.

White EA (2002) Action Manual. Techniques for Enlivening Group Process and Individual Counselling. Toronto Canada.

WHO (2016) International Classification of Diseases (ICD-10-GM). Bern: Hans Huber.

Wieser M (2004) Wirksamkeitsnachweise für die Psychodrama-Therapie. In Fürst J, Ottomeyer K, Pruckner H (Hrsg.) Psychodrama-Therapie. Ein Handbuch. Wien: Facultas. S. 427-446.

Wieser M (2007) Studies on treatment effects of psychodrama psychotherapy. In Baim C, Burmeister J, Maciel M (Eds.), Psychodrama. Advances in Theory and Practice. London: Routledge. S. 271-292.

Wöller W, Kruse J (Hrsg.) (2005) Tiefenpsychologisch fundierte Psychotherapie: Basisbuch und Praxisleitfaden. Stuttgart: Schattauer.

Wood D, Del Nuovo A, Bucky SF, Schein S, Michalik M (1979) Psychodrama with an alcohol abuser population. Group Psychotherapy, Psychodrama & Sociometry 32: 75-88.

Wurmser L (1998) Das Rätsel des Masochismus. Berlin: Springer.

Yalom ID (1996) Theorie und Praxis der Gruppentherapie. (4. Aufl.) München: Pfeiffer.

Young JE, Klosko JS, Weishaar ME (2008) Schematherapie. Ein praxisorientiertes Handbuch. Paderborn: Junfermann.

Zeitschrift für Psychodrama und Soziometrie. Hrsg. Christian Stadler und Sabine Spitzer-Prochazka. Wiesbaden: Springer VS.

Zweig S (2007) Der Kampf mit dem Dämon. (http://daimon.myzel.net/, Zugriff am 03.08.2015).

Zeittafel

1889	Morenos Geburt in Bukarest
1894	Umzug der Familie nach Wien
1904	Umzug der Familie nach Berlin, dann Chemnitz, Moreno kehrt nach kurzer Zeit nach Wien 14-jährig allein zurück; wenig später Scheidung der Eltern
1907	5 Jahre Experimente Morenos mit Stegreifspielen im Wiener Augarten Park
1908	Religiöser Kreis mit Freunden und Gründung des »Hauses der Begegnung«, 1914 geschlossen
1909–1917	Studium der Medizin, Psychologie und Philosophie
1913	Aufbau der Selbsthilfegruppe mit Prostituierten in Wien am Spittelberg, erste Gruppenerfahrung
1914–1917	Dienst als Sanitäter in der österreichischen Armee in Tirol
1915–1917	Tätigkeit als Arzt im Flüchtlingslager Mitterndorf
1917	Promotion zum Doktor der gesamten Heilkunde
1918	Herausgabe der Zeitung »Gottheit als Autor«
1918–1925	Gemeindearzt und medizinischer Direktor in der Kammgarnfabrik in Bad Vöslau; Partnerschaft mit Marianne Lörnitzo in Bad Vöslau, mit der er zusammenlebt und erste therapeutische Anwendungen mit Psychodrama

Zeittafel

1925	Emigration in die Vereinigten Staaten
1927	Moreno erhält die Approbation als Arzt in den USA
1928	Heirat mit Beatrice Beecher
1931	Der Begriff »Gruppenpsychotherapie« wird von Moreno geprägt; Aufnahme als Mitglied in die APA (American Psychiatric Association) in Toronto in Kanada; Offizielle Gründung »Impromtu Theatre« in der Carnegie Hall in New York; Zusammenarbeit mit dem »National Committee on Prisons and Prisons Labor«; Soziometrische Umstrukturierung des Sing-Sing-Gefängnisses, New York
1932	Soziometrisches Projekt in der Brooklyn Public School, New York
1932–1938	Studien in der Mädchenschule (State Training School for Girls) in Hudson, New York
1934	Veröffentlichung von »Who shall survive«; Einvernehmliche Scheidung von Beatrice Beecher
1936	Gründung des Beacon Hill Sanatoriums und Errichtung der ersten Psychodramabühne in New York; Gründung der Zeitschrift »Sociometric Review«
1938	Hochzeit mit Florence Bridge, ein Jahr später Geburt der Tochter Regina
1942	Eröffnung des Sociometric Institute und des New York Theatre of Psychodrama in New York City; Gründung der American Society of Psychodrama and Group Psychotherapy (1950 umbenannt in American Society of Group Psychotherapy and Psychodrama)
1946	»Psychodrama I«

1947	Gründung der Zeitschrift »Sociatry«, später umbenannt in »Group Psychotherapy«
1948	Scheidung von Florence Bridge
1949	Heirat mit Celine Zerka Toeman, drei Jahre darauf Geburt des Sohnes Jonathan D.
1951	Umbenennung des Beacon Hill Sanatoriums in Moreno Sanatorium Gründung des International Committee of Group Psychotherapy in Paris
1954	»Die Grundlagen der Soziometrie« (deutsch); 1. Internationaler Kongress für Gruppenpsychotherapie in Toronto, weitere Kongresse folgen in Zürich (1957) und Mailand (1963)
1957	Präsident des International Council of Group Psychotherapy
1959	»Psychodrama 2«; Ehrendoktorwürde der Medizinischen Fakultät der Universität Wien
1964	1. Internationaler Kongress für Psychodrama in Paris, weitere in Barcelona (1966), Prag/Baden bei Wien (1968), Buenos Aires (1969), Sao Paulo (1970), Amsterdam (1972) und Zürich (1974)
1968	Ehrendoktorwürde der medizinischen Fakultät der Universität in Barcelona
1969	Goldenes Doktorat der Universität in Wien und Ehrung in Bad Vöslau; »Psychodrama III«
1970	Die Zeitschrift »Group Psychotherapy« wird in »Group Psychotherapy and Psychodrama« umbenannt

1973 Gründung der International Association of Group Psychotherapy in Zürich

1974 Moreno stirbt in Beacon

Stichwortverzeichnis

A

Abhängigkeit   182
Acting Out   28
Aktion   24
Aktionsmethode   84
Aktionssoziometrie   74, 96
Als-ob-Modus   36
Ambivalenz   167
Amplifikation   108
Anwärmung   95, 115
Arrangement   95
Aufstellungen   49
Axiologie   56

B

Begegnung   23, 27, 53, 58
Beziehung   53, 72
Bühne   86 f.

C

Container-Funktion   92

D

Depression   136, 139, 174 f.
Dialektisch-behaviorale Therapie   46
Doppeln   102

E

Effekt   172
Ego-State   164
Ego-State-Therapie   35, 52
Einrollen   116
Einzelfallstudie   174
Einzelsetting   124, 158
Embodiment   103
Empathie   105
Entrollen   119
Erwärmungsphase   147
Essstörung   140, 178
Evaluation   82, 173

F

Familienaufstellung   49, 124

G

Gestalttherapie   52
Gewaltprävention   185
Gottesspiel   20
Gruppentherapie   22, 31, 34, 90, 93, 96, 165

H

Handlung   36
Hilfs-Ich   90

215

Humanistische Psychotherapie 35, 39, 65, 188, 193
Hypnotherapie 52

I

Identifikationsfeedback 79, 105
Indikation 152, 159
Innerer Monolog 125
Intermediärobjekt 160
Internetsucht 183
Intersubjektivität 43
Interview 115

J

Jugendliche 143, 156, 177 f., 180, 184 f.

K

Kasuistik 186
Katharsis 29
Kinder 22, 29, 143, 153, 156 f., 177, 185
Kohäsion 76
Konfliktlösungsstrategie 184
Konstruktivismus 49
Kreativer Zirkel 36, 63, 127
Kreativität 63
Kulturelles Atom 70

L

Living Newspaper 25, 31

M

Märchenspiel 98
Matrix 92
Mehrgenerationenperspektive 49
Mentalisierung 36, 43, 54, 89, 127, 150

Modell der vier Arbeitsräume 135
Monodrama 153, 191

N

Neurobiologie 66
Neuroplastizität 66

O

Operationalisierte Psychodynamische Diagnostik (OPD) 69, 74
Opferschutz 185

P

Paare und Familien 166
Peergruppe 145
Persönlichkeitsstörung 182
Posttraumatische Belastungsstörung 135
Probehandeln 118, 141
Problemaktualisierung 44, 53
Protagonist 88
Protagonistenspiel 109, 113
Psychodrama Bühne 85
Psychodrama, psychoanalytisch 27
Psychodrama-Arbeit mit Stühlen 139
Psychodrama-Techniken 129, 148
Psychodynamische Psychotherapie 40
Psychose 133, 171
Publikum 94

R

Religion der Begegnung 21
Repräsentanz 44, 106
Ressourcenatom 168
Ressourcenorientierung 53
Rolle 70, 91
Rollenbaum 78

Rollenfeedback 78, 92, 107, 120
Rolleninterview 118
Rollenspiel 46, 104
Rollentausch 50, 67, 106, 119
Rollentheorie 62
Rollenübernahme 91
Rollenwahl 116, 147
Rollenwechsel 103, 105, 126

S

Schematherapie 35, 47
Selbstheilungskräfte 128
Selbstregulation 39
Selbstwirksamkeit 149
Sharing 92, 107, 121
Soziale Phobie 177
Soziales Atom 71, 97, 161
Soziales Netzwerk 50, 72
Soziodrama 110, 157
Soziogramm 61
Soziokulturelles Atom 49, 70, 161
Soziometrie 23, 34, 55, 59
Soziometrischer Test 76
Spiegeln 104, 119
Spiegelneuronen 45, 67
Spiel 20
Spirale, therapeutische 38
Spontaneität 63, 128
Spontaneitätsinventar 80
Starter, somatischer 96
Stegreiftheater 24, 111
Störungsorientierung 129
Struktur 132
Strukturdefizit 158
Strukturelle Störungen 182
Strukturniveau 80, 129 f.

Stühlearbeit 164
Sucht 182
Symbolspiel 144
System 36
Systemische Therapie 47
Szene 29, 117
Szenenaufbau 102, 124, 134, 148
Szenenwechsel 108

T

Tele 59, 90
Theater 24, 29
Timeline 137, 162 f.
Tischbühne 124, 133, 159
Trainingsqualitätsstandard 187
Transaktionsanalyse 52
Traum 26
Traumafolgestörung 179 f.

V

Verhaltenstherapie 45

W

Wahl 88
Wahres zweites Mal 45, 104
Weiterbildung 189, 191
Wirksamkeit 169, 172, 176

Z

Zauberladen 100
Zimmerbühne 159
Zugreise 112

Thomas Hensel

Stressorbasierte Psychotherapie

Belastungssymptome wirksam transformieren – ein integrativer Ansatz

2018. 196 Seiten mit 11 Abb. Kart.
€ 34,–
ISBN 978-3-17-033491-5

Das gesellschaftliche Bewusstsein für die Folgen interpersoneller Gewalt insbesondere an Kindern und Jugendlichen ist in den letzten Jahren enorm gewachsen. Dazu hat die psychotraumatologische Forschung wesentlich beigetragen, indem sie eindeutig darauf hinweist, dass unverarbeitete belastende Lebenserfahrungen in Form chronischer Stress- und Affektdysregulation Ursache für eine Vielzahl psychischer und körperlicher Störungen sein können. Transdiagnostisch und am neuen Lernparadigma der Gedächtnisrekonsolidierung ausgerichtet, bietet dieser Ansatz Psychotherapeuten einen innovativen und integrativen konzeptuellen Rahmen sowie einen methodenübergreifenden Behandlungsalgorithmus, der diesen Erkenntnissen Rechnung trägt.

Leseproben und weitere Informationen unter www.kohlhammer.de

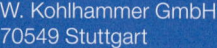

Ali Kemal Gün

Interkulturelle therapeutische Kompetenz

Möglichkeiten und Grenzen psychotherapeutischen Handelns

*2018. 243 Seiten mit 1 Abb. Kart.
€ 39,-
ISBN 978-3-17-030659-2*

Unter Berücksichtigung der demografischen Zusammensetzung und Entwicklung der Bevölkerung wird deutlich, dass Deutschland von einer multikulturellen, multiethnischen und multireligiösen Vielfalt geprägt ist, die in Zukunft noch zunehmen wird. Migration und Interkulturalität stellen komplexe Herausforderungen an den Problembereich Psychotherapie, insbesondere hinsichtlich der theoretisch-konzeptionellen und methodisch-praktischen Aspekte. Die inhaltsanalytische Auswertung der zu dem Thema durchgeführten Interviews macht deutlich, dass die Therapeuten und Migranten-Patienten unterschiedliche Vorstellungen und Erwartungen an und über psychotherapeutische Behandlungen haben. Das Buch stellt das Thema am Beispiel ausgewählter Kulturkreise praxisrelevant dar und hilft Fachkräften in interkulturellen Überschneidungssettings, effektiver zu arbeiten.

Leseproben und weitere Informationen unter www.kohlhammer.de

W. Kohlhammer GmbH
70549 Stuttgart

Christian Stadler

Traum und Märchen

Handlungsorientierte
Psychotherapie

2015. 142 Seiten mit 15 Abb. und 2 Tab. Kart.
€ 24,99
ISBN 978-3-17-023064-4

Lindauer Beiträge zur Psychotherapie und Psychosomatik

Das Umgehen mit Träumen hat in der Tradition der Psychotherapie eine lange Geschichte. Dieses Buch zeigt detailliert auf, wie im therapeutischen Setting nicht nur über Träume gesprochen werden kann, sondern wie ein neuer Zugang durch szenisches Handeln entstehen kann. Die Traumbotschaft entschlüsselt sich im nachspielenden Handeln bzw. im Weiterspielen des Traumes. Das Märchen kann einen wichtigen Schlüssel zum Verständnis innerer Rollen, unbewusster Konflikte und anstehender Lebensaufgaben darstellen. Besonders der Einsatz im gruppentherapeutischen Setting bietet hier eine Fülle an Möglichkeiten, wie sich Patienten handlungsorientiert und spielerisch dem eigenen und gemeinsamen Unbewussten nähern können. Der Autor beschreibt ausführlich konkrete Vorgehensweisen und erläutert an zahlreichen Fallbeispielen die Umsetzung für die eigene Praxis.

Leseproben und weitere Informationen unter www.kohlhammer.de

W. Kohlhammer GmbH
70549 Stuttgart